세계를 품다 2025

**대한민국
글로벌 리더**

K&K글로벌트레이딩
무궁화유통
영산그룹
KMT그룹
솔로몬보험그룹
코비스엔터프라이즈
캐리어에어컨
힘펠
부여군
제주특별자치도개발공사
스타벅스코리아
인슐레이션코리아
비투지
씨앤씨인터내셔널
코리아에프티
제너시스BBQ그룹
알파그룹
하이네이처
텔콤그룹
부천대학교
강릉영동대학교

세계를 품다 2025

글로벌 리더 선정자 지음

매일경제신문사

발간사

매경미디어그룹
회장 장대환

먼저 '2025 대한민국 글로벌 리더' 수상자로 선정되신 기업과 기업 대표 여러분께 진심으로 축하의 말씀 드립니다.

매경미디어그룹은 자유시장경제의 주춧돌로서 대한민국이 21세기 초일류 국가로 도약할 수 있는 국가적 비전을 제시하는 언론의 막중한 책임을 다하고 있습니다.

매경은 창의력과 혁신을 바탕으로 지식경제를 이끌어가는 훌륭한 기업들을 발굴하고 키워서 대한민국이 더욱 부강해지도록 하는 것을 사명으로 하고 있습니다. 이러한 노력의 일환으로 매년 '대한민국 글로벌 리더'를 선정하고, 이를 통해 대한민국 경제 발전을 위해 기여하시는 한국 최고의 리더들을 세상에 알리고 그분들의 살아 있는 경영 스토리를 널리 전파하려고 합니다.

대내외적으로 불확실성이 커진 한 해를 보내고 있습니다. 도널드 트럼프 2기 행정부 출범 이후 벌어진 관세 전쟁은 가뜩이나 힘든 국내 기업들에 경영 부담으로 작용하고 있습니다. 한국경영자총협회 조사에 따르면 국내 기업의 97%가 올해 경제가 어려울 것으로 예상했고, 23%는 1997년 외환위기보다 심각할 것으로 우려했습니다. 6월 조기 대선을 통해 들어설 새 정부는 비상계엄과 탄핵 사태로 야기된 정치적 혼란과 국론 분열을 치유하고, 국가 리더십을 되살려 정책 운영의 키를 굳건히 잡아야 할 것입니다.

올해 매경의 슬로건은 '위기, 대변혁의 기회로'입니다. 기업들은 올해도 위협에 짓눌려 위축되기보다는 위기를 대변혁의 기회로 활용해 한 단계 더 도약해야 합니다. 매경미디어그룹은 올 한 해 다시 한번 거친 파도를 헤치고 세계로 나아가는 대한민국 기업을 응원하겠습니다.

'2025 대한민국 글로벌 리더'로 선정된 수상자 여러분은 대한민국 경제를 뛰어넘어 세계 경제를 책임질 기업과 단체의 경영자들입니다. 여러분의 업적을 널리 알릴 수 있다는 것에 큰 자부심을 느낍니다.

여러분의 혜안은 많은 다른 기업에게 글로벌 경제위기를 극복하고 혁신 경영을 하는 데 큰 도움이 될 것입니다.

글로벌 리더 여러분께서는 앞으로도 창의성과 혁신을 무기로 한국 기업을 세계 속에 우뚝 세워주시길 당부드립니다. 대한민국을 지금보다 더 나은 국가, 국민이 행복한 국가로 만드는 데 앞장서주시길 바랍니다.

다시 한번 '2025 대한민국 글로벌 리더'로 선정되신 여러분께 축하의 말씀을 드립니다.

추천사

2025 대한민국
글로벌 리더
선정위원장 홍석우

　대한민국을 글로벌 경제 대국으로 이끄는 리더들을 발굴하자는 취지에서 2013년 처음 시작한 글로벌 리더가 올해로 13회째를 맞이했습니다.

　매년 선정된 글로벌 리더 여러분을 보면 급변하는 경영 환경과 무한 경쟁 속에서 뛰어난 리더십으로 흔들림 없이 조직과 국가의 발전을 이끌어오셨구나 하는 깊은 감회를 갖게 되며, 매번 어려운 상황에서도 위기를 극복하기 위해 더 많은 노력과 희생으로 잘 이겨내셨음에 특히 더 큰 응원과 박수를 보내드립니다.

　2025년 초 미국의 도널드 트럼프 2기 행정부가 들어서고 벌어진 관세 전쟁은 현재 진행형이며, 국내 기업들에는 큰 경영 부담으로 작용하고 있습니다. 어느 장단에 맞춰야 할지 갈피를 잡지 못하는 것 또한 전 세계적으로 큰 걱정입니다.

　대한민국은 작년 말부터 어지러웠던 비상계엄 그리고, 정치적 혼란과 국론 분열을 정비하고, 조기 대선을 통해 들어설 새 정부는 국가 리더십을 되살려 정책 운영의 방향을 굳건히 잡아야 할 것입니다.

또한 작년도에 이어 올해에도 훌륭한 많은 한상 CEO분들이 선정되셨으며, 국내의 CEO 중에서도 글로벌 리더에 부합하는 분을 찾고자 수출 성과 외에도 경영 성과나 재무 구조는 물론 기업의 사회적 공헌도, 고객만족도, 고용 창출, 노사관계 등 지표를 고루 반영해 평가했습니다. 특히 지금보다 내일이 더 기대되는 우수한 기업과 기관을 발굴하기 위해 노력했습니다.

'2025 대한민국 글로벌 리더'는 서비스, 환경, 사회공헌, 기술혁신, 브랜드, 인재 양성, 경영 혁신, 품질과 R&D 등 8개 분야로 나눠 각 분야에서 혁혁한 성과를 일궈낸 기업 21곳을 최종적으로 선정했습니다. 또한 올해부터 산업통상자원부 장관과 중소벤처기업부 장관 포상이 각각 신설되었습니다.

선정된 글로벌 리더 여러분이 많은 기업과 청년들에게 희망이 되어주시기를 부탁드립니다. 다시 한번 선정된 대표자분들에게 축하와 감사의 말씀을 전합니다.

차례

발간사 • 4
추천사 • 6

K&K글로벌트레이딩 | 고상구 회장 • 10

무궁화유통 | 김우재 회장 • 48

영산그룹 | 박종범 회장 • 74

KMT그룹 | 이마태오 회장 • 88

솔로몬보험그룹 | 하용화 회장 • 104

코비스엔터프라이즈 | 황선양 회장 • 118

캐리어에어컨 | 강성희 회장 • 134

힘펠 | 김정환 대표이사 • 154

부여군 | 박정현 군수 • 166

제주특별자치도개발공사 | 백경훈 사장 • 178

스타벅스코리아 | 손정현 대표이사 • 192

인슐레이션코리아 | 승수언 대표이사	• 210
비투지 | 신정훈 대표이사	• 224
씨앤씨인터내셔널 | 배수아 대표이사	• 236
코리아에프티 | 오원석 회장	• 248
제너시스BBQ그룹 | 윤홍근 회장	• 260
알파그룹 | 이동재 회장	• 278
하이네이처 | 조인제 대표이사	• 298
텔콤그룹 | 최유섭 회장	• 308
부천대학교 | 한정석 총장	• 316
강릉영동대학교 | 현인숙 총장	• 330

회장
고상구

K&K글로벌트레이딩

학력	1977	대구광역시 성광고등학교 졸업
	1995	고려대학교 경영대학원 1년 수료(65기)
경력	1996	㈔서울강동청년회의소 회장
	1998	㈔한국청년회의소 중앙감사
	2012	베트남 하노이한국국제학교 이사
	2014	아태 한국식품 수입상연합회장
		제10대 재베트남 하노이 한인회장
	2016	제2대 베트남한인회 총연합회장
	2019	제18차 여수 세계한상대회 대회장
	2020	중소기업중앙회 베트남 해외민간대사
	2023	민주평화통일자문회의 부의장
	2025	K&K글로벌트레이딩 회장
상훈	1995	정무장관 표창
	2007	'농수산물 수출 증대' 경기도지사 감사패
	2010	'농수산 수출 증대' 농수산식품유통공사장 감사패
	2012	한국일보 자랑스런 한국인상 대상
	2013	경기도의회 의장 표창
		산업통상자원부장관 표창
	2014	제15회 농식품 수출탑 농축식품부 장관상
		금산군수 감사패
	2015	재외동포재단 세계한인회장대회 '자랑스런 한인회' 최우수상
	2017	국회의장 표창
		재외동포신문 올해의 인물 수상
		한상총연합회·아프리카중동한인회 감사패
	2018	국민훈장 동백장
	2019	한국일보 대한민국 가치경영 대상(산업통상자원부)

고상구 회장의 심장을 요동치게 만든 땅 베트남

2002년에 처음 베트남에 온 고상구 회장은 지금 유통업에서 활동하고 있다 보니 사람들은 쉽게 상상하지 못하지만 20대 중반부터 부모님이 해오시던 사업으로 액세서리 제조, 수출업을 하고 있었다. 당시 한국의 많은 제품이 외국 수출로 호황을 이루던 시기였다. 물론 미국과 일본 등에 안정적인 바이어들도 있었고, 사업을 하는 데는 아무런 문제가 없던 안정된 상황이었다.

그때 중국이 새로운 제조업 생산국으로 전환할 때 나 역시 중국으로 공장을 이전하기 위해 여러 차례 중국을 방문하고 중국으로 이전 계획을 세우던 중 우연히 베트남에 먼저 진출해 있던 친구의 권유로 베트남 하노이를 방문하게 되었다.

2002년 월드컵을 개최하던 그해 6월이었다. 그때는 베트남의 하노이와 호찌민도 구분하지 못하던 시기였다.

지인이 베트남 하노이에 백화점을 짓는 데 같이 가보자고 하여 백화점 현장을 방문했는데 그 지역이 현재의 장보(GiangVo) 거리였다. 당시 그곳에 찌엔람장보(Trien Lam GiangVo)라는 무역 전시장(컨벤션센터)이 있었는데 당시 유명 전시회는 다 그곳에서 진행할 만큼 하노이에서 유일한 아주 큰 전시장이었다. 장보 거리 코너에 있는 백화점 공사 현장을 갔는데 지인이 백화점 운영을 제안하는 게 아닌가. 백화점을 거의 짓기는 했으나 입점도 받아야 하고 운영할 사람이 없었던 것이었다.

아무것도 모르는 베트남 땅에 와서 장보 대로 앞을 보는데 눈앞에 펼쳐지는 오토바이 물결이 파도처럼 밀려왔다. 그 모습을 보고 심장은 요동치기 시작했다. 그 모습은 바로 1990년 즈음 중국 베이징 거리의 모습과 같았다.

톈안먼(천안문) 사태가 끝난 이듬해인 1990년에 베이징에 갈 일이 있었다. 당시 베이징에 우리 한국 기업이 단 1개밖에 없을 때니까 참 옛날 일이다. 그 공장은 럭키금성(현재 LG)이 운영하던 완구 공장(중국 봉제 공장과 합작)으로 기억한다.

어마어마했던 중국 붐은 이후 개방이 본격화되면서 시작된 것이다. 당시 중국 베이징 대로를 지나가던 어마어마한 자전거 행렬들이 물밀듯이 밀려오곤 했다.

단지 오토바이와 자전거라는 수단만 달라졌지 1990년의 중국과 2002년의 베트남은 똑같았다. 무한한 에너지와 열정이 솟구치는 것 같았다. 1990년 이후 중국은 단 12년이라는 시간 동안 상상도 하지 못할 정도로 발전을 거듭했다는 것이 떠오르며 '아! 이제는 베트남이구나!'라는 생각이 들었다. 그 순간 베트남에 홀딱 빠져들고 말았다. 사람마다 인생의 전환점이 있다고들 하는데 그 순간이 인생의 전환점이 아닌가 생각한다.

한국 백화점, 코리아타운 개점

현실적으로 백화점 운영에는 아는 것이 전혀 없었다. 그래서 한국 신세계백화점에서 구매과장으로 일하던 지인을 설득해 베트남으로 같이 가자고 졸랐다.

K&K글로벌트레이딩 워크숍

안정된 직장을 그만두고 베트남으로 가자고 하니 그 지인의 부인은 반대하고 나섰다.

하지만 그 지인도 베트남에 홀려서였을까? 결국은 제안을 승낙하고 베트남행 비행기에 탑승했다.

베트남 운영을 맡기로 한 것이 6월인데 개장일은 10월로 이미 정해져 있었다. 4개월 만에 모든 준비를 마쳐야 하는 상황이었다. 신세계백화점 출신 지인이 베트남 현지에서 개장 준비를 하기 위해 먼저 들어갔고, 나는 한국에서 필요한 물건을 소싱하는 업무를 했는데 물건을 선적하고 10월 초에야 베트남으로 들어가게 되었다.

백화점 건물은 아주 넓은 2층짜리 매장이었고 이름은 '코리아타운'으로 정했다.

말 그대로 한국 제품 전용 쇼핑몰인 한국촌을 만들고 싶었다. 4개월 동안 모든 직원은 정말 바쁘게 준비했다.

나름대로 판매 계획도 세웠다. 주변의 제안을 고려해 먼저 한국의 이월 상품을 가지고 와서 팔기로 했다.

베트남의 구매력을 감안한 선택이었다. 상품 종류는 아주 다양했다. 신사복, 숙녀복, 캐주얼, 란제리, 아동복, 유아복, 생활용품, 침구류, 소형 가전, 신발, 인삼 등으로 구성되어 있었다. 인삼을 포함한 이유는 한국 식품을 모두 다루기는 어렵고 한국의 대표적인 건강식품인 인삼을 소개해야겠다는 생각이었다.

그 넓은 백화점 매장을 채우기 위해 전국을 많이도 돌아다녔다. 당시 한국은 홈쇼핑 비즈니스가 무르익지 않았을 때라 지금과는 다르게 판매 재고가 많을 때였다.

이런 홈쇼핑 재고나 이월 상품을 찾기 위해 곤지암, 대구(침구류), 하남(양복) 등을 바쁘게 돌아다니며 창고에 있는 남은 재고를 구해서 베트남으로 가져왔다.

그렇게 6월에 백화점 운영 제안을 받고, 번갯불에 콩 구워 먹듯 준비를 한 끝에 2002년 10월 17일에 드디어 개장하게 되었다. 그래서 어떻게 되었을까? 이 사업을 시작한 후 딱 6개월 만에 사업을 정리하게 되었다.

쉽게 생각하면 파산이라고 생각할 수도 있겠지만 파산은 절대 아니다. 내 결정으로 정리한 것이다. 요즘 말로 하면 '손절'이다. 당시 투자액이 23억 원가량이었는데 이 결정으로 이 중에 3억 원가량을 건지게 되었다.

"성공한 실패"

이렇게 파격 세일을 통한 정리로 현금 약 30만 달러를 남길 수 있었다. 총 23억 원을 투자해서 3억 원 남짓 남았으니 20억 원을 손해본 것이다. 참담한 실패라고도 볼 수 있을 것이다. 하지만 이를 "성공한 실패"라고 말하고 싶다.

손해 본 금액도 크지만, 그래도 30만 달러가 남았지 않은가. 20여 년 전이니 그 금액은 적은 금액이 아니었고 다시 심기일전해 재기할 수 있기에 충분히 큰 자금이었다. 날린 건 날린 것이고, 다시 한번 재도전할 기회를 얻은 것만으로도 실패한 것이 아니었다.

또한 백화점 사업을 통해 얻게 된 아주 귀중한 자산이 있었다. 바로 새로운 사업 아이템을 찾은 것이었다. 사실 정보가 부족한 베트남의 특성을 감안하면 현지의 시장 동향이나 특성, 인력 관리 방법, 운영 노하우 등 당해보지 않고서는 알 수 없는 것들이 많다. 치열하게 실패했기 때문에 얻은 경험이 더 컸다. 이를 종합해 베트남에서 어떻게 사업을 운영해야 하는지 백화점 운영을 통해 어떤 제품들이 잘 먹힐 것인가를 알게 되었다.

실패는 멈추면 실패지만, 포기하지 않고 실패를 성공으로 가는 계단으로 이용해야 하고, 실패를 성공의 토양분으로 삼아야 한다.

인삼, 양복, 이불, 문구·팬시가 바로 돈 되는 아이템

경험으로 파악한 대박 아이템은 바로 인삼, 양복, 이불, 문구·팬시였다.

문구·팬시의 경우 당시 아주 기본적인 제품들만 시장에 나와 있었다. 반면 한국에서 가져온 문구류는 캐릭터가 그려진 예쁘고 귀여운 물건이 대다수였다. 펜이며 노트며 어른인 내 눈에도 아이들에게 사주고 싶은 예쁜 제품들이 참 많았다. 그러니 당연히 베트남 소비자들에게 큰 인기를 끌 수밖에 없었다.

주요 고객층은 매장 근처에 거주하는 부잣집 아이들이었다.

침구류의 경우, 부피가 큰 상품 특성 때문에 베갯잇, 이불보 등은 한국에서 조달해 왔고 이불솜과 베개솜 등은 현지에 이미 진출해 있던 한국 기업의 유명 제품을 사용해서 상품을 완성했다.

당시 이런 대박 제품들이 어느 정도로 수익성이 좋았다. 양복은 한 벌에 2~3만 원대(이월 상품)에 구매해서 200~300만 동(약 15만 원) 정도에 판매했었던 것으로 기억한다. 또 이불의 경우 1만 5,000원 정도에 구매해 200만 동(약 10만 원)에 판매했고 문구·팬시도 꽤 수익성이 좋았다.

인삼을 선택하다

백화점을 정리한 이후 실패보다도 나를 믿고 베트남으로 들어온 후배에게 가장 미안했다. 안정되고 좋은 회사를 그만두고 나를 따라 베트남에 와서 후배도 어려운 상황을 맞이하게 되었다. 후배에게는 처자식이 있지 않나. 내가 나 때문에 너도 어려운 상황을 맡게 되어 미안하다고 이야기하자 후배는 "아닙니다. 제가 운영을 잘못한 책임

STAR KOREA 전경

도 큽니다"라는 말이 얼마나 고마운지 그 말이 나에게는 큰 위로가 되었던 것 같다.

그래서 우리는 지금까지 우리가 경험한 자산을 가지고 가능성 있는 아이템으로 각자 새로 시작하기로 했다. 후배는 문구·팬시를 택했고, 나는 이불과 인삼을 택해 재기에 나섰다.

나중에 난 수익성이 더 좋은 인삼에만 올인하게 된다. 브랜드명은 'STAR KOREA'라고 지었다. '한국의 인삼은 STAR다'라는 단순한 의미였다.

결론부터 얘기하면 인삼 사업은 큰 성공을 거두었다. 특히 베트남 사람들에게 인삼주가 굉장히 인기가 많았다. 인삼주 한 병의 가격이 얼마였을까? 비싼 제품은 무려 3,000달러였다.

당시는 고가의 경우 달러 결제가 가능하던 시기였다. 현금

3,000달러를 받고 인삼주를 팔았던 것이다. 당시 인삼주의 원가는 대충 한국 돈 10만 원 미만이었다. 그런데 가격을 이렇게 비싸게 판매한 데는 이유가 있었다. 그것은 바로 인삼주는 원래 팔려고 내놓은 물건이 아니었기 때문이다.

인삼주를 준비한 이유는 다른 데 있었다. STAR KOREA 매장에서 다양한 인삼 제품을 구비해서 판매했는데, 베트남 소비자 입장에서는 홍삼정(精)이나 분말 제품 혹은 홍삼절편, 홍삼차, 인삼차 등 가공 제품 안에 과연 인삼이 들어 있기는 한 건지 의구심이 들 수밖에 없었다. 인삼 자체도 어떻게 생겼는지 생소한 데다가 당시 베트남 유통에서 판매자와 소비자 간의 신뢰가 높지 않은 시절이었다.

어떻게 하면 인삼 실물을 보여줄 수 있을까 고민하다가 인삼주를 매장에 전시해놓으면 좋겠다는 착안을 하게 되었다. 인삼주를 통해 한국 인삼의 실물을 보여주기로 한 것이다. 각 매장에 인삼을 가득 넣은 인삼주를 전면에 배치했다. 홍보 효과를 위해 인삼병 아래 받침대에는 용 문양 등으로 아주 화려하게 목곽 장식에 한국에서 가져온 다양한 예쁜 인삼주병에 인삼주를 담아 진열했다.

그 인삼주 가격을 아예 높은 가격으로 붙여놓았다. 이유는 물론 애초에 인삼주를 판매할 생각도 없었고 인삼이 어떻게 생긴 것인지 보여주기 위해 만든 것이니 가격을 낮게 정하면 인삼을 가볍게 생각할 것 같아 엄청난 가격을 붙인 것이다. 가격을 높게 책정해놓아야 인삼이 정말 귀한 식품이라는 인식을 갖게 하기 위해서였다. 어차피 판매되지도 않을 것인데 말이다.

그런데 신기한 일이 생겼다. 제품 구경을 하던 손님들이 인삼주를 가리키며 "저건 얼마냐"라고 묻기 시작한 것이다.

당시 인삼주 가격은 100~3,000달러였다. 처음에는 놀라서 구경만 하던 베트남 사람들이 시간이 지나니까 하나둘씩 판매되기 시작했고, 얼마 지나지 않아 미처 인삼주를 만들지 못할 정도로 초대박을 터뜨렸다.

그 비싼 인삼주를 그것도 달러를 현찰로 가져와서 베트남 사람들이 신나게 사 갔던 것이다. 용도는 대부분 선물용이었다. 본인이 마시기보다는 귀한 사람에게 중요한 시기에 주는 고급 선물용품으로 자리매김한 것이었다.

우리가 집 안에 양주가 있으면 진열장에 넣어두었듯이 베트남 사람들 대다수가 집에 인삼주가 한 병씩 있으면 진열해서 자랑하는 문화가 생겼고, 부유층들은 인삼주병을 종류대로 진열해놓고 자랑스럽게 생각하는 문화가 생겼다.

가장 비싼 3,000달러 인삼주는 가장 큰 6년근 인삼으로 2채가 들어가는데 베트남은 날씨가 더워 한국 소주에 담그면 인삼이 상할 수가 있어 베트남에서 판매하는 40도짜리 전통주에 담가서 만드는데 앞서 말한 바와 같이 원가는 한국 돈 10만 원 미만이다. 거의 30배가 넘는 장사를 한 것이다.

일본의 기업가 후지다 덴(藤田田)이 쓴 책 중에 《유대인의 상술》이라는 책이 있다. 이 책을 고등학교 때 읽은 적이 있는데 책에서 상술 중에 상책이 '후리다매', 하책이 '박리다매'라는 글을 읽은 적이 있다. 후리다매는 많이 팔고 많이 남기는 것이다. 우연이기는 했지만, 당시 난 후리다매로 성공을 한 셈이다.

인삼으로 재기, '인삼왕'으로 불리다

그렇게 2003년부터 5년간 베트남 내에서 인삼주 사업을 아무도 모방하지 못하고 거의 독점하다시피 했으니, 인삼주를 계기로 완전히 재기할 수 있었다. 백화점 사업의 실패로 날린 돈은 STAR KOREA를 시작한 후 2년 만에 모두 회수했다.

말로 풀어놓으니 간단해 보이지만 인삼주는 인삼주병에 인삼을 그냥 담는 것이 아니고 모양 좋게 만드는 나만의 비법이 있다.

금산 인삼 시장에서 인삼을 판매하는 아주머니들이 어느 날 TV에서 베트남을 소개하는 장면에서 우리 인삼 매장에 진열된 인삼주가 방영된 것을 보고 너무 잘 만들었다고 하나 만들어달라는 요청도 받았다.

이렇게 나와 직원들은 끊임없이 개선점을 고민했고 SRAR KOREA만의 방식을 계속 고집했다. 프리미엄화와 고객 편의성 제고가 핵심이었다. 당시 베트남은 매장에 인테리어 개념이 없을 때였다. 매장을 고급화하려면 인테리어가 매우 중요한데 베트남 인테리어 회사에 공사를 맡기려면 한국에서 인테리어가 잘되어 있는 매장의 사진을 찍어와서 베트남 인테리어 업체에 보여주며 매장을 최고급 수준으로 꾸몄다. 지금은 인삼 비즈니스를 접은 지 오래됐지만, 그래도 그동안 신세 진 베트남 지인들에게 가끔 인삼주를 직접 만들어 선물하고는 하는데 선물 받는 분이 아직도 실력이 녹슬지 않았다고 말씀해주신다.

인삼주 사업은 계속 번창해 전국 유명 대형 마트, 주요 쇼핑센터 등 베트남 전역(호찌민, 하노이, 다낭, 하이즈엉, 남딩, 롱비엔 등)에 STAR KOREA 매장이 들어섰고 매장 수가 총 40여 개나 넘었다. 새로운 쇼핑몰이 생길 때마다 고급 콘셉트를 그대로 유지해 입점하곤 했다. 베트남에서 고가의 한국 인삼을 팔려고 하면 최소한 그 정도의 인테리어와 매장을 갖춰야 가치를 높일 수 있다는 것이 내 생각이었다. 이러한 노력의 결과로 베트남 내 한국 인삼 붐이 일어날 수 있었고, 내가 베트남 인삼 붐을 일으킨 장본인이라는 자부심이 있다.

하지만 베트남 인삼 시장은 커지고 있지만 내 인삼 사업은 저물고 있었다. 2007년 무렵 인삼 사업의 수익성을 노린 많은 사람이 인삼 사업에 뛰어들었다.

STAR KOREA는 한국에서 컨테이너를 띄워 정식으로 통관하고 순도가 높은 질 좋은 인삼을 사용하고 있었는데 후발주자들은 편법으로 비용을 줄이고 가격 공세에 집중하기 시작했다.

당시 인삼류에 대한 관세가 20~50% 되었는데 베트남 사업자들은 한국을 다녀오는 보따리상 등을 통해 관세 없이 물건을 조달하곤 했다. 심지어 한국발 비행기에 탑승하는 승무원도 인삼을 사 온다는 말이 돌 정도였다. 업체 수가 많아지고 다들 살아남기 위해 저가 전략을 쓰면서 순도가 낮은 제품도 유통이 되기 시작하고 여러모로 시장이 혼탁해졌다.

'이제 이 시장은 베트남 현지 기업 위주의 시장이 되었구나'라는 생각이 들었다. 당연한 순리일 수 있다. 하지만 아쉬운 점도 있다. 인삼 사업을 접어서 아쉬운 것이 아니라 STAR KOREA가 그동안 고급화에 집중해서 간신히 조성했던 인삼의 프리미엄 이미지가 이후 저가 경쟁으로 훼손되었던 것이 아쉽다. 저가 경쟁이 품질 경쟁력 저하로, 또 크게는 한국 인삼에 대한 신뢰 하락까지 이어진 것 같아 안타깝게 생각한다.

여담이지만 한국 인삼의 효과나 효능 홍보에 대해서 더 알릴 필요가 있다. 한국의 전문가보다는 베트남 전문가가 이를 보증하는 게 더 효과적이다. 예를 들어 호찌민이나 하노이의 유명 대학 연구 학자들과 콘퍼런스 등을 열어 인삼의 효능을 소비자들에게 홍보하는 데 집중했다. 또한 STAR KOREA는 이러한 오피니언 리더 200여 명을 하노이 대우호텔에 초대해 삼계탕 등 한국 음식으로 만찬을 대접하면서 당시 호찌민대학 인삼 연구학자인 Nguyễn Thới Nhâm 박사를 초빙해 한국 인삼 알리기 행사를 개최해왔는데 이는 한국 인삼의 우수성을 알리는 데 큰 역할을 했다고 생각한다. 앞으로도 이러한 노력이 계속 필요하다.

우리 상품을 이왕 팔려면 최고의 제품을 팔아야

최근 여러 기관에서 다양한 한국 기업 제품을 소개하는 행사를 꾸준히 하고 있다. 매우 바람직한 활동이다. 그런데 몇몇 기관에서 개최하는 시장 개척단, 판촉전 등의 행사를 가보면 순도가 낮고 제대로 검증되지 않은 상품들이 꽤 보인다.

해외에 나가 시장을 개척하는 행위는 일종의 국위선양 활동인데 좋지 않은 제품을 소개하면 오히려 국가 이미지에 부정적인 영향을 끼칠 것 같아 두렵다. 외국에 수출하는 제품, 특히 건강식품류는 철저히 선별한 제품으로만 해야 한다는 생각이다. 식품은 10년 공들여 100년을 먹고사는 사업이다. 그처럼 시장을 개척하는 일은 시간이 걸리더라도 그 시장에서 인정을 받아야 한다.

2019년 여수에서 개최한 제18차 세계한상대회 때 이야기다. 내가 세계한상대회 대회장직을 맡고 있을 때였다. 당시 관련 지방자치단체장에게 "수출 품목은 최대한 선별해야 한다. 관계로 인해 수출 지원 업체로 선정하지 말아달라. 세계 여러 바이어가 참석하는 행사에는 당당하고 떳떳하고 자신 있는 물건들이 나가야 하는 것 아니냐. 특히 자격이나 품질이 미달하는 상품들은 수출하면 안 된다. 이건 시장 개척이 아니라 시장을 망가뜨리는 것"이라고 강변한 적이 있다. 아마도 많은 분이 공감할 것이다.

문제는 미선정 업체 몇몇이 관련 정부나 기관에 민원을 넣는다는 것이다. 민원에 민감한 기관으로서는 곤혹스러울 수밖에 없다. 그러면 어떻게 해야 할까? 엄격한 기준, 즉 룰을 만들어야 한다. 예를 들어 홍삼의 경우 성분분석 표, 증명서(Certificate), 식품의약품안전처의 건강식품 인증 허가증 등의 자료를 갖춘 업체만 참여토록 하는 것이다.

한국농수산식품유통공사(aT)와의 인연

많은 사람이 내가 처음부터 베트남 식품 유통 부문에 진출한 것으로 생각하지만 사실 당초 식품 유통업에 대해서는 알지도 못했고, 관심이 없었다.

2025년 힘찬 새해를 맞이하는 K&K글로벌트레이딩 임직원 모습

    K-MARKET 설립은 참 우연찮게 시작되었는데, 한국농수산식품유통공사(이하 aT)의 덕을 보았다. 사람이 매사에 최선을 다하고 열심히 하다 보면 주변으로부터 인정받고 그렇게 노력하다 보면 도움을 받는 기회가 생기기도 하는 그런 경우였던 것 같다.

    aT와의 인연은 베트남 인삼 판촉전에서부터 시작되었다. 앞에 언급했다시피 2002년에 백화점 사업이 실패하고, 2003년 인삼 사업을 시작했다. 다음 해인 2004년 즈음에는 aT가 베트남에서 한국산 인삼에 대한 시장 개척을 적극적으로 하고 있었다. 인삼 판촉전이라는 행사를 통해 베트남 내 인삼의 저변을 넓히는 방식이었다.

    당시 하노이에서는 한국 기업 P사도 한국산 인삼을 취급하고 있었고 aT는 그 업체와 인삼 판촉전 행사를 개최했다. 전해 듣기로 당시 행사 운영비로 제법 큰 액수를 지원했지만, 실제 행사 결과는 좋지 않았다고 한다. 아마도 정해진 운영비를 행사에 모두 사용하지 않은 소홀한 점이 있었던 것 같다.

한국 인삼 판촉전 행사에 다소 실망한 aT 담당 직원은 어느 날 당시 장보 백화점 1층에 있는 우리 인삼 매장을 찾아와 본인의 명함을 두고 갔다. STAR KOREA 인삼 매장 인테리어의 고급화와 인삼 제품의 차별화를 보고, 나를 만나보고 인삼 판촉전을 개최하고 싶었던 것이다. 그러나 직원을 통해 명함을 건네받은 난 연락을 하지 않았다. 솔직히 말해 큰 관심이 없었다. 당시 aT는 농수산물유통공사로 불릴 때였고 그 기관이 무슨 일을 하는지 정확히 몰랐다.

나중에 들은 이야기지만 STAR KOREA 매장에 방문했던 그분은 행사 점검차 출장 중이었고 남은 베트남 출장 기간 내내 내 연락을 기다렸다고 한다. 그 후 그분이 aT 싱가포르 지사에 내 정보를 전달하고 싱가포르에 있는 aT 지사와 연결이 되어 이듬해 인삼 판촉 행사를 시작하게 되었다. aT 판촉 행사 지원 예산으로는 시음·시식, 인쇄물(브로슈어)과 쇼핑백 제작, 홍보 도우미 지원 등으로 한정적이긴 했으나 오히려 난 이것을 하늘의 도우심으로 생각했다.

한국의 인삼을 알릴 절호의 기회가 아닌가? 어찌 보면 내가 해야 할 일인데 기관의 지원을 받은 것 같아서 행사 개최를 수락한 이후 성공시키기 위해 정말 열심히 준비했다. 지원받은 운영비는 물론 그 외의 우리 예산도 투입해서 홍보, 판촉 효과를 높였고 행사는 대성공으로 끝났다. aT는 이런 모습을 보며 신뢰하게 된 것 같았다.

그러던 2006년경, 느닷없이 aT에서 내게 한국 식품 유통을 해보라는 권유를 하는 게 아닌가. 당시 베트남에는 호찌민에만 작은 마트 수준의 한국 식품점이 몇 개 있었고 하노이에는 아예 한국 식품점이 없었다. 특히 베트남 현지 시장에는 아예 한국 식품이 판매되고 있지 않을 때였다. 갑작스러운 제안에 자신이 없었다. 한번도 접해보지 않은 또 다른 분야였기 때문이다. 하지만 aT 담당자는 내가 하면 무조건 잘될 것이라고 계속 용기를 불어넣어 주었고 결국 또 새로운 분야에 도전하게 되었다.

한국 라면의 실패와 또 다른 교훈

식품 유통을 시작하려니 막막했다. 일단 대기업의 문부터 두드렸다. CJ, 미원베트남(현 대상그룹)과 같이 당시 협력 관계에 있었던 기업으로부터 식품을 받아서 판매해보았다. 실패였다.

그러다가 한국 라면을 베트남 시장에 소개하면 어떨까 하는 생각이 들었다. 무작정 농심 본사에 찾아갔다. 하지만 당시 담당자는 소량 구매를 요청하는 내게 영등포 시장에 가서 구매하라며 제안을 거절했다. 그도 그럴 것이 컨테이너 주문도 아니고 100박스, 200박스를 본사에 와서 이야기하니 우스운 일이 아니겠는가.

하지만 처음부터 베트남에서 한국 식품을 뿌리내리려면 반드시 본사와 거래해야 한다는 생각이었다. 그래야 본사와의 협업이 가능하고 처음 뿌리내리려면 홍보, 판촉 활동이 필요하고 나는 이미 aT와 인삼 시장을 개척하면서 홍보와 판촉이 얼마나 중요한지 알고 있었다. 개인 혼자서는 할 수 없는 사업이다.

그래서 어려운 본사를 설득하기 시작했고 당시 농심도 베트남 시장에는 라면을 판매하고 있지 못할 때였다.

나는 농심이 한국에서는 1등 라면회사이지만 베트남에서는 판매하지 못하고 있으니, 그것을 내가 해보겠다는데 당신들이 나를 홀대해서는 안 된다고 설득했다. 당시 나도 베트남에서 '인삼왕 고상구'로 제법 이름을 알리던 때였다. 포기하지 않고 설득했고, 인삼 신화의 효과일까? 끈질긴 설득에 결국 농심의 동의를 얻어 소량의 라면과 스낵류를 베트남으로 가져왔다.

결과는 어땠을까? 안타깝게도 실패였다. 대표 제품인 신라면조차 판매 부진으로 유통기한이 지나 100박스 중 30%도 못 팔고 폐기해야 했다. 여러 가지 문제가 있었지만 제일 큰 문제는 현지 베트남 라면과의 조리에 대한 문화 차이였다.

기존 베트남 라면은 한국의 컵라면처럼 뜨거운 물을 부어서 바로 먹을 수 있었고, 한국 라면은 냄비에 넣고 끓는 물에 3분 이상 조리해서 먹는 방식이었다. 이렇게 다른 섭취 방식 때문에 베트남 시장에 거부감이 생긴 것 같았다. 가격과 중량의 차이 또한 컸다. 한국산 라면의 경우 베트남산 라면 대비 5배 비쌌고 중량은 베트남 라면의 약 2배에 달했다. 하지만 이러한 실패조차 내가 식품 유통업을 하는 데 필요한 소중한 자양분이 되었다.

K-Mart(현 K-MARKET)의 시작

호찌민에 있던 한인 마트들은 교민을 상대로 하는 소매점이었던 반면 나는 처음에는 베트남 현지인 시장을 노린 B2B 시장을 겨냥했다. Citimart(현재는 이온몰에서 인수), BIG-C(태국 Central Group 인수), Fivimart(현재는 빈 마트에서 인수), 사이공 쿱마트 등 현지 대형 유통 채널에 한국 식품을 공급하는 데 주력한 것이다.

사업은 순조로운 편이었고 한국 식품을 베트남 대형 유통망에 공급한다는 보람도 있었다. 하지만 문제가 있었다. 수입해 온 식품은 많은데 유통기한 내 소진하지 못해 재고가 쌓이고 처치 곤란의 물건들이 생기기 시작한 것이다.

그래서 자구책으로 시작한 것이 바로 소매 식품 유통 마트인 K-Mart(현 K-MARKET)이다. K-Mart 1호점은 2007년에 하노이 쭝 옌거리에 공식적으로 개장했다. 당시 하노이에는 두 군데(C마트, S마트)의 한인 마트가 운영 중이었고 이들 두 마트는 교민이 밀집한 지역에 있었다. 나는 그 마트들과 상권이 부딪히지 않게 하려고 교민이 거주하는 지역과 벗어난 지역에서 시작하게 되었다.

1호점이 위치한 쭝옌의 점포는 외진 곳에 있어 그다지 좋은 자리는 아니었다. 하지만 나는 다른 마트와 차별화하기 위해서 한국 스타일로 인테리어를 했다. 실내에는 분수대를 설치하고 파라솔을 쳐서 야외 좌석을 만들고 한국에서 가져온 장비들로 고급 스타일의 한인 마트를 만들었다.

K-Mart는 성공이었다. 성공에는 여러 요인이 있었겠지만 가장 중요한 요소라고 내가 생각하는 점은 바로 '새로움'이었다. 기존 한인 마트들은 인테리어나 매장을 관리하는 데 허술했다. 하지만 처음부터 베트남에서 한국 사람이 운영하는 마트를 베트남 고객들이 방문

했을 때 "역시 한국이다"라는 말이 나올 정도로 모든 면에서 감동을 주어야 한다고 생각하고 시작을 했다.

첫 번째는 매장 인테리어의 차별화, 두 번째는 K-Mart는 매번 새로운 제품을 도입하는 데 주저하지 않았다. 한국에서 컨테이너가 들어올 때마다 한국의 핫한 상품들을 가져왔다. 당시 한국에서도 비싸게 판매되고 있던 스타벅스 병커피를 들여왔을 때 주변 경쟁 마트에서 베트남 커피가 얼마나 싸고 맛있는데(당시 교민들에게는 베트남 G7 믹스 커피가 인기였다) 저렇게 비싼 한국 스타벅스 병커피가 팔리겠냐고 했지만, K-Mart에서 판매한 후 한국 사모님들이 엄청나게 좋아했던 모습이 아직도 생생하게 기억난다. 그러한 점들이 한국 사람들 사이에 K-Mart에는 언제나 새로운 상품들이 많다는 입소문이 나기 시작했고, 새로운 물건을 기다리는 사모님들은 K-Mart 컨테이너가 언제 들어오는지를 기다렸다.

하노이에 오래 계신 분들은 아직도 내게 인삼은 이제 취급하지 않는지 물어본다. 사업 환경이 계속 악화하던 2009년경 K-Mart가 어느 정도 자리를 잡았고 후년인 2010년에 인삼 장사를 사실상 접기로 마음먹었다. 식품 유통 사업에만 집중해도 모자랄 만큼 사업이 커진 것이다.

화재로 인해 또다시 찾아온 위기

2014년 K-Mart 매장이 10개 정도 되었을 때 베트남 어떤 법무법인으로부터 질의서 한 장이 날아왔다. "당신 회사는 왜 K-Mart라는

K-MARKET 준공식 모습

상호를 사용하고 있는가?" K-Mart는 이미 미국에서 사용하고 있는 유통회사이고 베트남에도 상호 등록이 되어 있으니 사용하지 말라는 것이다.

그래서 고민 끝에 바꾼 상호가 K-MARKET이다. K-MARKET으로 상호를 바꾸고 나서도 승승장구해 회사는 급성장 궤도에 진입했고 회사의 물류 창고를 큰 곳으로 옮겨 비상을 준비하던 시기에 위기는 갑자기 찾아왔다. 물류 창고의 화재 발생으로 모든 제품이 잿더미가 돼버려 라면 한 봉지조차 건져내지 못하는 큰 피해를 입게 된 것이다.

화재가 발생하던 2014년 2월 21일 오전 10시경 당시 나도 회사에 있었다. 화재를 초기에 진압하기 위해 모든 직원이 소화기를 동원해

진압 노력을 했고 화재 진압에 정신이 쏠려 있느라 제품을 밖으로 옮겨야 한다는 것을 아무도 생각하지 못했었다.

안타깝게도 화재는 걷잡을 수 없을 정도로 확산했고 사람들이 다치면 안 된다는 생각에 모두 피하라고 지시했다. 모두가 빠져나온 순간 물류센터는 불이 전체로 번져 아무것도 건져내지 못했고 고스란히 피해를 보게 되었다. 당시 물류센터를 옮긴 지도 얼마 되지 않아 화재보험 가입도 되어 있지 않은 상황이었다.

모든 직원이 울면서 내게 위로할 때 내가 한 말은 "사람이 다치지 않아 큰 다행이고 이제 우리의 성공은 지금부터다. 우리 더 열심히 해서 반드시 더 큰 회사로 키우자"라며 오히려 직원들을 위로했다. 그때 만든 구호가 'We Are One(우리는 하나)'이다.

이제 우리는 하나가 되어 반드시 이번 위기도 이겨내고 더 큰 도약의 발판으로 삼자는 의지로 만들었고 지금 우리 회사의 모든 구호는 'We Are One'이다.

글로벌 브랜드 편의점에도 밀리지 않는 K-MARKET

K-MARKET 사업을 본격적으로 시작한 2007년 이후 지금까지 기껏해야 17년 정도 남짓인데 K-MARKET 매장 수는 벌써 140개를 넘어섰다. 코로나19 시기에는 타격으로 8개 매장을 정리하기도 했다.

K-MARKET 매장은 모두 직영점이며 총고용 인원은 2,000명가량이다. K-MARKET을 만든 이후 우리는 항상 공격적으로 매장을 확장했다. 물론 코로나19 기간만은 예외였지만, 코로나19에 아무

도 찾지 않는 호찌민 년짝 공단에 싼 가격에 물류 센터 부지를 확보했다.

이렇게 공격적으로 매장을 확장한 이유는 단 한 가지다. 바로 베트남의 급속한 도시화에 발맞추기 위해서이다. 지금 이 순간에도 인구가 도시로 몰리고 신축 건물과 아파트들이 들어서고 있다. 이처럼 도시화가 급속히 진행되면서 신규 상권들이 계속 생겨나고 있는데 이러한 지역에 K-MARKET이 거점을 선점하기 위해서다. 새로운 타운십이 들어서고 아파트 단지가 들어서면 반드시 K-MARKET 매장이 들어서고 있다.

하지만 거점만 많이 확보한다고 해서 성공할 수 있는 것은 아니다. 고객의 수요에 맞게 차별화를 해야 한다.

예를 들어 K-MARKET처럼 곳곳에 거점을 확보하는 방식의 영업을 하는 유통 매장이 '편의점'이고 수많은 글로벌 기업이 이미 베트남에 진출해서 운영 중이지만 이들 편의점은 솔직히 K-MARKET의 상대가 되지 못한다. 베트남에서 가장 많은 편의점 브랜드가 활동하고 있는 호찌민의 경우 세븐일레븐, GS25, 미니스톱, 써클K, 훼미리마트 등 글로벌 브랜드 기업들이 있지만 K-MARKET은 차별화 전략으로 우위를 점하고 있다.

왜 편의점은 K-MARKET의 상대가 안 될까? 우선 판매되는 상품 구성이 다르다. 편의점의 경우 간편식, 과자, 스낵, 음료수 정도의 상품이 구비되어 있다. 하지만 K-MARKET은 일반 편의점에서 취급하는 제품은 물론이고 3배 이상의 제품을 갖추고 있고, 편의점에서는 취급하지 않는 과일, 채소, 정육, 반찬류, 건강식품, 가정용품 등 다양한 제품군을 판매한다.

이렇게 다양한 제품군 중 특히 신선 제품이나 정육, 채소 등의 식품류를 베트남에서 유통하는 것이 쉬운 일은 아니다. 날씨가 무척 더운 베트남이다. 오늘 시장에서 사 온 채소도 내일이 되면 상한다. 이 같은 신선 식품을 다루려면 콜드체인을 갖춰야 하고 대량의 상품 소싱 능력이 있어야 한다. 많은 종류의 신선 채소를 골라서 신속하게 배송해 매장에서 판매해야 한다. 매장의 냉장고·냉동고로 들어가기 전까지의 시간을 최소화해야 신선도를 유지할 수 있다는 말이다.

그만큼 시스템을 잘 구축해야 하는데 K-MARKET도 지금 수준까지 올라오는 데 15년이라는 긴 시간이 걸렸다. 특히 편의점은 관리 위주의 사업이므로 정육·청과·채소 등은 다루기 어렵다.

우리 회사가 규모는 작지만 유통 관리 시스템은 베트남 최고라 자부할 수 있으며, 상황실에서 전 매장과 물류센터를 철저히 모니터링하며 관리하고 있다.

K-MARKET의 지점 확대 속도는 도시화와 비례한다

우리의 전략은 대형마트의 길목을 차단하고 편의점과의 경쟁에서 우위를 점하는 것이다. 말 그대로 고객이 힘들게 대형마트를 가지 않고 K-MARKET에서 쇼핑을 해결할 수 있도록 만드는 것이다.

독자 여러분은 하노이나 호찌민 등의 베트남 대도시가 충분히 도시화했다고 생각하는가. 나는 그렇게 생각하지 않는다. 하노이와 호찌민 등 대도시의 도시화도 아직 시작 단계일 뿐이다.

대형 빌딩들이 즐비한 대로변은 도시화가 되어 있는 것 같지만 이면의 뒷골목을 들어가 보라. 거미줄처럼 복잡한 골목길 주변에는 어김없이 재래시장이 자리 잡고 있다. 지금도 베트남 사람들은 새벽부터 아침 시간대까지 잠시 열었다가 무더운 낮에는 닫는 형태의 골목길 장터를 많이 이용하고 있는데 이러한 모습들을 봤을 때 아직 도시화가 덜 된 거라 말할 수 있다.

그래서 나는 K-MARKET 신규 입점 지역을 선정할 때 근방에 재래시장 상권이 형성되어 있는지, 있다면 몇 미터 내에 있는지를 꼭 확인한다. 그런 자리에 신축 건물들이 들어서고 골목 장터 문화가 없어지고 편의점 같은 상점이 들어와야 비로소 도시화가 되었다고 말할 수 있는 것이다.

지금 하노이는 여러 제재와 규제로 인해 도시화 속도가 더디기는 하지만 10년 뒤의 현대적 소매 유통 시장은 엄청날 것이다. 도시화가 진행되면서 사람들은 골목 시장보다는 슈퍼마켓을 이용할 것이고 소비자의 수준 또한 높아져 청결과 위생을 중요하게 생각하게 될 것이다. 그럴 때 그 탄력으로 시장이 크게 성장하는 것이다. 그래서 미래를 위한 거점 확보가 지금 필요하다. 어찌 보면 K-MARKET도 아직 시작 단계에 서 있는 것이다.

K-MARKET의 미래는 온·오프라인 통합에 있다

우리가 공격적으로 신규 매장을 오픈했던 또 다른 이유는 추후 이 매장들을 온·오프라인 통합의 플랫폼으로 만들기 위해서였다.

K-MARKET의 장점은 매장이 많다는 데 있는데 이를 온라인의 장점과 결합해 온·오프라인 매장의 장단점을 서로 해소하자는 것이다.

온라인의 주요 장점은 편리성과 상품의 다양성 즉, 오프라인 매장에서 볼 수 없는 다양한 물건을 클릭 몇 번으로 구매할 수 있다는 점이다.

오프라인 매장의 경우 매장의 규모에 따라 구비할 수 있는 제품군이 제한적이기 마련인데 온라인은 그렇지 않다. 현재 K-MARKET 온라인 스토어에서는 옷, 휴대폰, 소형 가전, 중고 자동차 등 오프라인 매장에서 판매하지 않는 상품들도 다수 판매하고 있다.

반면 온라인 비즈니스의 문제점은 물류 배송에 대한 손실이 상당히 많다는 점이다. 다른 개발도상국도 마찬가지지만 베트남도 대부분의 주문은 COD(Cash on Delivery)로 진행하고 있다. 다시 말해 결제 전 주문을 하고 물건이 도착하면 대금을 지불하는 방식이다. 당연히 단순 변심 등의 이유로 지불을 거부하는 경우가 상당하고 이를 반품 받기 위해 물류비가 2배 든다. 베트남에 진출했던 여러 한국 홈쇼핑 업체들이 사업을 철수하는 이유도 이처럼 물류비 손실이 크기 때문으로 알고 있다.

또한 배송 시간에 대한 과도한 경쟁도 문제이다. 한국의 경우 저녁에 주문하면 다음 날 아침에 배송해주는 로켓 배송 방식이 많은데 이를 위해 작업자들이 야간 선별 작업을 해야 하고 급하게 일을 처리하는 과정에서 배송 기사들의 과로나 건강 악화로 이어질 수 있다. 라이더들과 관련된 안타까운 뉴스가 전해질 때가 많다.

그래서 K-MARKET은 이러한 문제점을 극복하고자 오프라인 매장을 거점으로 활용하려는 구상이 있다. 보통 물류센터에서 각 매장으로 하루 2~3회씩 출고하는데 이를 활용해 고객들이 직접 가까운 매장에 방문해 온라인으로 주문한 제품을 수령할 수 있게 하는 것이다. 물론 희망할 경우 자택에서 배송을 받아도 된다.

하지만 베트남 택배사가 저녁 6~7시까지만 배송이 가능한 반면 K-MARKET은 밤 12시까지 영업한다. 고객이 다음 날 급히 필요한 물건일 경우 밤 12시 전까지 언제든지 매장에서 물건을 찾아갈 수 있는 시스템을 갖추고 있다. 이렇게 되면 물류비용 부담이 줄어 경쟁력이 강화된다. 또한 소비자 입장에서는 물건을 전달받기가 편해진다는 효용이 있다.

반품에서도 K-MARKET 매장에서 물건을 열어 확인해보고 마음에 들지 않으면 바로 매장에서 반품 처리를 하면 되는 것이다. 별도의 배송 직원이 움직일 필요가 없다.

이렇듯 K-MARKET은 온라인 거점을 위한 오프라인 매장을 확장하는 데 주력하고 매장을 플랫폼으로 활용하는 온·오프라인 통합도 본격적으로 추진해 나가고 있다.

코로나19라는 복병

2020년 코로나19라는 복병을 만났다. 일반 소비자들이 보았을 때 K-MARKET은 필수 업종으로 분류되어 여전히 영업할 수 있고 오히려 소비자가 늘어서 코로나19 덕을 봤다고 느꼈을 것이다. 하지만 현실은 반대였다. 먼저 많은 교민이 코로나19로 베트남을 떠났고, 2019년 430만 명이 방문하던 한국 방문객들의 발길이 끊겼으며, 식당들이 영업을 중단해 B2B 식자재 매출이 중단되었다.

K-MARKET은 매장이 140개가 넘지만, B2B 사업이 당사 전체 매출의 60%를 차지한다.

베트남 대형마트에서 판매되는 한국 식품은 상당 부분 K-MARKET에서 납품하는데 코로나19 확산으로 봉쇄가 이어지면서 B2B 사업의 상당 부분이 중단되어버렸다. 그뿐만 아니라 레드선(Redsun), 골든게이트(Golden Gate)와 같은 베트남 현지 대형 F&B 그룹에도 우리의 큰 거래처이지만 코로나19로 납품이 중단되었다. B2B 사업 손실로 많은 적자가 발생했다.

결단이 필요했다. K-MARKET은 모든 매장을 직영점으로 운영하고 있다. 영업에 어려움을 겪는 직영 매장의 철수를 결정했다. 철수하기로 결정한 매장 대부분은 규모가 큰 매장들이라 투자 비용이 많이 들었고, 인테리어도 고급스럽게 꾸며진 매장들이라 철수하게 되면 투자한 비용 모두를 버리게 되는 큰 손실이 따를 수밖에 없다.

하지만 우리 회사는 많은 매장을 운영하는 회사라 몇몇 매장을 정리하는 데 속을 쓰려 할 여유가 없었다. 이러한 조치를 하고 나니 K-MARKET의 운영은 단숨에 정상화되었고 손익 실적은 오히려 흑자로 반전했다.

K-MARKET은 매장이 많지만, 무차입 경영 원칙을 고수하고 있다. 하지만 하노이 물류센터를 건립하는 당시 베트남에 보내야 할 투자 자금 외환 송금의 법적 처리가 원활하지 않아 불가피하게 일시적

K-MARKET 호찌민 물류센터 조감도

으로 차입했던 일부 차입금도 코로나19 위기에 모두 상환했다.

"내가 지금부터 매직을 보여줄게"

앞에서 말한 매장을 철수하는 결정은 사실 쉽게 나온 것은 아니다. 당초 직원들이 코로나19로 인한 피해에 대해 보고하러 왔을 때 당당하게 말했다.

"내가 지금부터 매직을 보여줄게. 이 문제를 내가 어떻게 해결하는지 잘 봐라. 방법은 아주 간단하다. 하루빨리 적자 매장을 정리하는 게 살아남는 방법이다. 되는 것만 가져가면 된다."

건물 임대료를 선납해 임대 기간이 남아 있든 투자 비용이 많이

들었든 이전에 쓴 돈은 아까워해선 안 된다. 투자함으로써 이미 내 손을 떠난 돈이다. 사람들은 안 되는 걸 아까워서 붙잡아두고 또 투자 금액에 연연해하며 미련을 갖는다. 이 비유가 맞는지 모르겠지만 그건 마치 죽은 자식을 붙잡고 있는 것과 같다.

영업이 힘든 매장이라도 업종 특성상 매장에 상품은 채워야 한다. 어려운 시기에는 잘되는 곳에만 집중해야 하는데, 힘든 매장을 살려보고자 상품 배치, 인력 배치 등을 하게 되면 정작 다른 곳에 써야 할 에너지가 낭비되고 만다. 선납한 임대료는 문제가 아니니 연연하지 말고 모두 버려라.

우리는 대책 회의를 열었다. 적자 매장을 골라내고 캐시 플로와 손익분기점(BEP)을 과거, 현재 그리고 미래 3단계로 나눠 전후 6개월의 자료를 만들었다.

오직 캐시 플로와 손익분기점으로 가망이 있는지를 판단했다. 답이 나왔다. 이대로 철수 매장을 정리하고 나니 영업이익이 높아지며 수익 구조가 눈에 띄게 변하기 시작했다.

베트남 남부 복합 물류센터 건립

올해 우리는 그간 추진해왔던 베트남 전역 물류 유통망 구축을 위한 두 번째 단계인 호찌민 물류센터 건설에 박차를 가할 전망이다. 2023년 1월 27일 우리는 동나이(Dong Nai) 년짝(Nhơn Trạch)에 위치한 힙프억(Hiệp Phước) 공단에 건립할 베트남 남부 복합 물류센터 부지 계약을 마무리했다.

그해 상반기 통합심의를 거쳐 승인을 받으면 2025년 6월 준공을 목표로 사업을 추진할 예정이다. 공단 위치는 물류 유통의 중심지로 호찌민 2군까지 30분대 정도 걸리며, 냐베 고속도로가 완성되면 7군까지 역시 30분대 배송이 가능하다.

이번에 건립할 남부 복합 물류센터는 약 9,000평(약 3헥타르) 면적에 해당하는 부지로 K-MARKET 하노이 복합 물류센터보다 1.5배 더 큰 규모이다. 상온/냉동/냉장 물품 포장과 배송, 보관·재고 관리 등 모든 과정을 담당하는 '풀필먼트 물류센터'를 비롯해 남부 지역의 풍부한 자원을 활용한 지역 상생형 공유 창고, 스마트 연계 물류 시스템 등을 조성해 미래 도시형 첨단 물류 인프라 구축을 통해 고부가가치의 물류 산업이 육성될 것이며 특히 온라인 사업의 기반인 베트남 북부·중부·남부를 아우르는 통합 물류망을 구축함으로써 기존에 판매하는 상품 외에도 해외 직구 물류망 수십만 종을 확보할 것으로 기대된다.

베트남 남부 복합 물류센터를 준공해 한국 농·식품의 남부 지역의 유통망을 확대하는 것은 물론이고 남부 지역의 풍부한 농·수산물 유통 전진기지로서 역할을 할 것이며 남부 복합 물류센터에서는 삼자 물류(3PL), 농수산물 PB 제품 개발 등 다양한 사업이 펼쳐질 것이며, 베트남 내수 시장 외 한국과 제3국 수출 판로까지 확보할 수 있는 토대가 될 것이다.

남부 복합 물류센터 준공 사업은 기존에 확보한 북부 물류 유통망에 베트남 경제 중심으로 볼 수 있는 베트남 남부 지역의 물류 유통망까지 구축하겠다는 K-MARKET의 비전이 담겼다.

K-MARKET이 CSR 일환으로 고아원을 방문한 모습

K-MARKET의 CSR

CSR은 베트남에 진출한 한국 기업들이 당연히 해야 하는 의무라고 생각한다. 해외에 진출한 한국 기업들은 외국에서 사업을 하는 것이지 않은가.

내가 해외에 거주하는 교민들을 상대로 이익을 내든 베트남 국민을 상대로 이익을 내든 나는 베트남에서 사업을 하는 것이다. 이 나라에서 내 기업의 이미지가 아니라 한국 기업이 베트남에 얼마나 기여하는지에 대한 이미지를 보여줘야 한다고 생각한다.

K-MARKET은 예전부터 CSR 활동에 적극적이었다. 코로나19 이후에는 더욱 적극적으로 했다. 도와야 할 사람들이 굉장히 많았다. CSR 활동에는 베트남을 위해 해야 하는 CSR이 있고 교민들을 위해 해야 하는 CSR이 있다.

베트남을 위한 CSR 활동으로는 2013년부터 베트남의 불우이웃을 돕기 위해 전 임직원이 고아원과 복지원에 매년 정기적으로 방문하고 있으며 베트남 농가가 코로나19로 인한 수출길이 막히자, 베트남 농가의 농작물을 구매해 원가로 판매하는 'K-MARKET & 베트남 농가 상생 프로젝트'를 진행했다.

또한 2020년 4월 베트남 조국전선중앙위원회를 방문해 힘든 시기를 조속히 극복할 수 있도록 현금 10만 달러와 구호 물품 7만 달러를 기부했다. 이외에 베트남 중부 지방 홍수 피해 이재민을 위한 기금 모금, 굿네이버스와 농가 지원 협업 프로젝트, 전체 매장에 모금함을 비치하는 등 그 외 베트남 지역 사회에 대한 공헌, 한국과 베트남 관계를 위한 여러 활동을 해오고 있다.

교민들을 위해서는 2021년 8월 어려운 상황에 처한 호찌민 교민들의 백신 조달과 확진자 구호 기금으로 활용할 수 있도록 10만 달러를 호찌민한인회에 기부했다.

또한 베트남 교민 사회의 상생 협력을 위해 여행업 종사자 코로나19 극복 후원금, 베트남 축구 국가대표 한국 코치진 주거 환경 개선 주택 지원, 격리 교민 구호 물품 지원 등과 한상글로벌드림장학회에 1억 원 기부 등 수많은 기부 활동에 참여했다.

앞서 말했지만, 해외에서 사업하는 입장에서 CSR 활동은 수익이 발생하는 기업이라면 당연히 해야 하는 의무이다. 베트남에서 1위가 되는 것도 중요하지만 베트남에서 제일 사랑받는 기업이 되는 것이 결국 K-MARKET의 최종 목표이다.

고상구 회장의 또 다른 활동과 역할

고상구 회장은 현재 민주평화통일자문회의 아시아·태평양지역회의 부의장으로서, 한반도의 항구적인 평화와 통일을 실현하기 위한 사명을 가지고 활동하고 있다.

민주평통은 헌법기관으로서 대통령을 의장으로 모시고, 전 세계 각지의 동포들과 함께 한반도 평화통일을 위한 국민적 역량을 결집해 나가는 중요한 역할을 수행하고 있다. 아·태지역회의 부의장으로서 몽골부터 오스트레일리아, 뉴질랜드까지 총 36개국을 아우르는 광대한 지역을 책임지고 있으며, 각국 자문위원들과 함께 평화통일을 위한 실질적인 협력과 실천 활동을 전개하고 있다.

해외 각지에서 살아가는 우리 동포들은 대한민국의 소중한 자산이자, 평화통일의 든든한 외교적 기반이다. 이들의 목소리를 경청하고, 통일에 대한 공감대를 확산시키며, 다양한 정책 자문과 민간외교의 가교 역할을 수행함으로써 세계 속의 대한민국, 통일 한국의 미래를 함께 그려나가고 있다.

고상구 회장은 특히 아·태 지역의 특수한 지정학적 조건과 각국의 한인 사회 특성을 고려해 지역 맞춤형 평화통일 활동을 기획하고 추진해왔다. 자문위원 역량 강화 워크숍, 평화통일 포럼, 청년통일 아카데미 등 다양한 현장 중심의 프로그램을 통해 통일 공감대를 넓혀가고 있으며, 각국 정부와 지역 사회와의 교류 협력을 통해 대한민국의 평화통일 비전을 적극 공유하고 있다.

앞으로도 한반도 평화와 통일이라는 국가적 과제를 향해 굳은 책임감과 사명감을 가지고, 아·태 지역을 넘어 전 세계 한인 사회와 함께 그 길을 걸어가겠다는 다짐이다.

그리고 고상구 회장은 현재 세계한인총연합회 회장으로서, 전 세계 180개국에 흩어져 살아가고 있는 750만 재외동포를 위한 정책과 활동을 이끌어가고 있다. 재외동포는 단순한 해외 거주 국민이 아니라 대한민국의 미래를 열어가는 소중한 국가 자산이다. 이들은 세계 각지에서 경제 영토를 확장하고, 대한민국의 외교 역량을 넓히며, 한국의 위상을 높이는 주역으로서 중요한 역할을 수행하고 있다.

특히 고 회장은 오늘날 전 세계가 열광하고 있는 케이팝(K-POP), 케이푸드(K-Food), 케이무비(K-Movie), 케이컬처(K-Culture) 등 한류 저변에는 재외동포들의 묵묵한 땀과 헌신이 깊이 깔려 있다고 믿고 있다. 만약 우리 동포들이 각자의 거주국에서 신뢰를 얻고 성공하지 못했다면, 어느 나라 국민이 한국 문화를 존중하고 한류에 열광할 수 있었겠는가.

재외동포가 곧 대한민국의 또 다른 얼굴이다. 세계한인총연합회를 통해 동포 사회가 자긍심을 가지고 당당하게 살아갈 수 있도록 권익 보호, 세대 간 연결, 차세대 육성, 동포 기업 지원 등 다양한 사업을 추진하고 있다. 또한 동포 사회가 거주국 내에서 존경받는 공동체로 성장하고, 모국과 더욱 긴밀히 연결될 수 있도록 정부, 민간, 국제기구와 협력도 강화해가고 있다.

'세계 속의 동포, 하나 되는 한민족'이라는 비전 아래 앞으로도 세계한인총연합회 회장으로서, 대한민국과 재외동포가 함께 성장하는 글로벌 미래를 만들기 위해 최선을 다할 것이다.

K-MARKET 성공 키워드

첫째, '일등이 아닌 일류 기업'이다. 일등 기업은 가장 많은 마켓 셰어를 가지고 있고, 시장 점유율이 가장 높은 기업이다. 하지만 K-MARKET은 남들이 하지 않은 일, 남들이 가지 않은 길을 가는 기업이다. 물론 이것은 프리미엄화와도 같은 맥락이지만 K-MARKET 매장은 모든 매장 환경을 고객을 위한 방향으로 만들어졌다.

많은 매장에는 매장 벽면에 화가들이 직접 그린 그림으로 되어 있다. 마트에 온 고객에게 갤러리에 온 것과 같은 느낌을 주기 위해서다. 보통 다른 소매 업체들은 좁은 매장 환경을 극복하기 위해 벽면 진열대 위에 과자 상자 등을 얹어놓는데 K-MARKET은 매장의 주인은 고객이라는 정신으로 고객이 매장을 방문했을 때 편안함과 안락한 쇼핑을 할 수 있도록 박스를 치웠다.

고객은 알지 못하지만, 우리 K-MARKET만 아는 비밀 온도를 철저히 유지하고 한국의 기준보다 더 까다롭게 낮춰 냉장·냉동 제품 관리를 하고 있다. 이는 고객은 알지 못하지만, 우리는 고객의 안전한 식재료를 위해서 그렇게 하고 있다. 이것이 일류 기업이다.

둘째, '프리미엄화/차별화/현지화'이다. K-MARKET은 시작부터 프리미엄화로 시작해 성공한 기업이다. 매장의 벽면 진열장은 모두 최고급 원목으로 만들고 화가들이 그린 벽화들이 있다. 냉동·냉장 장비는 최고급으로 맞추고 냉동·냉장 온도의 유지 관리 등 철저한 관리와 현지 기존 매장들이 따라올 수 없는 제품 소싱과 관리 능력 등으로 차별화를 주었다.

셋째, '마켓 셰어가 아닌 고객의 라이프 셰어 추구'이다. K-MARKET 매장을 1개 만드는데 일반 베트남 매장보다 3~4배 더 많은 비용이 든다. 만약 K-MARKET이 마켓 셰어가 목표였다면은 지금의 매장 수보다 3~4배 많았을 것이다. 고객이 모르는 비밀 냉장의 온도를 낮추었을 때 매장 전체로 보면 아주 많은 전기 요금을 낮출 수 있는 효과가 있다. 하지만 K-MARKET은 고객을 향해 최선을 다하는 기업이 되고자 초심을 지키며 발전하기 위해 노력하고 있다.

회장
김우재

무궁화유통

학력	1967	한국항공대학교 졸업
경력	1981	㈜무궁화유통(인도네시아) 대표이사 회장
	1989	㈜코인부미무역(인도네시아) 대표이사 회장
	1993	사단법인 인도네시아 무궁화재단 이사장
		인도네시아 심장병 어린이 수술 돕기 후원회장
		인도네시아 한인상공회의소 유통협의회 회장
	1994	㈜부미관광(인도네시아) 대표이사 회장
	1996	㈜푸리마무다건설(인도네시아) 대표이사 회장
	1999~2004	민주평통 통일자문위원 역임(9, 10, 11대)
	2000	㈜부미인다 막물 레스따리(인도네시아) 대표이사 회장
	2002~2004	한국항공대학교 17대 총동창회장
	2010	인도네시아 국회의장 Taufic Keimas 개인 고문
	2010~2012	사단법인 세계해외한인무역협회 이사장
	2012	사단법인 세계해외한인무역협회 제17대 회장
	2013~2015	세계한상대회 공동대회장
		㈔대한민국 카투사 연합회 고문
		국립공주대학교 객원교수
	2021	매경춘추 필진, 한국문인협회 회원, 한국문협회인니 회원, 자카르타 한인 가톨릭 초대평신도협의회장, 자카르타 한인국제학교 초대이사, 인도네시아 한인회 명예 고문, 세계한상대회 리딩 CEO, 제22차 세계 한인비지니스대회(한상대회) 대회장
상훈	2008	월간중앙 자랑스런 해외경영인상
		인도네시아 보건부 후생복지부문 훈장
	2009	한국일보 대한민국 고객감동 그랑프리 대상
		한국항공대학교 명예의전당 헌액
	2013	대한민국 국민훈장 동백장
	2019	월간 문학바탕 신인상
	2021	월간 문학바탕 글로벌 문학상

인도네시아에 무궁화꽃이 피다

김우재 회장은 1977년 칼리만탄 정글에서 원목 개발 사업에 뛰어들면서 인도네시아와 깊은 인연이 시작되었다. 한국항공대학교를 졸업하고 첫 직장이던 대한항공사에 취업해 일본 오사카지점 근무 경력 3년을 포함해 10년 넘게 쌓은 경력을 바탕으로 30대의 젊은 나이에 세계로 나아가 꿈을 펼치기 위해 낯선 이국땅 인도네시아로 오게 되었다.

김우재 회장은 올해로 45년의 인도네시아 사업과 삶에 대해 '고난은 인생의 양념이다'라는 철학으로 수많은 고난과 좌절의 순간을 극복하고 이 자리까지 오게 되었다며 무모한 도전과 시행착오로 후회와 절망감도 느꼈지만 돌이켜보니 현시대의 젊은 청춘들에게 선구자로서 올바른 길을 솔선수범해 보여줬다고 생각한다며 더 많은 한국의 뛰어난 인재들이 해외로, 세계로 나와 꿈을 펼치길 강조하고 싶다고 말한다.

인도네시아에 뿌리내린 무궁화유통

1920년 조선인 장윤원 선생이 인도네시아에 첫발을 내디디며 인도네시아 한인 진출사의 첫 장을 연 것이 벌써 100년도 더 된 지난 세기의 일이다. 이후 태평양전쟁이 한창이던 1942년 하반기 일본군의 연합군 포로감시원으로 조선인 군무원 1,400여 명이 인도네시아에 들어왔고 1970년대 이후 인도네시아 오지의 대규모 공사나 단기 프로젝트를 위해 수백수천 명 규모로 입국한 일이 있지만 자카르타를 중심으로 1980년만 해도 불과 300명 전후이던 우리 교민 수가 수만 명대로 급격히 늘어나기 시작한 것은 봉제, 신발 산업을 중심으로 한국 기업들이 대거 진출하던 1980년대 중반이었다.

주재원들은 주로 남부 자카르타 주택을 임대해 살았는데 특히 요즘 한국 식당들이 많이 몰려 있는 스노빠티(Senopati), 월터르 몽인시디(Wolter Monginsidi) 거리 일대에 집중되면서 그 지역이 일견 한인 타운 성격을 띠게 되었다. 그건 누가 뭐래도 한국 슈퍼마켓 '무궁화유통'이 지근거리에 있다는 이유 때문이다. 스노빠티 거리의 이면도로인 스나얀 거리(Jl. Senayan)에 소재한 무궁화유통은 당시 한국산 수입 식품을 구할 수 있는 거의 유일한 장소였고 최근까지도 지방에 사는 한국인들이 자카르타에 오면 차제에 한국 식료품을 대량으로 구매해 가는 곳이기도 하다.

현지 한국식품 수입 유통 사업의 선구자 무궁화유통 김우재 회장은 1978년부터 그 동네 24번지에 집을 얻어 살았고 1981년 일곱 평 남짓한 그곳에서 '한국종합식품'이란 상호명으로 식품 사업을 시작한 후 같은 블록의 43번지로 옮겨 현재의 '무궁화'로 상호를 바꿔 달았다. '무궁화'라는 이름에는 당시 이미 상당한 규모를 이루고 있던 현지 일본인 사회에서 일본 국화 이름을 따 성업 중이던 '사쿠라' 슈퍼마켓과 경쟁하며 한국의 정체성과 애국심을 고취, 강조하려는 김 회장의 민족 사랑, 조국 사랑이 바탕에 깔렸다.

1977년 칼리만탄 벌목 사업으로 인도네시아 생활을 시작한 김우재 회장의 사업 이력과 그가 교민 사회와 현지인 사회는 물론 한

무궁화유통 본사 모습

국-인도네시아 간의 사회·경제·문화적 관계에서 개인적으로나 사업적으로 크게 기여해온 바를 잘 모르는 사람들에게도 '무궁화유통'이 오랜 세월 동안 대표적인 한국식품 수입 유통 회사로서 현지 한인 사회의 구심점이 되어왔다는 것은 대체로 잘 알려진 사실이다. 지금도 현지 한국인 중 무궁화유통을 모르는 사람이 거의 없지만 1998년 5월 자카르타 폭동 속에서 무궁화유통은 일종의 전기를 맞으며 교민들에게 강렬한 인상을 남겼다.

자카르타 폭동

1997년부터 아시아 외환위기가 터지면서 우리가 이른바 'IMF

사태'라 부르는 세계 경제위기가 발생하자 1998년 5월, 자카르타에서는 수하르토 정권 퇴진을 요구하는 민주화 시위대에 경찰이 발포하면서 대학생들이 다수 사망하는 사건이 벌어졌고 이에 반발해 반정부시위가 격렬해지자 흉흉한 사회 분위기에 편승한 도시 빈민들이 자카르타 전역에서 광란의 폭동과 약탈 행위를 자행했다.

자카르타 폭동은 1998년 5월 중순 절정을 이루며 자카르타는 마치 전쟁터를 방불케 하는 폭력과 약탈의 온상이 되었고 마침내 5월 21일 수하르토 대통령 하야로 이어졌다. 자카르타 주요 도로와 대학교 앞에 장갑차를 앞세운 무장 병력을 배치했지만, 군인들 코앞에서조차 약탈과 방화, 소요 사태가 줄을 이었고 그 과정에서 1,200명이 넘는 사망자가 나왔다. 특히 화교에 대한 린치, 화교 여성들에 대한 겁탈, 살인이 공공연히 자행되었다. 이후 자카르타에선 흉흉한 분위기가 이어지고 참혹한 종교-종족 분쟁이 1년 넘게 전국을 휩쓸며 수많은 희생자가 발생했다. 현지 한인 사회도 피해를 면치 못했다.

당시 한인 중엔 노상에서 폭도들을 만나 직접적인 폭력 피해를 당한 이들도 있었고 시내 몰은 물론 주택단지 안까지 트럭을 몰고 들어와 가구와 집기들을 약탈하고 방화하는 폭도들로 인해 당시 대부분 일반 주택에 살고 있던 교민들은 실체적 위협과 공포를 느꼈다. 그래서 이 자카르타 폭동은 체계적인 이후 경비 시스템이 비교적 잘 구축되어 상대적으로 안전하다고 평가되는 시내 곳곳의 아파트 단지로 우리 교민 대부분이 입주하게 되는 계기가 되었다.

당시 포격이라도 맞은 듯 도시 곳곳에서 방화로 인한 검은 연기가 솟아오르던 자카르타에서 외국인들은 물론 화교를 비롯한 많은 현지인도 외국으로 탈출을 시도했는데 그들 중엔 아예 돌아오지 않을 요량으로 공항까지 몰고 간 고급 승용차를 공항에서 헐값으로 팔고 가는 이들도 적지 않았다.

인터넷 발권이 아직 되지 않던 당시 비행기표를 손에 넣는 것도, 폭도들이 시내 고속도로까지 장악한 상황에서 가족들과 함께 공항까지 가는 것도 모두 교민 개개인이 너무 큰 위험 부담을 안아야 하는 행위였다. 마침 김우재 회장은 1996년부터 무궁화유통 1층에 부미관광을 설립해 항공권 발권 영업을 하고 있었는데 그 난리를 피해 안전한 한국행을 택하는 대신 위험을 무릅쓰고서라도 그간 다져두었던 현지 기반을 통해 교민 사회에 실질적인 도움을 줘야 한다는 사명감을 느꼈다.

그가 그동안 현지 유력 인사들과 구축한 우호적인 관계가 이때 빛을 발했다. 김 회장은 특전사령관 시절부터 연을 맺어 육군 중장으로 전역, 자카르타 폭동 당시 대통령 군사 자문으로 있던 타룹(Tarub) 장군의 도움으로 무장군인들을 지원받아 무궁화유통 앞에 군 텐트를 치고 혹시라도 몰려올지 모를 폭도들을 경계할 수 있었다. 폭동이 한창이던 5월 17일에는 노상에서 우여곡절을 겪으며 꾸역꾸역 무궁화로 모여든 교민들을 그 군인 2명과 함께 임대 버스에 태워 공항으로 실어 날랐고 이튿날엔 비축해둔 비상식량을 대피 중인 교민들을 위해 한인회 사무실에 전달하기도 했다. 인근 주민들 역시 무궁화유통과 교민 차량 등 재산 보호를 위해 적극 협조해주었다.

그는 자스리 마린(Djasri Marin) 당시 헌병사령관을 찾아가 한국 교민의 안전을 위한 협조를 요구하기도 했다. 당시 김 회장의 활약은

101 강의실이 지정된 모교 한국항공대학교에서 김우재 총동창회장과 이강웅 총장의 모습

우리 대사관에 근무했던 외교관의 저서 《아빠까바르 인도네시아》(김상술 지음) 292쪽에도 기술되어 있다.

　김우재 회장은 그 후 더욱 승승장구하며 교민 사회를 넘어 한국-인도네시아 교류와 한국과 인니 속 한인 기업 커뮤니티의 위상 제고를 위해 더욱 많은 일을 하게 되지만 무엇보다도 1998년 자카르타 폭동 당시 위기에 처한 교민 사회에 어떤 식으로든 도움이 되기 위해 동분서주하며 노력했던 것이 가장 뜻깊은 일이었다고 회고하고 있다.

　당시 무궁화유통이 폭도들 손에 떨어지지 않았던 것에는 군인들 도움뿐 아니라 그 지역에서 줄곧 40년 넘게 살면서 지역 주민들과 맺어온 돈독한 관계도 큰 역할을 했다. 김 회장은 아침마다 집 앞과 동네를 빗자루로 쓸고 청소하면서 현지인 이웃들과 인사하며 교류했고 경조사 참여는 물론 동네에 물난리가 나면 적극 구호품을 지원하는 등 현지인 사회와 조화롭게 지내려 노력해왔다. 지금은 자카르타에서 모습을 감췄지만, 당시만 해도 자전거 앞에 사람 2명이 앉을 수 있는 좁은 인력거 좌석을 붙이고 돌아다니던 베짝(Becak) 운전사들이 무궁화 앞에서 비를 피할 공간도 허락해주었다.

그러다가 자카르타 폭동이 터지자, 폭도들이 일반 주택지로 들어와 현지인 집인지 화교나 외국인 집인지 물감 스프레이로 표시해 타깃을 정한다는 흉흉한 소문이 퍼졌고 무궁화유통도 폭도들 공격을 받거나 화재가 발생할 경우를 대비해 지붕을 통해 대피하는 등의 비상 대책을 세워야 했다. 그때 동네 젊은이들과 베짝 운전사들이 자발적으로 회사 앞을 지켜주고 골목 뒤쪽에 사는 이웃들이 만약의 경우를 대비해 회사 차량들을 자기들 집에 대피시켜놓는 등 협조를 아끼지 않았고 결국 우려했던 최악의 상황은 벌어지지 않았다. 한결같은 진심은 반드시 통하기 마련이다.

한국항공대학교와 칼리만탄 정글

앞서 언급한 것처럼 김우재 회장이 처음부터 식품 사업에 투신한 것은 아니다. 1943년 충청남도 홍성에서 태어난 그는 광천중학교와 성남고등학교를 거쳐 한국항공대학교를 졸업하고 카투사에서 군복무를 한 후 1967년 대한항공공사에 취직했다. 그는 원래 하늘에 속한 사람이었다.

대한항공 오사카지점 근무까지 하며 전도양양한 항공업계에 근무하던 그가 창공을 활공하다가 10년간 잘 다니던 대한항공의 날개를 접고 1977년 원목 사업가가 되어 사뿐히 내려앉은 곳은 칼리만탄 정글 속이었다. 이미 인도네시아에서 산림개발 전문회사를 운영하고 있던 동서의 도움이 컸다. 그는 동부 칼리만탄 타라칸(Tarakan)에 벌목 현장을 두고 원목 개발 사업을 시작했다.

그렇게 남아 대장부 나이 서른넷에 청운의 꿈을 품고 해외에서 시작한 사업은 현장에서 수많은 우여곡절을 겪었으나 1980년 인도네시아 정부의 원목 수출 금지 시책이 발효되면서 그의 사업체 뜨리부디 위스누(PT. Tribudi Wisnu)도 좌초하고 말았다. 원목을 수출하려면 일정 부분 가공 과정을 거쳐야 하는 조건이 붙었는데 실상 원목 가공 공장을 세울 대규모 자금 동원력이 없는 업체들은 어쩔 수 없이 밀려나는 메커니즘이었다. 사실 자원 사업과 관련해 인도네시아 정부가 수출 제품의 부가가치 제고라는 기치를 내걸고 특정 물품에 관한 수출 금지를 결정하는 경우가 지금도 종종 벌어진다. 2014년 1월에는 니켈 원석에 대한 수출금지 시책이 발효되면서 일정 품위 이상으로 순도를 올리기 위한 제련소 건설에 대규모 자금을 투입할 여력이 없는 업체들이 대량으로 도태되기도 했다. 김우재 회장 역시 1980년 그런 일을 당한 것이다. 손쓸 방법이 없었다.

서울 집도 팔고 가족까지 모두 인도네시아에 불러들인 상황에서 맞은 원목 사업의 파국으로 김 회장은 큰 빚을 떠안고 수많은 채권자에게 수모를 당해야 했다. 직원들은 밀린 월급을 독촉했고 한 화교 채권자는 가짜 형사를 보내 수갑을 휘두르며 행패를 부렸다. 심지어 어떤 이는 김 회장의 아내와 아이들에게 3년가량 찰거머리처럼 들러붙어 괴롭혔다.

와신상담하며 분루를 삼켰지만 그렇다고 넋 놓고 아무것도 하지 않은 것은 아니다. 채무를 조정하기 위해 채권자들을 찾아다니며 설득하고 양해를 구하면서 다른 한편으로는 가용한 모든 대안을 시도해보았다. 기꺼이 도움을 주는 사람도, 냉담하게 거절하는 사람들도 있었다. 하지만 그 과정에서 그는 원목 사업과 전혀 다른 방향으로 접어들게 된다. 수제 고추장과 된장을 만들고 '스나얀 떡집'을 열어 가래떡도 팔기 시작하면서 식품 사업에 진입한 것이다. 반신반의하던 그 사업에 완전히 발을 담그게 된 것은 김치 때문이다. 이 과정에서 무리했던 아내 박은주 여사는 지문이 닳아 없어지고 아직 젊은 나이에 돋보기안경을 써야 할 정도로 급격한 시력 저하를 겪었다.

김치맨 정신

본격적으로 김치를 공급한 곳은 칼리만탄 본땅(Botang) 지역의 가스전 하라빤 인사니(Harapan Insani)였다. 그곳 현장에 한국인 기술자 800여 명이 일하고 있었는데 간곡한 영업 끝에 마침내 식품 납품권을 따낼 수 있었다. 김치가 대부분을 차지했다. 뿐짝(Puncak) 고산지대의 무와 배추 공급선과 계약하고 매일 수 톤 단위 김치를 담아 비행기로 수백 킬로미터 떨어진 목적지로 공수했다. 자카르타에서 F27 비행기를 임대해 좌석을 모두 뜯어내고 김치 수백 통을 실으면 그것을 칼리만탄 발릭빠빤(Balikpapan)에서 경비행기에 옮겨 싣고 본땅 현장까지 옮겼다.

대대적인 원목 사업을 하던 사람이 이제 가내수공업으로 김치를

담가 조달하는 모습이 어떤 이들에게는 비웃음을 살 만한 것이었는지도 모른다. 하지만 이에 아랑곳없이 김 회장은 아내와 함께 김치통이 터지거나 새지 않도록 관리하며 전 과정을 꼼꼼히 관리했고 언젠가부터 사람들은 그를 가리켜 '김치맨'이라 부르기 시작했다.

1984년 중반에는 대림건설이 남부 수마트라 두마이(Dumai) 항구에 정유 공장을 건설하는데 한국인 기술자들이 대거 참여한다는 정보를 듣고 뻬르타미나 게스트하우스 식당을 한국 식당으로 합병 운영하는 방식의 운영권을 따냈다. 처음엔 1,500명이던 공사판 인원이 나중엔 3,000명을 넘으면서 주식과 부식 공급에 고충이 있었지만, 결과적으로 식품 사업을 위한 탄탄한 기반을 닦는 데 큰 도움이 되었다. 하찮아 보이는 사업에도 품질과 신의가 중요하고 그래야만 중국인들과의 경쟁에서 이길 수 있다는 확신을 갖게 되던 시기였다.

인도네시아 전 국민이 사랑하는 무궁화유통

그간 한국 식품업체들이 속속 인도네시아에 진출하면서 현지에서 구할 수 있는 한국 음식의 종류가 더욱 다양해지고 유통 경로도 다변화되었지만 지난 세기까지만 해도 한국 식품이나 식자재들은 대부분 처음엔 무궁화유통을 통해 현지에 소개되는 것이 일반적이었다. 말하자면 한국 식품들의 인도네시아 교두보였던 셈이다.

1981년 협소한 공간에서 직원 10명을 데리고 처음 문을 연 '한국종합식품'은 그 후 확장을 거듭해 무궁화유통으로 거듭났고 1996년 자체 물류 창고를 짓고 여러 지점을 내면서 종업원 숫자도 300명을 넘겼다. 식료품 유통회사 코인부미(PT. Koin Bumi Holding Company)를 세워 이를 통해 인도네시아 전국에 한국산 식품을 공급하게 된 김 회장은 오늘날 인도네시아 사람 중 무궁화유통이 수입하거나 판매한 식품을 먹어보지 않은 사람은 거의 없다고 장담한다. 현재 여러 종류의 무궁화유통 자체 브랜드 제품들이 탄생해 유통되고 있고 온라인에도 진출해 있다.

사업을 키워가면서 김 회장이 주목한 것 중 하나는 화교와의 피할 수 없는 경쟁이었다. 동남아 대부분 국가에서 막강한 경제적 영향력을 행사하는 화교들은 인도네시아에서도 전체 인구 대비 5% 정도를 차지하지만 민간 경제 분야 총생산의 90% 이상을 점유하고 있다. 현지 민간 자산의 70~75%, 25대 대기업 중 17개가 화교 소유다. 김 회장은 그런 경제 환경 속에서 화교 자본이 운영하는 대형 식품회사들과 경쟁해야 했다.

그는 한국 식품의 제품 차별화에 방점을 두었고 전통과 건강에 방점을 둔 제품 홍보가 주효했다. 처음엔 방관하거나 적대적이던 화교 유통업체들이 얼마간 시간이 지나자, 독립적인 한국 식품 부스를 만들어 입점해줄 것을 요구하기 시작했다. 경쟁 상대들을 싸워 눌러야 하는 적으로 대하는 대신 현지 유통 부문의 크고 작은 회사들과 손잡고 서로 돕는 동료로 돌려세워 협력 관계를 맺으면서 사업 기반이 더욱 공고해진 것이다.

거기엔 모든 것을 원칙대로 하겠다는 김 회장의 소신과 넓은 인맥도 큰 몫을 했다. 계속 성장해가는 무궁화유통을 중심으로 많은 한국 업체가 속속 주변에 들어서며, 한인 커뮤니티의 구심점이 되자 이를 시기하거나 오해한 현지 경쟁사들과 관공서의 예기치 않은 공격이 잇달았는데 특히 한국인 직원의 비자 문제나 진열된 제품들의 수입과 유통 관련 식약청 허가 취득 여부를 문제 삼으며 심심찮게 불시에 들이닥치곤 했다.

특히 식품 분야에서 그런 식의 고압적인 행정이 가능했던 건 인도네시아가 세계에서도 식품 수입이 가장 까다롭고 어려운 나라에 속하기 때문이다. 이슬람 문화권이라는 점, 지나칠 정도로 강력하게 자국 제품 보호 경향이 심하다는 점이 엄격한 수입 규제로 쉽게 이어지기 때문이다. 한국 식품을 수입하려면 먼저 ML(Makanan Luar, 식품 수입) 허가 번호를 식약청에서 받아 6개월 단위로 점검해야 하며 상품 포장의 단위와 디자인이 조금만 달라져도 ML 허가를 새로 받아야 하는 등 까다로운 규정이 적용된다. 종교적 정결함을 뜻하는 '할랄(Halal)' 인증 역시 무슬림들이 전체 인구의 87%를 차지하는

IBU 메가와티 대통령과 따우픽 끼에마스 의장, 김종헌 사장 부부와 김우재 회장(2010)

인도네시아에서 정상적인 식품 판매를 위해 반드시 받아야 하는 허가다. 다행히 김 회장은 사람이나 제품에 대한 모든 허가를 늘 정상적으로 처리했으므로 큰 문제로 비화되는 경우가 적었고, 설령 악의적으로 일을 키우려는 상대가 있더라도 오랫동안 구축해놓은 탄탄한 현지 인맥이 그와 그의 사업을 보호해주었다.

인도네시아 사회는 아직도 군의 입김이 강하지만 나는 새도 떨어뜨릴 만큼 군 서슬이 시퍼렇던 수하르토 전 대통령 시절부터 김 회장은 군 주요 인사들과 활발하게 교류했는데 그의 집무실에 진열된 많은 사진 속에서 앞서 언급했던 타룹 중장을 위시해 전 통합군 사령관 출신인 뜨리 수뜨리스노 전 부통령, 현역 대장 시절의 수실로 밤방 유도요노 전 대통령 등을 찾아볼 수 있다.

그중 위기 때마다 가장 많은 도움을 준 사람은 중위 시절부터 알고 지낸 아굼 구멜라르(Agum Gumelar) 특전사령관이었다. 아굼 장군은 훗날 대장으로 예편한 후 교통부 장관 등 정부 요직을 거쳤고 인도네시아 체육회장, 재향군인회장, 대통령 자문위원을 역임했다. 그는 특전사령관으로 있던 1993~1994년 기간은 물론 1997년 무궁화유통이 뿌리마무다 건설회사를 세우고 건설 사업에 뛰어든 후에도 든든한 뒷배가 되어주었다.

한편 무궁화유통은 농수산물유통공사(aT)와도 협력해 한국 농수산물의 인도네시아 진출에 공헌하는 등 한국 식품들을 인도네시아에 소개하는 데 힘썼다. 2013년 한국식품전 행사 후 당시 메가와티 대통령 관저에 김치를 선물해 호의적인 반응을 얻으며 한국 식품 이미지 홍보에 좋은 기회를 얻었다. 그해 작고한 따우픽 끼에마스(Taufik Kiemas, 메가와티 전 대통령 남편) 전 국민자문의회(MPR) 의장과 오랜 기간 막역한 관계가 있었기 때문이다.

당시 한국식품전시회에 참석한 aT 윤장배 사장과 김재수 사장은 현지 식약청과 만나 많은 성과를 일궜고 전시회는 매년 열리는 연중 행사로 자리 잡았다. 이 전시회와는 별도로 aT의 지원을 받아 자카르타에서 가장 효율적으로 한인들에게 한국 식품을 홍보, 판매할 수 있는 지역에 안테나숍을 설치해 한국 농수산물을 홍보하고 있다.

무궁화유통은 2010년 창립 30주년 기념행사를 열었다. 이 행사에는 따우픽 끼에마스, 아굼 구멜라르 당시 교통부 장관, 린다 아굼 전 여성권익부 장관(아굼 장관 부인), 주한 인도네시아 대사 등 친분 두터운 유력 인사들과 그 밖의 현지 정관계 인사 등 1,000여 명이 참석해 자리를 빛내주었다. 그로부터 10년 후 2020년 3월 인도네시아에 코로나19 바이러스가 상륙하면서 더욱 성장한 무궁화유통의 창립 40주년 행사를 성대히 하지 못한 것은 애석한 일이다.

현재 슈퍼마켓과 상점 4,000여 개에 한국 상품 1,800여 종을 공급하고 인도네시아 전국에 가맹점/지점 40개를 거느린 무궁화유통은 그간 줄곧 경영해온 김우재-박은주 부부와 함께 장남(김종헌)이 경업 수업을 받고 있다.

월드옥타

월드옥타(World-OKTA)라고 흔히 줄여 부르는 세계한인무역협회는 세계 곳곳에 포진한 한인 경제인들이 모여 1981년 설립한 단체로 당시 16개국 회원 101명으로 시작해 2020년에는 68개국, 정회원 7,000여 명과 차세대 회원 2만 1,000여 명을 보유한 명실상부 재외동포 중심의 경제단체다.

다른 나라에 비해 비교적 늦은 2007년 2월 설립한 월드옥타 자카르타 지회에서 김우재 회장의 활약이 돋보였다. 그는 이후 중앙무대로 진출해 2010년 경선을 통해 월드옥타 이사장으로 선출되었고 2012년에는 월드옥타 제17대 회장으로 선출되었다. 임기 중인 2013년 10월 발리에서 열린 제18차 세계한인경제인대회를 성공리에 개최했다. 이 행사에는 67개국 회원 700여 명이 참가했고 이를 주관한 월드옥타 자카르타 지회는 한국-인도네시아 협력 관계 증진에 기여했을 뿐 아니라 한인 경제인과 한국 자체의 위상을 드높였다.

2007년 7월 김 회장은 각 분야 유수의 전문가들을 초빙해 자카르타에서 '차세대를 위한 제1차 무역스쿨'을 운영했다. 기성세대가 해외 현장에서 얻은 경험과 지식을 신세대에게 전수할 목적이었다. 2008년 7월에도 50명을 대상으로 3일간에 걸친 제2차 차세대 무역스쿨을 진행했다. 이후에도 줄곧 이 프로그램을 진행해 인도네시아에서만 경제 사관 700여 명을 배출하는 등 차세대 한인 무역인 육성에 힘썼다.

김 회장은 일본이 오래전부터 동남아에서 재패니제이션(Japanization) 작업을 해온 것에 필적하는 코리아나이즈(Koreanize) 작업이 필요하다는 생각을 늘 가지고 있었는데 이를 위해 현지 한인 차세대 교육과 인적 네트워크 구축의 중요성에 주목하고 월드옥타가 주관해 차세대 교육과 한국 중소기업 해외 진출을 돕는다는 차세대 무역스쿨의 목표를 세웠다. 한국 상품의 해외 판로 개척은 물론 중소기업의 해외 수출 확대에 기여하고 있는 차세대 무역스쿨은 전 세계적으로 매년 수료자 3,700여 명을 배출해 현재 약 2만 3,000명이 이 과정을 마쳤다.

이웃과 함께하는 삶

"폭우가 쏟아지던 날, 베짝 인력거꾼들이 그 비를 다 맞으며 떨고 있는 걸 보고 마음이 아파 우비 네 벌을 사다준 게 모든 것의 시작이었어요." 박은주 여사는 사회 봉사 활동의 시작을 그렇게 기억했다. 무궁화유통은 아직 모든 것이 부족하고 어렵기만 하던 1980년, 그렇

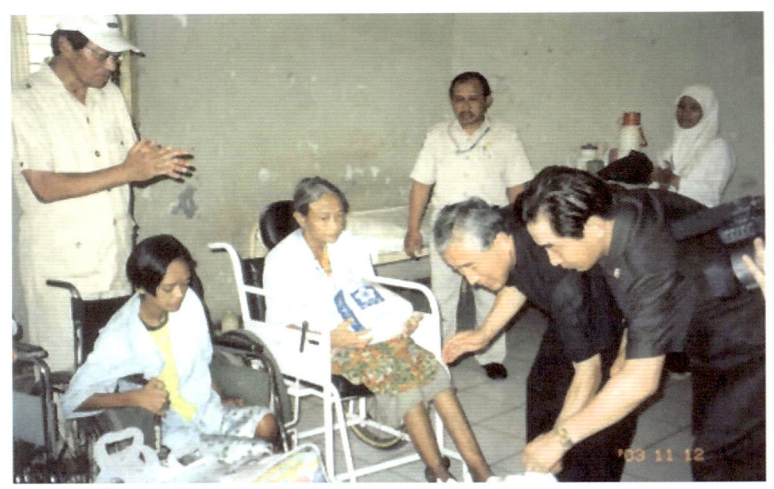

2003년 시타날라 한센인 병원 방문. 성나자로 마을 원장 김화태 신부(중앙), 봉두완 후원회장 (왼쪽)

게 마음을 열고 내민 도움의 손길을 마주 잡은 베짝 운전사들이 자카르타 폭동 당시 동네 사람들과 함께 무궁화유통 건물을 지켜주었다는 이야기는 앞서 기술했다.

무궁화유통의 사업적 성공 뒤엔 김우재 회장과 박은주 여사의 현지 사회에 대한 기여와 봉사 이야기도 많이 담겨 있다. 부부는 1981년부터 불우이웃을 대상으로 매년 1,000명씩 나눔의 행사를 했고 1984년 이후 줄곧 땅그랑 시타날라 나환자병원(RS Khusus Kusta Sitanala)을 후원했다. 성나자로마을 고 이경재 신부가 처음 현지 한센인 재활원에 자금을 지원한 것이 시초가 되어 김우재-박은주 부부가 그 일을 개인적으로 이어받아 매년 한센인 병원과 마르파티 한센인 재활원 지원을 줄곧 하는 중이다.

1995년 한국부인회가 주최해 가수 이미자를 초청한 공연 수익금

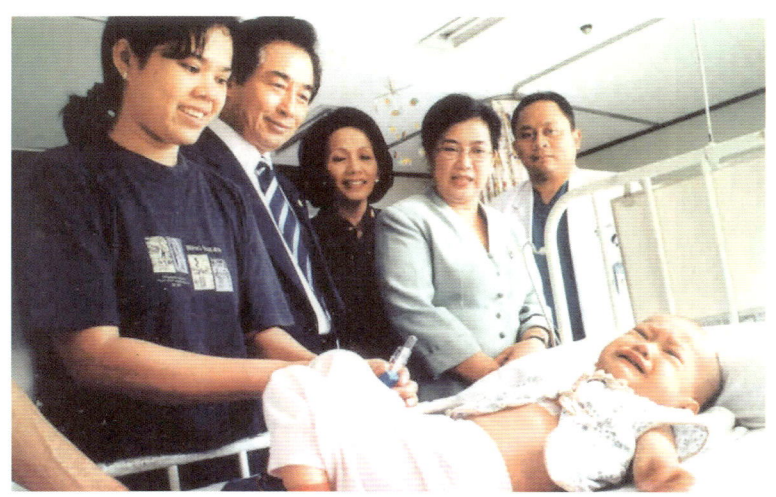
심장병을 앓고 있는 어린이 50명의 수술을 지원했다.

으로 인도네시아 심장병 어린이 10명을 수술해준 지원 사업을 물려받아 무궁화재단을 설립하고, 현지 심장병 어린이 50명의 꺼져가던 생명을 지켜주었다. 홍수나 지진이 나거나 화산이 폭발해 피해가 발생할 때마다 그들은 지갑을 열고 창고를 열었다. '남을 돕는 것이 바로 나를 돕는 것.' 당시 부부가 가졌던 생각은 지금도 변함이 없다.

부부는 장학 사업에도 주저하지 않았다. 나쇼날대학(UNAS) 한국학과 학생들에 대한 지원은 물론 박은주 회장의 고향인 충주에서 1994년부터 줄곧 중고등학생 300여 명에게 전액 장학금을 지원했다. 특히 박 여사는 불우한 처지의 독거노인, 다문화가정, 농아학교 등에 쌀과 연탄을 나누는 지역 봉사 활동도 계속해 아너 소사이어티(Honor Society) 기증자 충주 1호로 등록되었다. 경기도 도청과 제휴해 반둥의 한사모(한국을 사랑하는 모임) 회원들에게 한국 연수의 기회를 제공해 사물놀이와 부채춤 등을 배우게 하는 일에도 동참했다.

현지 한인 사회에 대한 김우재 회장 부부와 무궁화유통의 봉사와 기여는 더욱 빛을 발했다. 2020년 3월 2일 인도네시아에 첫 코로나19 환자가 발생하면서 사회 경제 활동이 급브레이크를 밟으며 멈추고 자카르타에서 마스크 가격이 급등해 물량을 구하기 어려워지자 무궁화유통은 마스크 3만 장을 확보해 6개 지점에서 교민들을 대상으로 무상 배포하기 시작했다.

그러다가 델타 변이종이 대유행하면서 한인 사회에서도 확진자가 발생하기 시작하던 2021년 7월부터 비상식품 등으로 알차게 구성한 구호품 키트를 교민 확진자들에게 제공하기 시작했다. 이러한 확진자 구호와 지원 활동은 2022년 초 오미크론 확진자들이 대량 발생하는 상황까지도 계속되었고 교민 사회의 큰 호응을 끌어냈다.

지나온 흔적들

김우재 회장 부부는 살아오는 동안 인도네시아와 한국 양국에 많은 흔적을 남겼는데 꼭 사업적인 것만은 아니었다. 김 회장은 자카르타 한국국제학교(JIKS) 재단 이사를 역임했고 1993년 교사 신축 프로젝트에 무궁화유통도 참여했다. 교사신축 프로젝트는 300만 달러 모금을 목표로 대기업 31개, 현지 진출 중소기업과 현지법인, 단체 49개, 본국 정부의 지원을 받아 1992년 7월 16일 뿌뜨라 한국(PT. Putra Hankuk)이 첫 삽을 뜬 지 8개월 후인 1993년 3월 2일 현재의 따만미니 인근에 신축 교사를 완공해 이전을 마쳤다. 대지 2만 1,173제곱미터, 건평 7,800제곱미터, 교실 36개, 부속실 15개와 강당, 경비실, 교직원 사택과 넓은 잔디 운동장으로 이뤄진 신축 교사엔 당시 지원을 아끼지 않은 코린도그룹, 선경그룹 등 40개 기업과 단체 명단이 새겨진 기록문이 있는데 거기 '무궁화식품' 이름도 보인다. 한인학교와 한국학교 등으로 불리던 학교 정식 명칭이 '자카르타 한국국제학교(JIKS)'로 확립된 것도 이때 일이다.

김 회장의 이름은 모교인 한국항공대학교 본관 명예의 전당에 헌액되었고 후배 양성을 위한 김우재 101호 강의실이 마련되어 있다.

한편 충주 월악산 계곡 초입에는 '박은주 동문길'이 만들어져 있다. 김 회장 부부의 흔적은 자카르타의 한 박물관에도 남아 있다. 일찍이 1994년 11월 인도네시아를 방문한 김영삼 대통령이 당시 수하르토 대통령 영부인 띠엔 여사에게 기증한 한복이 자카르타 소재 민속촌 성격의 따만미니(Tama Mini Indonesia Indah-TMII) 초입 뿌르나 박티 뻐르띠위 박물관(Museum Purna Bhakti Periwi) 2층에 보관되어 있었다. 시간이 조금 흐른 후 전시된 이 한복이 낡고 때가 낀 것을 안타깝게 여긴 김 회장 부부는 어렵사리 관련 수속을 밟아 1996년 새 한복(관복) 두 벌을 박물관에 기증해 우리 한복 문화를 영구 보존토록 했고 2004년에도 습기로 손상된 한복을 또 한 차례 새 한복으로 교체했다. 이 전시물에는 기증자인 김 회장 부부의 이름이 오롯이 새겨져 있다.

김 회장은 자녀들의 세대에도 전시된 한복이 또다시 훼손될 경우 기꺼이 새것으로 교체할 계획임을 밝혔다. 전액 자비를 들여 고가의 한복을 본국 유명 디자이너에게 의뢰해 새로 제작하고 관련 기관 협의와 로비 등 끝없는 노력을 통해, 내방객들이 많은 현지 주요 박물관의 전시 한복을 주기적으로 교체해 최상의 상태로 유지하는 것은 장기적이고도 지속적인 관심을 요하는 일이다. 김우재 회장은 〈홍성신문〉에서 2022년 1월 발간한 《홍성의 현대인물》에 이헌재 전 국무총리를 비롯한 각계 인사들 181명과 함께 '세계한인무역협회 회장의 도전과 성공'이란 제목으로 등재되었다.

평소 예술에 조예가 깊어 색소폰을 즐겨 연주하고 글쓰기 삼매에 빠지곤 하는 김 회장은 〈문학바탕〉 2019년 1월호에 〈삶의 흔적〉 외 시 4편을 발표해 신인문학상을 받은 등단 시인이자 〈매경춘추〉 필진으로 《인도네시아의 명소와 명문대학》(공저, 나산출판사, 2003), 홍사 회고록 《인도네시아에 핀 무궁화》(현문미디어, 2009), 시집 《무궁화 꽃 피고》(문학바탕, 2021) 등의 저서가 있다.

박은주 충주여고총동문회장은 24년간 충주여중고 300명에게 무궁화장학기금을 지원했다.

특히 《무궁화꽃 피고》라는 시집을 발간한 당시 코로나19 팬데믹으로 여의찮은 조건이었지만 킨텍스에서 전 세계 지인들과 함께 온라인으로 출판기념회를 열었다. 김 회장의 시들 중 〈내 사랑 제주여〉, 〈복사꽃 꽃비 내릴 때〉 2편은 곡이 붙어 가곡으로 나와 유튜브에 업로드되어 있다.

김 회장은 대한항공공사 삼척지점에 근무할 당시 평생의 배필인 박은주 여사를 만나 1968년 8월 결혼했고 슬하에 장녀 현미, 장남 종헌, 차녀 현아를 두었으며, 손자와 손녀 7명을 둔 명가를 이룬 보기 드문 부부 사업가다.

김우재 회장 부부의 재외동포 권익 신장과 국가 발전을 위한 활동은 국가의 인정을 받아 박은주 여사는 일찍이 1996년 한국부인회장 재임 시절에 국민훈장 석류장을 받았고 김 회장 역시 2013년 국민훈장 동백장을 가슴에 달았다.

한상대회장을 성공리에 마무리하며

재외동포청은 2024년 세계한인비즈니스대회(구 세계한상대회) 개최지를 전라북도 전주시로 선정하고, 대회장으로 무궁화유통그룹 김우재 회장을 선임했다. 세계한인비즈니스대회는 동포청이 개청한 이래 21차에는 미국 오렌지카운티에서 열렸고 한국에서는 동포청 주관으로는 처음 국내 전주시에서 열렸다. 재외동포 경제인, 국내 중소기업과 소상공인 등이 참여해 네트워크 구축과 함께 국내 중소기업의 해외 진출을 지원하기 위해 실시하는 행사이다.

세계한인비즈니스대회는 컨벤션센터가 없는 도시에서 개최하므로 많은 우려를 안고 준비를 했다. 전북대학교 운동장에 돔을 설치해 실내에 기업 320개를 유치하고 외부에도 장비류를 선보이며 확실한 준비를 하고 김관영 도지사는 사무실을 현장으로 옮겨가며 현장을 지켰다.

이상덕 청장은 국내 열악한 지역에서 처음 하는 행사라서 노심초사하며 치밀한 계획하에 도지사와 청장이 일치해 추진했던 결과로 성공리에 전례 없는 행사를 치러 잼버리 악몽을 씻었다.

대회장을 맡으며 그간 한상 리딩 CEO로서 공동 대회장을 세 차례 맡아본 경험을 살려 사전에 우려되는 점을 돕기 위해 TF팀을 동포청과 도청이 참여한 가운데 공동 운영해가며 행사를 진행하는 데 심혈을 기울여 열악한 환경인 데도 행사를 대성공시킨 데 큰 보람을 느꼈다. 48개국에서 온 한상들을 비롯해 국내외 기업인 등 3,500명이 참가하고 기업전시관에 사흘간 1만 4,000명이 다녀간 기록을 올렸다.

폐회식 마지막 순간까지 김관영 도지사는 대회장의 손을 잡고 출구에 서서 집안 대소사와 같이 친밀한 인사를 끝까지 마치는데 놀랍기도 했다. 놀라운 사실은 마지막에 소방관들과 함께 스냅 촬영을 했고 처음으로 도청 직원들과 함께 촬영해 유종의 미를 거둔 행사였으며 대회장으로서 영광스러운 행사를 완성했다.

행사 개회식에 대회장의 간단한 인사를 하며 준비한 〈한상의 노래〉를 선포하는 행사를 해서 후손들에게 남겨줄 한상 노래를 전주 행사장 개회식에서 발표됨을 영광으로 생각한다.

한상의 노래

작사 : 김우재
작곡 : 최현석
바리톤 : 양진원

세계 한상들 숨 가쁘게 달려온
세월 속에 모국 사랑 뜨겁다
세계 경제 영토 넓히는 한상들
위대한 모국의 기둥이 되자
세계 무대 우뚝 선 한상
우리는 민족 자산이요
경제 자본이다
후세에 넘겨줄 경제 영토
세계 속에 뿌리내려
모국 발전 드높인다
당당한 한상들
모국의 보배다
세계를 주름잡는 한상들
해외 수출 판로 개척 경제 영토
한상 네트워크로 모국의 정기를
가슴에 담자
정열의 한상들이여
보석처럼 빛나리라

YOUNGSAN
Glonet Corporation

회장
박종범

영산그룹

학력	1976	광주 살레시오고등학교 졸업
	1981	조선대학교 경영학과 졸업
	1987	연세대학교 대학원 행정학 석사 졸업
	2013	조선대학교 명예 경영학 박사 졸업

경력	1999	기아자동차 기아인터트레이드 오스트리아 법인장
	2009	재오스트리아 한인회 회장(34, 35대)
	2011	재유럽 한인총연합회 회장(13, 14대)
	2013	14차 세계한인회장대회 공동의장
	2014	13차 세계한상대회 대회장
	2015	국무총리실 산하 재외동포정책위원회 위원
	2017	17, 18, 19기 민주평화통일자문회의 부의장
		유럽중동아프리카(러시아, 중앙아시아) 지역회의
	2025	영산그룹 회장
		주한니제르 명예영사
		제22대 세계한인무역협회 회장
		전라남도 투자유치자문관

상훈	2002	상공의 날 산업자원부 장관 표창
	2008	상공의 날 지식경제부 장관 표창
		뱅크오스트리아(Bank Austria) 올해의 기업고객상
	2009	슬로바키아 슬로박 인도주의회의상
		Slovak Humanitarian Council Award, DAR ROKA
	2011	재외동포신문 한인회 부문 올해의 인물
		월드코리안신문 커뮤니티 대상
	2013	오스트리아정부 금장 훈장
		재외동포언론인협회 선정 올해의 자랑스러운 한국인
		대한민국 국민훈장 모란장
	2014	합스부르크 황실 평화증진협회 평화의 불꽃상
	2015	자랑스러운 조선대인 선정
	2018	장보고 한상어워드 대상
	2020	최재형기념사업회 제1회 최재형상 단체상

세계 도전 25년, 진정성과 열정으로 문화와 인종을 뛰어넘다

박종범 회장은 오스트리아 빈에서 영산그룹을 창업, 글로벌 경영을 펼친 지 올해로 25주년을 맞는다. 지정학적으로 '유럽의 중심'에서 기업을 일궜지만, 그의 사업장은 러시아·CIS를 포함한 유럽과 아프리카, 아시아 등 3개의 대륙에 걸쳐 17개국 22개 법인지사를 두고 있다.

그의 성공 비결은 진정성을 바탕으로 신의를 생명처럼 중시한다는 점이다. 박 회장은 자신이 약속한 것은 어떤 일이 있어도 지키고 한 번 인연을 맺은 사람과는 그 인연을 절대 소홀히 하지 않는다. 다국적 기업의 회장이지만 누구를 만나더라도 소탈하고 겸손한 태도로 응대한다.

박종범 회장의 또 다른 특징은 열정이다. 창업 이후 매년 200일 이상 해외 출장을 다닌다. 그것도 수행비서 없이 혼자 다닌다. 2019년 코로나19 창궐로 출장이 여의찮을 때는 화상회의를 통해 세계 각국의 바이어와 법인장들과 미팅을 했다. 그는 폭넓은 정보력을 바탕으로 새로운 사업을 접하면 빠른 판단을 내리고 실행에 옮긴다.

박 회장의 경영 이념을 표현한다면 '세계 경영'과 '사회 경영', '인간 경영', '예술 경영'이다. 이러한 경영 이념을 바탕으로 글로벌 비즈니스의 선봉에 서고 있는 박 회장의 경영 스타일은 동시에 '한국인의 정신'을 대변한다고 믿고 있다. 이 때문에 영산그룹의 경영 목표는 '유럽의 심장에 소재하지만, 한국인의 정신으로 경영하며 세계로 진출, 활약할 뿐만 아니라 모두에게 존경받는 글로벌 기업'을 표방한다.

영산그룹 부산 공장 모습

그가 늘 강조하는 한국인의 정신은 한민족의 탁월한 정체성과 우수성, 공동체 의식과 애국심 등이다. 이는 박 회장이 일생을 살아오면서 치열하게 추구해왔던 '한국인의 정신'과 '모두로부터 존경을 받는 회사'를 지향하는 경영 철학과 깊게 연관되어 있다. 즉, 그의 삶을 반추해본다면 창업 후 24년 동안 세계를 무대로 도전하면서 한시도 잊지 않았던 '한국인의 정신'은 깊은 신앙심을 바탕으로 한 진정성과 한민족으로서의 자긍심과 열정을 근거로 한 민족애였다. 이런 그의 생각은 모국과 고향에 대해 남다른 애착과 자긍심에서 비롯됐다고 봐야 할 것이다.

영산그룹의 시작은 화학제품 무역업이었다. 2004년 한국 자동차를 우크라이나에 공급하는 중계무역에 뛰어들며 자동차와 부품 유통 사업에 진출했다. 사업 초기에 인연을 맺었던 우크라이나 거래선들과는 전쟁 중임에도 불구하고 지금까지 꾸준히 거래를 이어가고 있다.

2007년부터는 슬로바키아에 자동차 반제품 생산과 포장 사업으로 확장하면서, 2009년에는 우리나라 전주에 공장을 설립했다. 연간 10만 대 처리 능력을 갖춘 슬로바키아 공장을 필두로 체코와 터키, 인도, 전주 공장을 통해 러시아, CIS, 중동과 아프리카 지역에 반제품 차량을 공급하고 있다. 2011년에는 서아프리카 말리, 니제르와 같은 미래 시장인 아프리카 시장에 일찌감치 진출하게 됐다. 지금은 아프리카에서 신뢰받는 기업으로 명성을 높이고 있다.

2013년에는 튀르키예에 자동차 부품 생산 공장을 설립하며 제조업으로 본격적인 첫발을 내디뎠다. 2014년에는 러시아 차량 부품 조립 사업에 박차를 가하면서 현지화 작업에 착수했고 신규 시장 개척과 확대에 주력하면서 제품 경쟁력 강화와 탄력적인 고객 대응에 힘썼다. 이듬해 슬로바키아에 차량 부품 생산 공장(플라스틱 사출)을 완공하며 동유럽 인근 국가로 납품처를 확대했다. 터키에서는 특장 차량과 반제품 포장 공급 등으로 사업 영역을 확대했다.

2018년 인도에서도 반제품 차량 공급과 자동차 생산 물류 사업까지 전개하면서 서남아 시장과 아프리카 시장을 공략하고 있다. 2019년 전라북도 완주군 테크노밸리 산업단지에 전주 2공장을 설립해 아프리카 현지 맞춤형 트럭 기반 버스 개발을 포함해 각종 특장과 개조 사업을 진행하고 있다. 특히 이곳에 설립한 기술연구소는 반제품 포장 공급 기술 개발과 플랜트 건설, 엔지니어링을 주관하며 전주 공장에서 생산 중인 특수 차량 개발과 친환경 연료 차량 관련 기술 제휴, 원천 기술 확보에 주력하고 있다.

한국법인 전주 공장 모습

　박 회장은 기존의 영업 실적에 만족하지 않고 대대적인 투자를 통해 끊임없이 새로운 기회를 모색하고 있다. 2019년 카자흐스탄 거래처로부터 연간 4만 대 자동차 조립 생산 능력을 갖춘 공장 건설 프로젝트를 수주해 자체 도장·의장 공장을 엔지니어링하고 기계 장비를 공급했다. 여기에 카자흐스탄·우즈베키스탄 파트너로부터 투자 권유를 받고 차량 시트를 비롯한 각종 차량 부품 관련한 CKD 공급 사업을 이어가고 있다. 이러한 프로젝트는 방글라데시, 스리랑카, 가나, 우즈베키스탄 등지로 확대할 전망이다.

개척 가능성 높은 동유럽으로 눈 돌려

　기아자동차 상사에 근무하던 박종범 회장이 처음 오스트리아로 간 것은 1996년이었다. 기아 인터트레이드 오스트리아 법인장으로

슬로바키아 공장에서 임직원들과 시찰 중인 박종범 회장

발령받았을 때만 해도 그곳 생활이 그리 길지 않을 것이라 생각했다. 그러나 2년이 채 지나지 않아 한국은 IMF 외환위기라는 초유의 사태에 직면했고 기아자동차는 현대자동차에 인수되었다. 박 회장은 한국으로 돌아가야 할지 오스트리아에 남아야 할지 수많은 갈등과 고민을 거듭한 끝에 오스트리아 잔류를 택했다.

하지만 유럽은 문화와 언어에 익숙하지 않은 동양인이 비집고 들어갈 수 있는 사회가 아니었다. 기아자동차라는 후광과 법인장이라는 지위, 그리고 대기업의 충분한 자금력이 그에게는 더 이상 없었다. 지금까지 사람들은 인간 박종범이 아니라 기아자동차 법인장을 만나준 것이었다.

지금껏 누렸던 기득권이 사라진 상태에서 더 이상 과거에 얽매여 있을 수는 없었다. 박 회장은 모든 것을 버리고 새로이 시작하기로 마음먹었다. 가장 먼저 오스트리아를 비롯한 서유럽을 벗어나 러시아와 주변 국가로 눈을 돌렸다. 당시 러시아는 공산 체제가 무너진 지 얼마 되지 않았고, CIS 국가들도 러시아 연방에서 독립한 지 얼마 되지 않은 상황이었다. 사회 인프라 구축이 한창 진행되던 터라 파고들 여지가 있을 것이라 판단했다.

박 회장은 오스트리아 빈에 어린 자녀와 아내를 남겨두고 홀로 우크라이나로 향했다. 그곳에서 처음 한 일은 사탕 포장지를 공급하는 일이었다. 한국에서 비닐 포장지를 수입해 우크라이나의 사탕 공장에 납품하는 것이 전부였다. 단순한 일이지만 박 회장에겐 첫 사업이었다. 이때 접한 사탕 포장용 필름이 추후 박 회장이 석유화학 관련 제품에 관심을 갖는 밑거름이 됐다.

박 회장은 2004년부터 한국 자동차를 우크라이나에 공급하는 중계무역을 시작했다. 특히 자금력이 약한 현지 대리점 상황을 고려해 자금을 지원했다. 박 회장이 오스트리아 금융권으로부터 금융을 확보한 다음 우크라이나 바이어를 위해 한국의 자동차 제조회사에 신용장을 개설해 자금을 지원하는 방식이었다.

글로벌 인재 육성이 국가 경쟁력 담보

이후 2008년부터는 자동차 부품 제조 판매와 자동차 개조로 사업 영역을 확대했다. 그러나 그해 8월 미국의 리먼 브라더스 사태를 시발로 한 글로벌 금융위기에 직면하면서 회사 설립 후 두 번째 위기를 맞게 됐다. 박 회장은 두 번의 위기를 계기로 아이템의 다양화를 꾀하는 한편, 아직 경쟁이 심하지 않은 미개척 시장을 선점해야 할 필요성을 절감했다.

영산그룹 한국 법인에서는 유망한 청년들을 선발해 해외로 보내고 있다. 해외 파견은 월급뿐 아니라 집, 차, 전화 등을 지급해야 하기 때문에 상당한 비용이 든다. 그럼에도 불구하고 한국에서 청년 사원을 뽑아 내보내는 것은 그들의 성장이 회사와 대한민국의 미래이기 때문이다. 신입 직원들이 해외 업무를 통해 현지 언어와 문화를 습득하고 글로벌 경쟁력을 갖추도록, 그리고 본인의 성장을 회사에 이바지하도록 독려하는 것이다. 이처럼 영산그룹은 청년들에 대한 지원을 멈추지 않고 있으며 해외 파견을 통한 개인의 발전이 회사와 국가 경쟁력 확보라고 믿고 있다.

박종범 회장이 청년들에게 해주고 싶은 첫 번째 이야기는 현장에 가서 뛰면서 부딪히라는 것이다. 남이 가는 길만 따라 가면 경쟁이 너무 심해서 성공하기 어려우니 당장은 어렵더라도 남들이 가지 않은 길, 더 험한 곳으로 뛰어들라는 것이다. 도전을 두려워하지 말고 젊었을 때 자신의 힘을 시험하고 키우라고 박 회장은 당부한다.

"모든 사람에게 좋은 기회는 반드시 찾아옵니다. 다만 그 기회를 잡을 수 있는 것은 준비된 자만이 할 수 있습니다. 저의 경우 무역업의 특성상 계속해서 새로운 아이템을 찾게 되고 시장을 확대하기 위해 노력했습니다. 그러한 과정에서 전혀 생각하지도 못했던 기회가 찾아온 것입니다.

우연찮게 찾아온 작은 기회를 잡아보면 마치 고구마 줄기처럼 당기면 당길수록 굵직한 알맹이들이 딸려 오는 경우가 있습니다. 자신에게 찾아온 가느다란 줄기를 알아차리고 재빠르게 잡을 수 있느냐

국산 차량을 개조해 판매하는 모습(튀르키예)

없느냐는 오로지 평소에 얼마나 준비를 했느냐에 달렸습니다."

플랜트·에너지 글로벌 경영 본격화

박 회장은 기존의 영업 실적에 만족하지 않고 대대적인 투자를 통해 끊임없이 새로운 기회를 모색하고 있다. 그는 전 세계적으로 초미의 관심사가 되고 있는 탄소배출 제로 운송수단의 개발 붐에 발맞춰 전기자동차와 수소 버스 개발 사업에도 적극 참여하고 있다.

국내 소형 전기차 제조업체와 기술협력을 통해 소형 승용차와 트럭 등의 전기자동차를 개발하고 있다. 또한 국산 수소 버스의 주요 핵심 부품과 섀시, 수소 연료 전지 시스템을 유럽 현지로 가져와 현지 로컬 파트너와 공동으로 버스 내·외관 부품을 조립한 수소 버스를 제작해 전 유럽에 판매할 계획이다.

2019년 친환경 사업의 일환으로 세르비아에 3.5헥타르의 부지를 구매하고 산업·의료 폐기물 처리 시설물을 구축하는 등 미래 프로젝트에 적극 투자했다. 또한 헝가리의 경우 연산 생산량 7.5GWh 규모의 배터리 제1공장과 연산 9.87GWh 규모의 제2공장 가동에 필요한 전기를 공급하는 유틸리티 공사를 시공했다. 2021년 30GWh 규모의 제3공장 이반차 지역 유틸리티 공사도 수주했고 2024년 가동을 시작했다. 최근에는 국내외 유통사의 신규 투자와 헝가리 내 인프라 확충을 계기로 다수의 공사가 진행 중에 있다.

이처럼 무역으로 시작했던 박 회장은 자동차 반제품 생산·조립 공장과 자동차 부품 공장에 이어 플랜트 분야로 사업을 확장했으며, 전 세계에 공장을 12개 세웠다. 이처럼 빠르게 제조업에 진출, 전 세계적으로 확장할 수 있었던 것은 언제든지 진출할 업종에 준비를 해놓은 뒤 기회가 오면 망설이지 않고 빠른 의사결정으로 과감하게 투자했던 방식이 주효했기 때문이다.

휴머니즘과 예술적 가치를 존중하는 기업

'영산'이라는 회사명에는 세 가지 의미가 담겨 있다.

첫 번째는 믿음이다. 가톨릭 신자인 박종범 회장의 세례명은 '카르멜로'다. 일반적으로 본명을 지을 때 성인의 이름을 따오는데 박종범 회장은 카르멜(Carmel)산에서 가져왔다. 카르멜산은 이스라엘 북부 하이파에 위치한 성스러운 산, 즉 영산(靈山)이다. 수없이 많은 고비를 무사히 넘을 수 있었던 것은 신앙의 힘이었고 신뢰와 믿음이 있었기에 가능한 일이었다.

두 번째는 인간애다. 박 회장의 고향은 영산강 상류다. 그래서 영산이라는 이름을 가져왔는데 여기에는 고향에 대한 그리움과 한국에 대한 자긍심이 담겨 있다. 이것은 조국애이자 휴머니즘의 발로다.

세 번째로 '영변의 약산 진달래꽃'을 떠올리며 예술적 가치의 의미를 부여한다. 박 회장이 문화예술에 특별한 애정과 투자를 아끼지 않는 데는 그만한 이유가 있다.

영산그룹은 한국의 정신과 문화 역시 세계에 알리고 있다. 영산그룹에서 펼치고 있는 여러 사회공헌 활동 가운데 가장 두드러진 것을 꼽으라면 유럽-한국 간 적극적인 문화 교류 사업과 영 아티스트(Young Artist) 육성 사업이다.

박 회장의 부인인 송효숙 대표는 그룹 차원에서 한국 문화를 유럽에 소개하는 문화예술 교류를 전문으로 하는 에이전시 WCN(World Culture Networks GmbH)을 운영하면서 매년 한국 혹은 유럽의 예술가들을 초청해 콘서트를 열고 다양한 행사를 개최한다. 특히 WCN은 180년 전통을 이어오며 세계 최고를 자랑하는 '빈필하모닉오케스트라' 한국 투어를 2019년부터 매년 단독으로 유치해 문화예술기획사로서 확고한 위치를 점하게 됐다.

아울러 WCN은 오스트리아를 비롯해 슬로바키아, 우크라이나, 불가리아, 체코, 루마니아, 핀란드, 터키, 러시아, 세르비아, 크로아티아 등에서 문화예술을 통해 국가 간의 우정을 다지는 친선 음악회를 개최하고 있으며, 한국국립심포니오케스트라, 대구시립오케스트라,

부산 공장 임원들과 시찰 중인 박종범 회장

경기시나위오케스트라 등 국내의 유수 오케스트라의 유럽 순회공연을 주선하고 있다. 이와 함께 유럽 정상급 오스케스트라가 한국에서 공연할 기회도 마련하고 있다.

자선 음악회를 비롯해 소외계층을 대상으로 한 재능기부, 한인 음악가 후원과 장학 사업, 클래식 음악 페스티벌 주최, 유럽과 한국의 문화 교류 사업들을 진행하고 있으며 이러한 나눔과 실천, 배려와 화합의 기업가 정신과 창조적 문화 활동은 영산그룹 임직원들을 움직이게 하는 정신이다.

박종범 회장은 새로 출범한 재외동포청을 상대로 재외동포 사회를 대변해 제대로 의견도 개진해야 하고, 현시점에서 세계한인무역협회(World-Okta)도 새롭게 정비해야 할 필요가 있다고 역설했다. 월드옥타는 세계 146개 도시에 지회를 두고 회원 약 7,000명, 차세대 멤버 약 3만 명으로 구성된 해외동포 최대 경제단체다. 작금의 글로벌 경제 위기와 미·중 패권 전쟁이 날로 첨예해지는 혼란한 상황에서, 월드옥타가 조국의 발전을 위해 다시 한번 힘을 모아야 할 때라고 생각했다.

주변의 강한 권유와 설득에 쉽지 않은 결단을 내린 그는 이듬해 회장 선거에 출마, 상임이사 296명 중 256명 찬성이라는 86%의 압도적인 지지를 받으며 2023년 11월 월드옥타 회장에 당선되었다. 그는 옥타의 수장을 맡은 뒤 '국내 7대 경제단체'로의 도약을 모토로 삼았다. 먼저 조직 내부의 결속과 화합을 다져 실속을 챙기고, 대외적으로는 크고 굵직한 행사를 준비하며 옥타의 역량과 품격을 한 단계 올리고자 했다.

실례로 지난해 10월 야심 차게 기획한 '2024 KOREA BUSINESS EXPO'를 오스트리아 빈에서 개최했고 유럽에서 열린 한국 박람회/전시회로서 유례없는 실적을 달성했다. 국내 시도 지방자치단체 17개와 기관 20여 개가 참가하고 해외 바이어 3,000여 명과 한인 CEO 참관객이 모여 MOU 거래 실적 2,500억 원 달성이라는 기염을 토했다.

올해의 경우 4월 안동에서, 10월 인천에서 세계대표자대회와 수출상담회를 개최하기로 하면서 '코리아 비즈니스 엑스포'를 월드옥타의 행사로 브랜드화했다. 이렇게 박 회장은 세계 각국에 퍼진 한인 경제인들의 네트워킹을 더욱 강화하고, 글로벌 시장에서 한국 경제 영토를 계속 확장한다는 사명으로, 지구촌 곳곳을 누비며 열정적으로 활동하고 있다.

회장
이마태오

KMT그룹

학력	1986	천안중앙고등학교
	1991	서다야대학교(SEDAYA University) 전산경영학과
	2020	LONDON EB Innovation & Strategy level 7 수료
	2022	University of the West of Scotland 경영학 석사(MBA)
경력	1994	Kmt Trading(현 Kmt Group) 설립
	2001	Kmt Food & Beveragers 설립
	2002~현재	한국수입협회(KOIMA) 명예지사장
	2006	㈜세계한인무역협회 쿠알라룸푸르지회 창립위원
		㈜세계한인무역협회 쿠알라룸푸르지회 상임이사
	2008	경기도 해외협력관
	2010~현재	㈜세계한인무역협회 상임이사
	2011	말레이시아 한국국제학교 설립추진위원
	2012	Miseoul 설립
	2014	K ecomart 설립
	2016	춘천 바이오산업진흥원 명예수출자문관
		말레이시아 한인상공인연합회(KOCHAM) 운영위원
		Korjaya Logistics 설립
	2016~2018	말레이시아 한국국제학교 이사
	2017	Pan Asia Hash 2017 조직위원장
	2018	말레이시아 한인상공인연합회(KOCHAM) 수석부회장
	2018~현재	말레이시아 YAYASAN HASH HERITAGE재단 이사
		Kmt Jaya 설립
	2018~2020	㈜세계한인무역협회 말레이시아 쿠알라룸푸르지회 수석부회장
	2021~2023	㈜세계한인무역협회 수석부회장
	2022~현재	충청남도 논산시 통상대사
		㈜세계한인무역협회 말레이시아 쿠알라룸푸르지회 회장
	2023	한국농수산식품유통공사 저탄소식생활 홍보대사
	2023~현재	경상북도 해외자문위원협의회 해외자문위원
	2024~현재	민주평화통일자문위원회 자문위원
상훈	2009	46주년 무역의 날 표창장
	2010	무역협회장 표창장
	2012	대통령 철탑산업포장
	2013	SMEs Entrepreneur of Year Award
	2020	말레이시아 DATUK(백작) 작위
	2022	장보고 한상어워드 농림식품축산부 장관상
	2023	Asean Outstanding Business Award
	2024	산업통상자원부 장관 표창

시작은 미약했지만, 그 끝은 창대하리라

충청남도 아산에서 1968년 태어난 이마태오 KMT(Korea Malaysia Trade) 회장은 천안중앙고등학교를 졸업했다. 말레이시아 국영 기업에 근무하던 부친을 따라 1987년에 말레이시아로 이주했다. 건설회사 주재원이었던 부친은 싱가포르, 브루나이 왕국을 건축할 당시 총감독을 맡았으며, 중동과 말레이시아 문교부 산하 기업에서 구매와 교육 자재 진흥 사업을 맡았다. 이러한 영향으로 일찍이 해외에 관심이 많았다.

쿠알라룸푸르에 있는 서다야대학에서 전산경영학을 전공하고 군 복무를 위해 귀국, 군 시절에《세상은 넓고 할 일은 많다》라는 대우 김우중 회장의 저서를 읽고 감명을 받았다. 무역업에 승부를 걸고 한국 제품을 수입해 말레이시아에서 판매했다. 수많은 한국 상품이 해외에서 인기가 있을 거란 확신 때문에 제품을 희망 가득한 마음으로 찾기 시작했다. 우연한 기회에 자동차 시트커버와 차량 액세서리들을 보고 1994년 자동차 액세서리 전문 오퍼상으로 창업했다.

커다란 샘플 가방을 들고 3개월간 도·소매상들을 직접 찾아다니며 영업을 한 결과, 몇몇 기업으로부터 4만 달러 정도의 물량을 주문받았다. 하지만 준비 없이 서둘러 회사를 차리고 무작정 영업부터 했던 까닭에 주문받은 제품을 당장 수입할 자금을 조달하는 데 어려움을 겪었다. 관광 안내와 통역을 병행하며 생활비를 충당하던 때여서 먹고는 살았지만, 사업을 할 만큼의 자금은 충분하지 못했다. 바로 시작한 회사에다가 외국인에게 자금을 융통해줄 사람을 찾는 일

청년 시절

사업 초기 아이템인 자동차 고급 시트커버

은 쉽지 않다는 것을 깨달았을 때, 신용장(LC)에 대해 알게 되었다.

철물 수입상을 하는 친구 삼촌을 찾아가 주문장(P/O)을 보여주며 LC를 부탁해서 그 회사 이름으로 첫 제품을 수입하게 되었다. 자금을 긁어모아 상가 2층에 조그마한 창고를 얻어 첫 컨테이너를 받던 그 순간은 잊을 수 없다. 어렵게 주문한 컨테이너가 한국에서 태평양을 건너 도착해 눈앞에 있다는 사실이 굉장히 신기하고 믿어지지 않아서 만져보고 또 만져봤다.

직원도 없던 터라 주변 친구들에게 일당을 주기로 하고 컨테이너에서 제품들을 하역해 상가 2층 창고로 밤새 올렸는데 물량이 많다 보니 창고 공간이 부족했다. 할 수 없이 남은 물량은 컨테이너에 보관했다가 다음 날 바로 배송을 보낼 생각으로 컨테이너에 자물통을 채우고 퇴근했다.

그런데 다음 날 아침 희망찬 마음으로 컨테이너를 열려고 보니 전날 잠가둔 자물통이 보이지 않았다. 순간 빨라진 심장박동으로 서둘러 문을 열어보니 말 그대로 먼지 하나 없이 깨끗이 비어 있었다. 첫 주문한 컨테이너 제품 중 100박스가량 물품을 도둑맞은 것이다.

누구나 한 번쯤은 이런 경험을 만난다고 하지만 시작하자마자 생긴 일이어서 더욱 뼈아픈 경험이었다. 다행히 일부 물량이어서 나머지 제품들을 문제없이 공급하고 1개월쯤 지난 후에 추가 주문을 받으면서 사업은 순조롭게 진행되었다.

조금씩 물량이 늘어나고 규모가 나날이 커졌다. 규모가 커지다 보니 경쟁 제품이 나오게 되고 시장 경쟁력을 높이기 위해 자동차 시트커버를 제조하는 사업에 뛰어들었다. 한국 시트커버에 대한 시장

1999년 한국식품전에서 말레이시아 유명 셰프 '완(Wan)'과 함께한 모습

규모가 커지면서 반가공 제조까지 성장하게 되었다. 직원도 20여 명으로 늘어나고, 거래처도 늘고, 주문도 계속 증가해 사업 영역을 확장하고 제조 공장까지 진행했다.

1997년 4월, 태국에서 시작된 외환위기의 여파가 말레이시아까지 넘어와 첫 번째 사업은 위기를 맞고 결국 무너졌다. 새로운 도전을 준비했다. 첫 사업의 실패로 얻은 교훈을 발판 삼아 아무리 큰 경제위기가 와도 먹는 장사는 살아남는다는 이야기를 듣고, 한국 식품을 조사해보니 한국 식품의 가능성과 잠재성이 크다는 사실을 파악하고 식품 유통업에 뛰어들었다.

새로 시작한 식품 유통업은 처음엔 물량이 적어 두세 달에 한 컨테이너를 수입하면서 유통 체인점 위주로 상권을 넓혀갔다. 그러던 중 2002년 한일월드컵은 도약의 계기를 마련해줬다. K-푸드에 관한 관심과 인기가 높아지고 메이드 인 코리아 제품은 프리미엄이 붙기 시작했다.

식품 유통업에 진출할 때만 해도 한국 식품이 낯설었다. 거창하지는 않았지만, 한국 식품을 알리는 데 집중했다. 일본계 백화점인 이세탄에 한국 라면을 팔아보려고 납품했지만, 한 달이 지나도록 몇 개 팔리지 않았다. 중국계 말레이시아 화상(華商)들과 경쟁해야 하는 식품 유통업계에서 살아남으려면 제품 선정과 가격 모두 중요하지만, 무엇보다 새벽부터 저녁 늦게까지 수없이 매장을 찾아다니며 제품 진열을 파악하고 현지 제품보다 10배 더 노력해야 매대에 우리 제품을 유지할 수 있다는 중요함을 알게 되었다. 이후 매장에 조금씩 자리를 넓혀갈 수 있었다.

그렇게 노력하던 중 한 백화점에서 '코리안 푸드 페어' 제안을 받고 처음으로 큰 행사를 열었다. 2002년 한일월드컵이 개최되던 때였다. 오후 4시쯤 백화점을 찾는 고객이 시장기를 느낄 때 직접 라면을 끓여서 무료로 시식하도록 했다. 낯선 한국인이 끓여주는 색다른 한국 라면 냄새에 말레이시아 사람들이 호기심 반, 기대 반으로 줄을 서기 시작했다.

행사용으로 준비해간 라면 몇 박스가 얼마 지나지 않아 동이 났다. 시식 행사를 멈출 수 없어서 납품했던 매장의 라면을 되사서 끓여줬다. 월드컵에서 한국 축구가 4강에 오른 것처럼 한국 식품의 판매도 행사 2주간 이 백화점에서 1억 원 이상의 매출을 올려 2002년 월드컵은 이 회장에게도 기억에 많이 남는 해가 되었다.

이렇게 시작된 한국식품전은 20년이 지나도록 말레이시아의 유

일본 백화점 이세탄(ISETAN) 한국 식품점

명 슈퍼 체인과 쇼핑몰에 한국식품전 행사가 방문객도 많이 끌어모으고 매출을 잘 올린다는 행사로 자리 잡아 매년 한국식품전 행사를 열게 되었고 말레이시아 전역의 마트와 식료품점에 대부분 한국 식품 진열대가 보편화되었다.

초창기에는 가격이 비싸다는 이유로 한국 식품을 찾는 이가 많지 않았다. 지금은 생활 수준이 높아진 데다 우리의 국격이 높아지면서 한국 식품을 찾는 이들이 많아졌다. 세계적으로 한류 트렌드가 확산하면서 한식에 대한 인기는 나날이 높아져갔고 말레이시아에서도 한국 식품을 선호하는 마니아층이 생겼다. 최근에는 한국산 밀키트를 비롯해 소스와 드레싱·조미료 등을 온·오프라인에서도 판매하고 조미김, 홍초, 라면과 만두를 비롯한 한국산 고추장과 양념의 매출이 상승하고 할랄 인증 획득 제품이 인기를 끌고 있다.

현지화 전략과 입맛의 장기화 그리고 사업 다각화

2002년을 기점으로 승승장구하던 매출이 2004년부터 2년간 제자리걸음으로 정체됐다. 화상(華商) 중심의 유통 구조에 발목이 잡힌 것이다. 새로운 변신이 필요했다. 화교가 유통을 장악한 상황에서 한국인이 운영하는 회사로는 어려움이 있다는 것을 깨달았다.

직원 특화 채용으로 새로운 현지화 전략을 선택했다. 말레이시아 중국계 직원들을 채용하고 그들에게 영업을 맡겼다. 1년 후 화상들의 반응이 달라졌고 매출도 다시 뛰기 시작했다. 사업 초기 연매출액은 1억 원 미만이었으나, 현지화 전략을 통해 현재는 500억 원대로 성장했다.

말레이시아 전역의 유통망에 한국 식품을 공급하고 있지만, 식품 사업은 갑자기 성장할 수 있는 아이템이 아니어서 장기 전략이 필요했다. 10대에 처음 한국 식품의 맛을 접한 뒤 세월이 흘러 30대가 되고 가정을 꾸릴 경우 온 가족이 한국 식품을 접할 수 있도록 입맛을 사로잡기 위해 도매 위주의 한국 식품에서 최근에는 한국형 식자재 마트와 같은 중형 마트와 소매 마트 확장에 주력하고 있다.

이 회장은 단일 사업에만 집중적으로 투자하며 한 분야에 전념하기보다 주 사업 이외의 다른 분야로 사업 범위를 확장하는 경영 전략을 펼쳐 나갔다. 2012년 '미서울'이라는 브랜드로 패션업을 시작했고, 지금은 알로에 계통 미용 제품과 한국산 피부 관리 제품, 기초 화장, 댕기머리 샴푸 등을 말레이시아 전역 유통망에 공급하고 있으며, 온라인과 홈쇼핑 채널을 통한 판매도 시작했다.

말레이시아 최대 규모 한국슈퍼마켓 K Plus 오픈

　　2014년 K-에코마트사를 창업해 소매 체인점인 K-Market 3개 지점을 운영하고 있으며 2022년 10월에는 800평 규모의 K-플러스 푸드마켓을 오픈했다. 이와 더불어 물량 배송을 자체적으로 감당하다 보니 한계에 부딪히면서 외주를 주기에는 비용 부담이 커서 본사 창고와 배송팀을 분리해 물류 전문 KORJAYA를 설립하고, 외주회사보다는 저렴하게 그리고 본사 업무처럼 더욱 책임감 있게 운영하며 사업 전문화를 도모하게 되면서, 지금은 계열사 7개를 두고 물류·홈쇼핑·외식업 등으로 사업을 확장해 나갔다.

　　30년 전 말레이시아에서 식품 유통업을 창업한 이래 그는 현지에서 가장 큰 규모의 한국 식품 유통 체인 KMT그룹을 운영하면서 직원 200여 명을 두는 중견기업으로 성장시켰다.

2024년 KMT 30주년 기념행사 모습

시장 기회의 발견과 중상층 공략의 차별화된 전략

오늘의 KMT그룹 성공의 힘은, 경험은 삶의 나침판이 된다는 이 회장만의 말레이시아 시장 파악과 그 속에서 찾은 기회의 발견에 있다. 말레이시아만의 대외 무역 의존도와 식음료, 생필품 등 수입품에 대한 높은 선호도가 일반화되어 있는 시장성을 파악하고, 이에 맞춰 한국의 대표적인 상품과 상위 시장 점유율 그리고 인지도 높은 한국 제품 위주로 상품 포트폴리오를 구성하고 현지 식품들에 비해 상대적으로 건강 요소를 고려한 한국 상품의 고품질과 맛을 강조한 차별화된 전략이 있었기 때문이다.

그리고 한국 식품은 현지 제품에 비해 품질과 가격이 높아서 성공적인 시장 진출을 위해 중상층을 겨냥한 구체적 타깃 시장을 선정

할랄 한국 식품 선구자

하고 중상층 소비자들은 정보 습득력과 정보 교류가 빠르고 다양한 요구가 있다는 점을 인식한 덕분에 중상층 위주로 운영하는 유통 거래처들과 빠르게 사업 네트워크를 구축하는 사업 방향이 성공을 이끈 주요 전략이다.

말레이시아에서 식품 유통을 하는데 가장 큰 장애 요인은 할랄(Halal) 인증이었다. 할랄은 아랍어로 '허용된 것'을 의미하는데, 이는 이슬람을 믿는 신자들이 먹고 쓸 수 있는 모든 제품을 통칭한다. 예컨대 무슬림 신도들은 돼지고기는 물론 라면수프에 돼지고기 분말이 들어가는 것도 먹지 않는다.

할랄 허브 국가를 목표로 하는 말레이시아는 할랄 법(Halal Act) 시행에 따라 전 세계 유일하게 정부 기관 내 할랄청을 두고 있다. 국가 할랄 기관인 '자킴(JAKIM)'으로부터 인증을 받은 제품과 인증을 받지 않은 제품들을 따로 진열하고 판매해야 한다.

전체 인구의 70% 이상을 차지하는 무슬림의 한류 문화와 한국 식품에 관한 관심과 수요가 높은 말레이시아 시장에서 이 회장이 취급하는 대부분 한국 제품은 자킴의 할랄 인증을 받지 못한 상태였기 때문에 2004년부터 주요 한국 식품 제조기업에 할랄 인증의 필요성을 알리기 시작했다.

또한 대한무역투자진흥공사(KOTRA)와 한국농수산식품유통공사(aT)와 공조를 통해 대통령 국정 수행 과제 속에 한국 식품 세계화에 따른 할랄 산업 발전과 지방자치단체의 할랄 산업 지원책을 수립, 추진할 수 있도록 대책을 마련하는 데 앞장섰다.

농심 신라면의 할랄 인증을 비롯해 종갓집(김치), 빙그레(우유), 롯데(과자) 외 다수 중소기업 식품들이 할랄 인증을 획득할 수 있도록 핵심 역할을 했다.

한국 상품에 대한 전문성과 지식을 바탕으로 말레이시아 시장을 개척하고 현지 시장을 공격적으로 확장하는 전략으로 말레이시아 내에서는 KMT그룹을 통해 현지 소비자들이 한국 식품에 대해 알아가는 시장 문화를 만들고 제품에 대한 인지도를 확대해 나갔다.

이렇게 늘어나는 물량 증대를 통해 공급 원가를 낮추면서 중하층 소비자들에게까지 다가갈 수 있는 경쟁력이 있는 가격대로 시장 확대를 추진하며, 전 세계 인구의 25%인 약 19억 명의 이슬람 시장에 한국 상품이 진출할 수 있도록 노력했다.

이러한 노력의 결과로 2012년 대통령 산업포장, 2022년 농수산식품 장관상을 받았다.

Datuk 백작 임명식

한국인 정체성 함양과 지역 가치 발전으로 자랑스러운 한국인

이마태오 회장은 2020년 10월 31일, 말레이시아 말라카주(州) 최고 통치자 툰 모히드 알리 로스탐으로부터 백작(Datuk) 작위를 수여받았다. 말레이시아에서 사회 발전에 공헌한 사람에게 수여하는 백작 작위 수여의 경우, 외국인이 받는 경우는 흔하지 않다. 한국인으로는 권병화 세계한인무역협회 명예회장(2006)과 정몽준 아산재단 이사장(2009)이 백작 작위를 받았다.

이는 다양한 종교와 다인종 배경을 가진 말레이시아 시장에서 한국 식료품의 저변 확대는 물론 무슬림 시장을 위한 할랄 제품 생산의 중요성을 대한민국 식품업계에 알리는 융합 선구자의 역할을 한 공로를 인정받은 것이다.

코로나19 기부 활동하는 모습

이마태오 회장은 무슬림 소비자들의 삶 속에 한국 식품이 차지하는 점유율을 높이고, 자유롭게 즐길 수 있고, 현지인들의 식생활 속에 한국 식품이 자리 잡고 우리 문화를 정착시키는 것에 앞장서고 있다. 또한 말레이시아에서 한국인의 정체성 함양과 그 가치를 높이기 위해 한국 식품을 대표하는 기업으로서 CSR 활동을 꾸준히 펼쳐 나가고 있으며, 나아가 모범적인 한국 기업의 책임과 의무를 다하기 위해 ESG 경영에 대한 전담 조직을 꾸미는 등 현지 경제 사회 속에서 한국 기업의 가치를 높이기 위해 오늘도 노력하며 뛰고 있다.

회장
하용화

솔로몬보험그룹

학력		
	1975	대전 보문고등학교 졸업
	1980	경기대학교 관광경영학과 졸업
	1989	롱아일랜드대학교 MBA 졸업

경력		
	1989~1992	뮤추얼오브뉴욕보험회사(Mutual of New York Insurance Company) 보험설계사
	1992	솔로몬에이전시코퍼레이션(솔로몬보험) 설립
	1993~1996	플러싱한인회 부회장
	1993~2003	뉴잉글랜드파이낸셜(New England Financial) 지점장
	1995~1996	뉴욕시자문위원회(NBA) 위원
	1997	한인언론사재산및손해보험 칼럼니스트
	1997~1998	플러싱한인회 부회장
	1997~2000	롱아일랜드대학교 한국동문회 회장
	1998	인터내셔널언더라이팅에이전시(Int'l Underwriting Agency, I.U.A.) 설립
	1999~2003	민주평화통일자문회의 위원
	2003~2005	뉴욕한인회 제28대 이사, 대뉴욕한인보험인협회 제5대 회장
	2004	한인비즈니스리더협의회 제18대 의장
	2004~2008	한미청년재단 제3대 회장
	2005~2007	뉴욕주보험전문인협회(PIA) 위원
	2006	뉴욕R.O.K ROTC 제27대 회장
		이베네핏솔루션(E Benefit Solution Inc.) 설립
	2007~현재	플러싱은행 아시아 자문위원
	2009~2011	뉴욕한인회 제31대 회장
	2012~2017	세계한인무역협회 이사
	2014~현재	에스더하재단 이사장
	2016	솔로몬실버케어(Solomon Silvercare) 설립
	2017~2018	세계한인무역협회 부회장
	2019~2021	세계한인무역협회 회장
	2020	솔로몬자산운용(Solomon Asset Management) 설립
	2025	하나금융글로벌위원회 위원

상훈		
	2002	미국 내 50대 우수 아시안 비즈니스인
		경기대학교 총장 감사패
	2003	힐러리클린턴지역사회 우수상
	2006	채널13 감사패(WNET NY 13)
	2007	뉴욕한인청년회의소 J.C 리더십상
	2009	보문고등학교동문회 감사패, 경기대학교동문회 감사패
		KALCA 지역사회봉사및리더십상
		롱아일랜드대학교 한국동문회 공로상
	2010	신한회 감사패
		퀸즈식물원 2010 코스모스나이트상
		경기대학교 총장 공로상
	2011	동포뉴스 2010 올해의 인물상
		아시안아메리칸연맹 '아시안아메리칸 정신상'
		대한민국 ROTC 공로상
	2013	엘리스아일랜드 명예훈장
	2015	충청남도 부여군 명예군민
		대한민국 국민훈장 동백장
	2024	뉴욕호프스트라대학교 서브어번 다양성상

글로벌 보험업계를 선도하는 솔로몬보험그룹

솔로몬보험그룹은 1992년 뉴욕에서 설립한 이후 개인·기업보험, 의료보험, 리스크 관리, 자산 관리 등 다양한 보험 서비스를 제공하며 미국 최대 규모의 한인 보험중개사로 성장했다. 현재 뉴욕 본사를 비롯해 뉴저지주, 조지아주, 버지니아주, 텍사스주, 캘리포니아주뿐만 아니라 한국, 베트남, 필리핀에도 지사를 운영하고 있으며, 보험 전문가 100여 명과 에이전트 300여 명이 활동하고 있다.

솔로몬보험그룹은 기업보험, 글로벌 리스크 관리, 의료보험 솔루션, 은퇴연금 관리까지 포괄하는 종합 보험 컨설팅을 제공한다. 특히 미국 시장에서 사업을 확장하는 한국 대기업과 처음 진출하는 한국 지상사들을 대상으로 필수적인 기업보험 컨설팅과 맞춤형 보험 서비스를 제공해 높은 평가를 받고 있다. 또한 글로벌 3위 보험 브로커인 윌리스 타워 왓슨과 협력 체계를 구축해 국제적 경쟁력을 강화하고 있다.

솔로몬보험그룹은 고객들의 다양한 니즈를 충족시키기 위해 최상의 상품과 최고의 서비스를 제공하며, 자회사 5개를 두고 있다. 각 회사를 소개하면 다음과 같다.

솔로몬보험그룹의 역사

1992년 뉴욕주 플러싱에서 시작한 솔로몬보험그룹은 30여 년간 꾸준한 성장을 거듭해 2003년에는 미국 내 우수한 아시안 기업 50

솔로몬 뉴욕 본사 사옥

리스트에 포함되었으며, 2005년에는 메트로폴리탄 지역의 대표적인 보험 브로커로 선정되었다.

1998년에는 미국 최초의 한인 보험 도매 전문 에이전시인 IUA(International Underwriting Agency)를 설립해 MGA(Managing General Agent) 자격을 획득하고, 미국 전역 다문화 보험 에이전시 600여 개와 협력하며 빠르게 성장했다.

2007년에는 이 베니핏 솔루션을 설립해 의료보험을 시작으로 미국 내 유수 보험사들과 함께 유일 자체 보험 프로그램 제작으로 한국 지상사들에 제일 적합한 경쟁력 있는 상품으로 성장을 이끌어가고 있다.

2010년에는 기업보험을 전문으로 하는 글로벌 리스크팀을 설립,

2025 Solomon Insurance Group
Annual Meeting

2025 솔로몬보험그룹 연례 미팅하는 모습

한국의 대기업·중견기업들이 미국에서 안정적으로 사업을 운영할 수 있도록 지원하는 맞춤형 리스크 컨설팅을 제공하고 있다.

2018년에는 시니어 건강보험 전문 자회사인 '솔로몬실버케어'를 설립해 뉴욕과 뉴저지를 포함한 미국 전역에서 65세 이상 고객들에게 맞춤형 메디케어 솔루션을 제공하고 있다.

2020년에는 솔로몬애셋매니지먼트를 설립해, 금융/부동산을 이용한 자산관리 서비스를 시작하며, 버지니아주의 스마트보험을 인수해 사업체보험과 메디케어 관련 사업을 확장했으며, 2024년에는 글로벌 기업 의료보험을 담당하는 '이 베니핏 솔루션(E-Benefit

Solution)'을 통해 한국에서 건강검진을 받아도 보험 혜택을 받을 수 있는 'K-Med' 서비스를 런칭했다.

하용화 회장의 성공 스토리

솔로몬보험그룹의 창립자인 하용화 회장은 충청남도 부여에서 태어나 보문고등학교와 경기대학교 관광경영학과를 졸업한 후, ROTC 복무를 마쳤다. 이후 미국으로 유학해 뉴욕 롱아일랜드대학교에서 경영학 석사(MBA)를 취득했다.

1986년 미국에 정착한 하 회장은 학업과 생계를 병행하며 보험업에 입문했고, 이후 1992년 솔로몬보험그룹을 창립했다. 30여 년간 혁신적인 리더십을 바탕으로 회사를 미국 최대 한인 보험사로 성장시켰으며, 한인 사회 발전에도 기여했다.

그는 뉴욕한인회장, 세계한인무역협회(월드옥타) 회장 등을 역임하며 한인 경제 네트워크를 확대하는 데 앞장섰으며, 2002년에는 미국 내 50 아시안 기업인상, 2015 대한민국 국민훈장 동백장, 2023 Ellis Island Medal of the Honor라는 이민자로 받을 수 있는 최고의 사회 기여상, 2024년 뉴욕 호프스트라대학교가 주관하는 '교외 다양성(Suburban Diversity)'상을 받으며, 다문화 보험 시장 개척에 대한 공로를 인정받았다.

하 회장은 초기 미국 생활에서 겪은 어려움을 극복하며 보험업계에서 성공을 거둔 인물로, 한인 이민자들에게 경제적 안정과 미래 설계를 지원하는 것을 중요하게 생각한다. 그는 커뮤니티 발전을 위해 다양한 봉사활동을 진행하며, 젊은 한인 세대들에게 멘토링과 취업 기회를 제공하고 있다.

그의 리더십은 직원들에게도 강한 영향을 미쳐, 솔로몬보험그룹의 기업 문화는 도전과 혁신을 장려하는 방향으로 발전해왔다. 그는 회사를 단순한 보험중개사가 아닌 글로벌 보험 컨설팅 그룹으로 성장시키겠다는 목표를 가지고 있으며, 이를 위해 지속적으로 새로운 시장을 개척하고 혁신적인 보험 상품을 개발하고 있다.

또한 글로벌 경제 환경 속에서 한국 기업과 한인 커뮤니티가 더욱 성장할 수 있도록 다양한 비즈니스 네트워크를 구축하고 있으며, 차세대 리더 양성을 위한 장학 사업과 멘토링 프로그램을 운영하고 있다. 하용화 회장은 글로벌 시장에서 한국 기업의 경쟁력을 높이고, 한인 경제인들의 협력과 발전을 지원하는 데 지속적으로 기여할 것이다.

솔로몬보험그룹의 미션 & 비전, 미래 전략

솔로몬보험그룹은 2030년까지 미국 내 100대 보험중개사 진입을 목표로 설정하고 있으며, 이를 위해 서비스 품질 향상, 글로벌 시장 확대, 디지털 혁신을 적극 추진하고 있다.

미션(Mission)은 다음과 같다. (1) 섬김과 나눔의 정신으로 고객 중심의 맞춤형 보험 솔루션 제공, (2) 혁신적인 보험 상품과 최상의 고객 서비스 제공, (3) 지속 가능한 성장과 사회적 책임 실현이다.

비전(Vision)은 다음과 같다. (1) 글로벌 시장을 선도하는 보험중개사로 도약, (2) 최첨단 보험 기술과 서비스를 도입해 업계 혁신 주도, (3) 한인·다문화 커뮤니티의 신뢰받는 보험 파트너로 자리매김하는 것이다.

미래 전략은 다음과 같다. (1) 국내·해외 지사 확대 : 미국 내 주요 거점 도시뿐만 아니라 한국, 베트남, 필리핀 등의 아시아 시장에서도 사업을 확장할 예정이다. (2) 디지털 보험 혁신 : AI 기반 보험 분석 시스템을 도입해 고객 맞춤형 서비스를 제공하고, 보험 클레임과 가입 절차를 자동화해 편의성을 극대화할 계획이다. (3) 기업 맞춤형 리스크 관리 강화 : 글로벌 리스크 컨설팅 서비스를 확대해 미국 내 진출한 한국·다국적 기업들의 보험 니즈를 충족시키고 기업의 지속 가능성을 보장하는 솔루션을 제공한다. (4) 사회공헌 활동 확대 : 한인·다문화 커뮤니티의 교육과 복지 사업을 지원하고, 지속적인 장학금 프

솔로몬보험그룹 CIDA(한인 장애인 지원단체) 행사

로그램 운영을 통해 미래 세대를 위한 기여를 이어갈 예정이다.

솔로몬보험그룹은 앞으로도 끊임없는 혁신과 성장을 통해 고객들에게 최고의 보험 서비스를 제공하며, 글로벌 시장에서 경쟁력을 강화해 나갈 것이다.

솔로몬보험(Solomon Agency)

솔로몬보험그룹 내 에이전시로는 솔로몬보험(Solomon Agency), EBS(E-Benefit Solution), 솔로몬자산운용(Solomon Asset Management), IUA(International Underwriting Agency), 솔로몬실버케어(Solomon Silvercare) 등이 있다.

솔로몬보험은 로컬 비즈니스팀과 글로벌 리스크팀으로 구성된 미국 내 대표적인 한인 보험그룹이다. 로컬 비즈니스팀은 개인과 중소기업을 대상으로 주택·자동차·비즈니스 보험을 제공하며, 글로벌 리스크팀은 한국에서 미국으로 진출한 지상사·대기업을 위한 특화된 보험 서비스를 제공한다.

미국 시장에서 성공적인 비즈니스를 운영하기 위해서는 현지 법규 준수, 보험 가입, 리스크 관리가 필수적이다. 솔로몬의 글로벌 리스크팀은 한국 기업이 미국 시장에 빠르게 적응하고, 예상치 못한 리스크에 효과적으로 대비할 수 있도록 맞춤형 보험 솔루션을 제공한다. 특히 최근 미국 시장에 진출하거나 사업을 확장하는 한국 기업을 대상으로 고객층을 빠르게 확대하고 있다.

자동차 부품, 배터리, 반도체, 신에너지, 제약 등 제조업뿐만 아니

솔로몬실버케어 중국 에이전트를 위한 플러싱 사무소 오픈

라 K-뷰티·푸드 산업 등 다양한 분야에 대한 전문성을 갖추고 있으며, 영어와 한국어를 동시에 지원하는 이중 언어(Dual Language) 서비스를 통해 미국 보험 시스템과 프로세스에 익숙하지 않은 한국 기업에 보다 이해하기 쉬운 설명과 컨설팅을 제공한다. 또한 한국 기업 문화에 맞춘 프로 액티브(Pro-active) 서비스를 바탕으로, 미국 내 사고 발생 시 신속한 클레임 처리와 감사(Audit) 대응을 지원하며, 한국 본사와 미국 법인 간 원활한 소통을 위한 맞춤형 가이드를 제공한다.

솔로몬보험은 각 주의 주요 보험사들과 긴밀한 협력 관계를 유지하고 있으며, 글로벌 경쟁력을 강화하기 위해 세계 3위 보험 브로커인 윌리스 타워 왓슨(Willis Tower Watson)과 업무협약을 체결했다. 이를 통해 기업 고객에게 더욱 경쟁력 있는 보험 상품을 제공하며, 기업 규모와 리스크 분석을 기반으로 재산보험, 상해보험, 자동차보험, 사이버보험, 산재보험, 적하보험, 신용보험, 임원책임 배상보험 등 맞춤형 플랜을 설계하고 있다.

EBS(E-Benefit Solution)

EBS는 2007년 설립된 기업 의료보험 전문 에이전시로, 뉴욕과 뉴저지 지역의 로컬 기업을 대상으로 서비스를 시작한 이후 빠르게 성장하며 현재는 미국 전역의 대기업과 중견기업까지 고객층을 확장했다.

EBS는 직원 의료보험, 치과보험, 생명보험 등 다양한 복지 관련 보험 상품과 서비스를 제공하며, 미국의 최고 보험사들과의 협업을 통해 미국 시장에 진출하고 있는 아시안, 특히 한국 기업들을 위한 맞춤형 보험 플랜을 제공하고 있다.

2024년에는 미국 내 모든 보험 브로커 중 최초로 애트나인터내셔널(Aetna International)과 독점 계약을 체결해 한국 지상사 전용 의료보험 프로그램을 도입했다. 이어 2025년에는 유나이티드헬스케어 글로벌(UnitedHealthcare Global)과도 프로그램을 개발해, 다른 에이전시 대비 더욱 경쟁력 있는 맞춤형 보험 솔루션을 제공하고 있다.

EBS는 단순히 보험 상품을 제공하는 것을 넘어, 그룹별 최적화된 보험 프로그램을 설계하고 관리자와 직원들을 위한 다양한 부가 서비스를 운영한다.

특히 'K-Med 프로그램'을 통해 한국에서 받은 건강검진 비용을 미국 보험으로 보상받을 수 있도록 지원하며, 한국 대형 병원과의 협약을 통해 예약·서비스 이용 절차를 간소화했다.

급변하는 미국 기업 의료보험 시장에서 EBS는 차별화된 맞춤형 솔루션을 바탕으로 더욱 효과적인 의료보험 서비스를 제공하며, 글로벌 시장에서 입지를 지속적으로 확대해 나가고 있다

솔로몬자산운용(Solomon Asset Management)

솔로몬자산운용은 솔로몬보험그룹의 자산관리 전문 자회사로, 기업·개인 고객을 위한 종합적인 자산관리 솔루션을 제공한다. 주요 서비스로는 금융상품 투자, 상업용 부동산 자산관리, 절세·상속 플랜 등이 있으며, 고객의 재정 목표에 맞춘 맞춤형 금융 컨설팅을 제공한다.

특히 은퇴를 준비하는 오너와 자산가들을 위해 세금 절감 전략, 상속 설계, 기업승계 플랜 등을 전문적으로 지원한다. 자산관리에 법률적 조언이 필요할 경우 변호사·회계사와 협업해 최적의 솔루션을 제공한다.

또한 한국 자산가들을 위해 매년 미국 내 부동산·보험 관련 세미나를 개최하며, 미국 내 자산 이전과 증식 전략을 안내하고 있다. 이를 통해 한국 자산가들이 안정적인 방법으로 미국 시장에 투자할 수 있도록 돕고 있다.

IUA(International Underwriting Agency)

IUA는 1998년에 설립한 미국 최초의 한인 보험 도매 전문 에이

전시로, 미국 37개 주에서 활발히 활동하고 있다. 보험업계에서 극심한 인종차별이 존재했던 1990년대, IUA는 MGA(Managing General Agent) 자격을 취득해 본격적인 보험 도매 비즈니스를 시작했다. 이후 전문성과 신뢰를 기반으로 꾸준히 성장하며, 현재는 한인 시장을 넘어 미국 주류 보험 시장에서도 중요한 역할을 담당하고 있다.

IUA의 가장 큰 특징은 다양한 인종의 보험 에이전시와 협력하고 있다는 점이다. 한인뿐만 아니라 미국인, 이탈리아계, 유대계, 중국계, 히스패닉 보험 에이전시 600여 곳과 거래를 진행하며, 미국 전역에서 영향력을 확장하고 있다.

이러한 성과를 인정받아, IUA는 버크셔해서웨이그룹이 운영하는 USLI보험사로부터 미국 내 보험 에이전시 단 42곳만 선정된 '서클 오브 챔피언스 클럽'에 가입하는 쾌거를 이루었다.

연말을 맞아 어린이에게 선물을 증정하는 모습

솔로몬실버케어(Solomon Silvercare)

솔로몬실버케어는 2016년 설립한 메디케어 전문 보험 에이전시로, 뉴욕·뉴저지·버지니아·코네티컷을 거점으로 미국 전역으로 빠르게 확장하고 있다. 메디케어는 미국에서 합법적으로 거주하고 있는 개인들이 만 65세가 되면 가입해야 하는 개인 건강보험이다.

2023년 기준 미국 정부에서 연간 8,660억 달러(약 1,230조 원) 예산을 조달한 이 프로그램은 전 국민의 큰 관심사로 떠오르고 있으며, 지역별 여러 가지 보험 상품을 통해 다양한 혜택을 받을 수 있다. 현재는 뉴욕, 뉴저지, 코네티컷, 버지니아, 메릴랜드, 조지아, 휴스턴, 댈러스, 텍사스 지역에서 한인뿐만 아니라 중국과 베트남 등 다양한 아시안을 대상으로 서비스를 제공하고 있다.

솔로몬실버케어의 주요 서비스로는 메디케어 어드밴티지 플랜(Medicare Advantage Plan), 메디갭 플랜(Medigap Plan), 처방약보험(Prescription Drug Plan) 등이 있으며, 고객의 건강 상태와 필요에 따라 최적의 보험 플랜을 추천하는 맞춤형 컨설팅을 제공한다. 현재 전문 에이전트 300여 명이 활동 중이며, 이들을 위해 정기적인 교육과 세미나를 운영해 최신 보험 상품과 정책 변화를 반영한 고품질의 서비스를 제공하고 있다.

또한 솔로몬실버케어는 고객과 에이전트가 편리하게 정보를 관리하고 상담할 수 있도록 온라인 포털 시스템을 자체 개발해 운영하고 있다. 이를 통해 보험 가입과 유지·관리 절차를 간소화하고, 보다 효율적인 서비스 제공이 가능하도록 지원하고 있다.

코비스엔터프라이즈

경력

1987~1997	두산그룹 오비맥주 근무
1998~2008	AB-InBev Korea(OB맥주) 근무
2008~현재	마케팅 컨설턴트&스페셜리스트(Marketing Consultant & Specialist)
2010~현재	코비스엔터프라이즈(CoBees Enterprise Ltd. & Holdings Inc.) 대표이사
2012~2020	Member at Tri-Cities Chamber of Commerce
2012~현재	Member of CKBA(Canada Korea Business Association)
	Canada Chamber of Commerce
2017~2021	월드옥타 캐나다 밴쿠버 제12, 13대 지회장
2022~2023	월드옥타 제21대 캐나다 지역(캐나다 6개 지회) 회장
2023~현재	월드옥타 제22대 윤리경영·미래발전·대외협력 부회장
2025~현재	Member at Burnaby Board of Trade
	BC MLA Business and Economic Leadership Council

캐나다를 넘어 글로벌로 가는 코비스엔터프라이즈&홀딩스

코비스엔터프라이즈는 캐나다에서 한국 주류와 전 세계 12개국 와인을 수입·공급하는 기업으로, 2010년 3월 24일 설립되었다. 본사는 브리티시컬럼비아주 밴쿠버에 위치하며, 캐나다 10개 주정부에 주류를 직접 공급·판매하고 있다.

지난 15년 동안 캐나다 시장에서 대한민국 주류 판매를 약 45배 이상 확대해왔으며, 현재 코비스엔터프라이즈를 비롯해 주류 수입·공급 회사 4개와 벤처캐피털·부동산 개발 회사인 코비스 H&L 홀딩스를 운영하며 지속적인 성장을 이어가고 있다.

코비스엔터프라이즈는 캐나다에서 한국 주류를 가장 많이 수입하는 기업으로, 캐나다 10개 주에 6개 지점을 운영하고 있다. 매년 20~50%의 성장을 지속하며, 현재 대한민국 7개 제조사로부터 맥주, 소주, 막걸리, 과실주 등 50여 종을 수입하고 있다.

특히 현지화 전략을 적극 도입해 고객의 80% 이상이 현지 소비자로 구성될 만큼 캐나다 시장에서 한국 주류의 입지를 넓혀왔다. 2020년 이후 와인 시장에도 본격적으로 진출해 현재 12개국 45개 와이너리에서 와인 200여 종을 수입하며, 각 주정부에 직접 공급하고 있다.

브리티시컬럼비아주 내 주류 수입업체, 와이너리, 마이크로 브루어리 950개 이상 중 지난 15년간 가장 빠르게 성장한 두 업체 중 하나로 손꼽히며, 지속적인 판매 성장을 기록한 유일한 회사다. 또한 2023년부터 자체 브랜드 '소주 스피릿(Soju Spritz)'을 개발·생산·판매하며 캐나다 전역으로 유통을 확대하고 있으며, 북미 시장 진출도 본격화하고 있다.

캐나다 韓 주류 공급 1위, '소주 스피릿' 브랜드 출시해 공략

코비스엔터프라이즈는 현지 소비자 타깃팅, 지속적인 신제품 출시, 브랜드 다각화, 전국적인 유통망 확장, 공격적인 영업·마케팅 전략, 자체 브랜드 개발, 생산과 출시 등을 통해 대한민국 주류 제품을 캐나다 시장에 확대하는 데 집중했다. 2015년 11월, 세계 최초로 유자맛 소주를 캐나다에 출시하며 현지 소비자들의 입맛을 사로잡았고, 이후 복숭아맛을 포함한 다양한 과일맛 소주 총 20여 종을 선보이며 시장을 확대했다. 그 결과, 코로나19 이후 일반 소주 판매량의 2배 이상을 기록하며 새로운 소비층을 확보하는 데 성공했다.

또한 2022년부터 자체 브랜드 개발을 준비해 2023년 RTD(Ready-to-Drink) 형태의 탄산 소주 '소주 스피릿'을 출시했다. 블랙체리, 복숭아, 망고, 파인애플 4가지 맛으로 시작해 성공적으로 시장에 정착했으며, 현재 4가지 맛을 추가 개발해 2025년 상반기 출시를 목표로 하고 있다.

코비스엔터프라이즈는 지속적인 신제품 출시, 자체 브랜드 개발과 출시, 와인 사업 진출, 투자회사 운영 등 자원, 산업, 전략적인 요인과 기업가 정신이 합쳐지면서 지난 15년간 급속한 성장을 했다.

창립 이후 주류 수입, 유통과 투자 사업을 확장하며 회사 매출을 83배 이상 성장시켰으며, 한국 소주의 캐나다 시장 점유율을 확대

이탈리아 베로나에서 열린 세계적인 와인 전시회 '빈이탈리(Vinitaly) 2022'

해 2011년 16.7%였던 한국 2위 소주 브랜드(MS 20% 미만)의 점유율을 2021년 63.4%까지 끌어올렸다. 이는 전 세계 80개국 중 유일하게 60% 이상을 기록한 사례다.

또한 건전한 재무 구조로 IMF(1997)와 글로벌 금융위기(2008) 등 두 번의 힘든 고통의 시기를 경험하고, 글로벌 회사인 오비맥주(AB-InBev Korea)를 퇴직한 이후에 창업한 현재 별도 회사 5개는 단 1달러의 은행 부채 없이 현금만으로 운영하며, 풍부한 캐시플로(Cash Flow)를 바탕으로 지속적인 제품 개발과 공격적인 마케팅을 진행하고 있다. 2020년부터 와인 사업에 진출한 후 2023년 자체 브랜드 '소주 스피릿'을 출시하며 사업 포트폴리오를 더욱 확장했다.

오비맥주 55년 역사상 최고의 영업·마케팅 실적을 기록하다

1987년 대학을 졸업한 후 두산그룹에 입사해 오비맥주에서 22년 간(1987~2008) 근무하며 영업, 마케팅, 공장, 본사·그룹 구조 조정 등 다양한 분야를 경험하면서 성장했다.

지점 총 15개, 공장 6개, 본사 3개 팀, 그룹 구조조정팀에서 근무하며 총무·인사·구매·생산·영업·마케팅·기획·재무 등 기업 운영 전반에 걸친 실무 경험을 쌓았고, 마지막 직책이었던 남서권역 본부장(상무, AB-InBev Korea: Global Director)으로서 한국 5개 도, 10개 지점, 직원 298명과 1조 5,000억 원 시장을 관리하며 오비맥주 55년 역사상 최고의 영업·마케팅 실적을 기록했다.

두산그룹이 세계 1위 맥주 기업 AB-InBev에 인수되기 전, 그룹 구조조정팀(Tri-C팀)에서 맥킨지컨설팅과 협력하며 두산의 전략적 전환 과정을 경험했다.

이 과정에서 박용만 그룹 회장(전 대한상공회의소 회장)과 함께하며 경영자 마인드셋, 인재 관리, 구조조정, 핵심전략, 변화와 창의적인 혁신 등에 대한 깊은 통찰을 얻을 수 있었다. 두산그룹은 이 시기를 거치며 식음료 그룹에서 중공업 분야로 전략적 전환하는 대한민국 경제사에 성공적인 구조조정의 역사적인 현장을 함께했다.

위기를 뛰어넘으니, 성과로 보답받다

오비맥주에서의 경력을 거치는 동안, 이사를 열다섯 차례하며 가족이 많은 어려움을 겪었다. 특히 1996년 미국 연수 후 과장 시절에 주식에 무리하게 투자했다가 IMF 때 전 재산을 잃고 부채까지 떠안는 위기를 겪었다.

위기 이후에 아이들 교육을 위해 2000년 영주권(독립이민 : 마케팅 컨설턴트, 스페셜리스트)을 취득해 아내와 두 아들을 먼저 캐나다로 보냈고, 주말도 없이 회사 업무에만 전력투구해 회사 내 동기들보다 평균 3~5년 빠르게 지점장과 임원에 승진한 이후 7년간 기러기 생활을 하며 오비맥주에서 최고 성과를 달성했다.

기러기 생활을 7년간 하면서 경영 관련 다양한 서적을 탐독하고 매일 조깅하고, 주말에는 마라톤과 등산으로 체력을 단련했다. 처음 참가한 풀코스인 조선일보 춘천마라톤을 3시간 56분에 완주했으며, 하프 마라톤에서는 46세에 1시간 28분이라는 기록을 세웠다.

2008년 퇴직한 후 캐나다의 가족과 합류하고 완전히 새로운 환경에서 사업을 시작했다. 트럭 운전부터 시작한 비즈니스는 도착 3주 만에 기존 경력을 내려놓았다. 기본에서 출발해 5톤 트럭을 운전하며 2년간 서부 캐나다 2,000여 개 업체에 직접 배송했다. 덕분에 물류 산업과 현장 경험을 익히며, 트럭킹 비즈니스를 통해 회사 운영에 대한 경험을 쌓을 수 있었다.

주류 수입사를 설립해 트럭킹 비즈니스를 운영하며 캐나다 각 주정부의 주류면허를 취득하고, 2011년 3월 30일 처음으로 카스맥주를 캐나다에 출시하며 본격적인 주류 수입업을 시작했다.

한국 제품 수입·통관 과정에서 캐나다 연방정부 세관법 개정 사례를 만들어 한국 제품의 통관 절차를 개선했다. 즉 2015년에 한국 주류 제조사들의 판촉물과 샘플을 수입하는 과정에서 캐나다 세관(CBSA)으로부터 모든 제품에 대한 압수 조치·벌금이 연속 3번 부과되는 사례를 경험한 후에 연방정부에 이를 제소했으며, 약 6개월간의 조사 과정을 거쳐 판촉물과 샘플에 대한 원산지 표기 예외 허용·비판매용으로 인정받아 별도의 관세(2015년 1월 1일 발효한 한국-캐나다 FTA 적용에 포함)나 상품세 없이 통관하는 관세 규정으로 이어져 캐나다의 낡고, 30년 이상 유지해온 세관법을 개선해 모든 업종의 한국 제품 선전품, 샘플 수입, 통관 절차를 간소화해 한국 상품 수입 활성화에 기여했다. 와인 사업으로 확장해 2020년 코로나19 팬데믹이 시작될 무렵 60대에 접어들었지만, 새로운 도전을 결심했다.

당시 코로나19 환자가 급증하던 이탈리아에서 2월 초 '바이 와인(Bye Wine)' 페스티벌(피렌체)에 참가한 후, 토스카나-베네토 지역 2,000킬로미터를 운전하며 와이너리를 탐방하고 와인 수입을 시작했다. 캐나다 주요 와인 페스티벌에서 인정받으며, 2022년 팬데믹 이후 재개된 제42회 밴쿠버 국제 와인 페스티벌(캐나다 1위, 전 세계 톱 10 와인 페스티벌)에 참가해 부스를 5개 운영하며 큰 성과를 거두었다. 특히 소믈리에와 와인 전문가들이 선정한 '올해의 올드 월드(유럽) 와인' 15개 중 4개에 선정되는 영예를 안았다.

한인 이민 문화에 크게 기여하다

캐나다에 이주한 후 사업 운영과 함께 한인·현지 경제 단체에서 활발히 활동하며 다양한 사회적 기여를 실천하고 있다.

전 세계 와인·주류 산업의 중심지 독일 뒤셀도르프에서 열린 '프로바인(ProWein) 2024'

한인 경제 네트워크를 구축하고 캐나다상공인협회, 한·캐상공인협회 등 현지인 단체에서 활동을 시작해, 한인 단체 중에는 유일하게 세계한인무역협회(World-Okta) 밴쿠버 지회에서 2011년부터 활동을 시작했다. 대한민국 중소기업 제품의 해외 시장에 진출하는 기회를 확대, 글로벌 경제 네트워크 활성화와 차세대 인재 육성 등에 기여하고 있다.

제12~13대 밴쿠버 지회장(2017~2021)과 제21대 집행부로 캐나다 대륙 회장(2021~2023, 캐나다 6개 지회), 제22대 집행부인 윤리경영·미래발전·대외협력 부회장(2023~2025), 차세대 리더 육성·지원으로 밴쿠버 지회장(2017~2021) 시절, 밴쿠버 차세대가 전 세계 70개국 150개 지회 중 최우수 지회로 선정되었다. 월드옥타 '차세대 라이징 스타' 2위와 미국 MIT에서 열린 글로벌 차세대 부트캠프에서 밴쿠버 차세대 대표가 1위로 선정되는 성과를 이루었다.

이민 사회 기여와 후원 활동의 일념으로 2008년 캐나다로 떠나며 스스로 세운 세 가지 목표를 실천하고 있다. 첫째, 비즈니스를 운영하며 성장하는 것. 둘째, 세금을 잘 그리고 많이 납부하는 것. 셋째, 한인·지역 사회에 기여하는 것.

지난 15년간 한인 사회와 공공기관에 후원·기부 활동을 지속하며, 한인 이민 문화를 한 단계 더 발전시키는 데 기여하고 있다. 앞으로도 캐나다 한인 사회의 지속적인 성장과 발전을 위해 더욱 적극적으로 지원할 계획이다.

코비스엔터프라이즈가 추구하는 핵심 가치와 목표

비전(Vision Statement)은 '더 큰 가치를 창출하고, 행복이 가득한 미래를 만들기 위해 큰 꿈을 꾼다(We dream big to create a future with more value and happiness)'이다.

미션(Mission Statement)은 '주류 산업, 투자, 개발과 가치 있는 라이프스타일을 위한 훌륭한 비즈니스를 만들어간다(We are building a great business for the great future in terms of liquor industry, investment, development, and valuable lifestyle)'이다.

혁신과 변화의 글로벌 선두주자 황선양 회장

코비스엔터프라이즈는 캐나다 최고의 주류 수입·공급사로 성장

캐나다 캘거리에서 열린 '로키 마운틴 와인 & 푸드 페스티벌(Rocky Mountain Wine & Food Festival) 2021'

하는 것을 목표로 하는 동시에 건전한 음주 문화를 정착시키고, 투자·개발을 통해 가치 있는 라이프스타일을 창출하는 훌륭한 기업으로 자리 잡고자 한다.

　리더로서의 경영 비전은 조직이 나아갈 방향을 명확히 제시하고, 구성원들과 함께 목표를 향해 나아가는 것이다. 이를 위해 솔선수범하며 비전을 실현할 전략을 수립하고, 조직을 효과적으로 이끌어가는 것이 중요하다.

　경영 비전은 단순한 목표 설정이 아니라 조직의 가치와 철학을 반영하고 장기적인 성공을 위한 로드맵을 구축하는 과정이다. 이를

캐나다 벤쿠버에서 열린 '홉스카치 페스티벌(Hopscotch Festival) 2023'

위해 모든 구성원이 목표를 이해하고 동참할 수 있도록 개방적이고 효과적인 커뮤니케이션을 통해 신뢰를 형성하는 것이 필수적이다. 또한 투명성을 강화하고, 구성원들의 성장을 지원하며, 성과를 인정하는 문화를 조성해야 한다.

　빠르게 변하는 시장 환경에서 지속 가능한 성장을 이루려면 변화와 혁신을 주도하는 경영 전략이 필요하다. 이를 위해 유연한 사고로 변화를 수용하고, 새로운 기회를 창출하는 능력과 경쟁력을 확보해야 한다. 또한 사회적 책임을 다하고 윤리경영을 실천하는 것도 기업의 지속 가능한 성장을 위한 필수 요소다.

결국 리더로서의 경영 비전은 조직의 나침반 역할을 하며, 구성원들에게 명확한 목표를 제시하고, 역량을 강화하며, 동기를 부여하는 것이 핵심이다. 이를 바탕으로 고객의 니즈를 반영한 서비스 제공, 제품 개발과 효율적인 전략 수립을 통해 지속적인 혁신과 성장을 하고, 가치를 창출하는 기업으로 발전해 나갈 것이다.

코비스엔터프라이즈는 한국 주류의 글로벌 시장 확대를 선도하고 있다. 우리는 고품질의 한국 주류를 소개하는 것은 물론 세계적으로 경쟁력 있는 와인과 독창적인 테루아(Terroir) 중심 와인을 캐나다 시장에 확산시키고 있다. 또한 전략적인 마케팅 프로그램을 통해 한국 주류의 인지도를 높이고, 소비자 접근성을 강화하는 데 기여하고 있음을 자랑스럽게 생각한다.

2010년에 설립한 이후 코비스엔터프라이즈는 대한민국을 대표하는 주류 수입사로 빠르게 자리 잡았으며, 지속적인 성장을 거듭하고 있다. 앞으로도 엄격한 품질 기준을 충족하는 와인들을 캐나다 시장에 소개하고, 자체 브랜드를 통해 혁신적인 제품을 개발할 것이다. 특히 북미 최초의 탄산 소주인 '소주 스피릿'을 개발·생산해 북미 시장 전역으로 확산·정착시키며, 지속 가능성(Sustainability), 혁신(Innovation), 다양성(Diversity)을 핵심 가치로 삼아 글로벌 시장에서의 입지를 더욱 강화할 것이다.

또한 차세대 한인 인재들이 글로벌 무대에서 성장할 수 있도록 지속적으로 지원할 것이다. 미래에 훌륭한 리더로 성장할 무한한 성장 잠재력과 가능성을 가진 젊음과 에너지, 열정과 용기가 있는 한인 1.5세, 2세, 3세 청년들의 잠재력을 발굴하고 육성해 그들이 대한민국의 가치를 세계에 알리는 리더로 성장할 수 있도록 적극적인 지원과 멘토링을 제공할 것이다.

앞으로도 코비스엔터프라이즈는 혁신적인 제품과 글로벌 시장 개척을 통해 한국 주류 산업의 새로운 기준을 세우고, 지속적인 성장과 발전을 이뤄 나가겠다.

코비스엔터프라이즈는 끊임없는 변화와 도전, 지속적인 혁신과 성장을 통해 가치를 창출하고 공유하는 기업 문화를 지향한다. 이를 위해 개방적인 소통과 현장 중심의 경영을 중시하며, B2B와 B2C 시

캐나다 벤쿠버에서 열린 월드옥타 '북미 차세대 창업 무역스쿨 2024'

장에서 신뢰를 구축하는 것을 최우선 과제로 삼고 있다. 또한 고부가 가치 브랜드 개발, 혁신적인 사고, 강력한 실행력을 바탕으로 경쟁력을 갖춘 인재를 영입하고, 자율적인 근무 환경 속에서 성과를 공유하는 문화를 만들어가고 있다.

코비스엔터프라이즈가 집중하는 기업 문화 요소로는 인재 개발과 성장 지원인 직원들이 열정을 가지고 지속적으로 성장할 수 있도록 적극적인 교육 기회를 제공하고 있다. 다양한 주류 박람회, 산업 관련 행사 참여를 장려해 직원들이 전문성을 키우고 자긍심을 가질 수 있도록 지원하고 있다. 팀원들이 자율적으로 업무를 추진하며, 변화를 즐길 수 있도록 개방적인 조직 문화를 유지하고 있다. 적극적인 참여와 협력을 통해 팀워크를 강화하고, 구성원들이 시너지를 창출할 수 있도록 격려한다.

캐나다 주류 시장은 정부 주도 유통 시스템을 기반으로 하지만, 우리는 디지털화된 유통 시스템을 도입해 효율성과 경쟁력을 향상시키고 있다. 지속적인 제품 포트폴리오 확장과 새로운 소비자 트렌드 반영을 통해 혁신적인 브랜드를 개발하고, 이를 시장에 성공적으로 안착시키고자 한다. 직원 만족도를 높이고 생산성을 향상시키기 위해 인사 관리 시스템을 개선하고, 복지·근무 환경을 지속적으로 업그레이드하고 있다. 긍정적인 영향과 신바람 나는 기업 문화를 조성해 직원들이 자부심을 가지고 일할 수 있는 환경을 만들어 나가고자 한다. 한마디로 코비스엔터프라이즈는 도덕성, 정직성과 지적 능력을 바탕으로 성숙한 리더십을 갖추고, 혁신적인 사고와 강력한 실행력으로 도전을 두려워하지 않는 기업이다.

한국의 미래 청년들에게 희망을 던진다

대한민국 경제의 미래는 혁신과 지속 가능성을 중심으로 발전해야 하며 첨단 기술, 친환경 성장, 창업 혁신, 글로벌 확장, 노동 시장 개혁이 핵심 키워드가 될 것이다. 이를 위해 정부가 솔선수범하고, 기업과 개인이 함께 혁신을 추진하며 새로운 기회를 창출하는 것이 필수적이다.

21세기 대한민국 경제의 지속적인 성장을 위해 더 많은 젊은이가 해외로 진출해야 한다.

대한민국은 비록 영토가 작고 자원이 한정적이지만, 세계적으로 경쟁력 있는 우수 인재들을 보유하고 있다. 젊은이들이 열정과 도전 정신을 바탕으로 세계 무대에서 활동하며 대한민국의 경제적 영향력, 즉 경제 영토를 확장하는 것이 중요하다. 이를 위해 대한민국의 올바른 역사관과 정체성을 바탕으로 글로벌 경쟁력을 갖춘 차세대 인재를 육성하는 것이 필수적이다.

기성세대와 각계 지도자들은 대한민국의 젊은이들이 세계에서 성장하고 가치를 창출할 수 있도록 지속적인 교육과 지원을 아끼지 않아야 한다.

앞으로도 대한민국 경제가 전 세계적으로 긍정적인 영향력을 미치고, 인류 발전에 기여하는 국가로 성장할 수 있도록 차세대 리더들을 적극적으로 발굴하고 육성하는 것이 중요하다. 기성세대가 사명감을 가지고 솔선수범하며, 지속적으로 젊은 인재들에게 기회와 지원을 제공해야 할 것이다.

회장
강성희

캐리어에어컨

경력	2008~2012	사단법인 한국자동차제작자협회 회장
	2013~2018	사단법인 표준인증안전학회 부회장
	2015~현재	대한장애인보치아연맹 회장
	2019~현재	사단법인 표준인증안전학회 특별자문
	2020~현재	한국냉동공조산업협회 회장
		중견기업연합회 부회장
	2022~현재	보치아국제스포츠연맹(BisFed) 고문

상훈	2005	신기술 실용화 부문 대통령상
	2008	은탑산업훈장 수훈
	2017	제11회 EY한영 최우수기업가상
	2019	체육훈장 '기린장' 수훈
	2021	기계로봇항공산업 발전 유공기업 대통령 표창
	2024	매경미디어그룹 대한민국 글로벌 리더 선정 12년 연속 수상

세상을 바꾸는 에너지 솔루션 기업, 캐리어에어컨

캐리어에어컨 강성희 회장이 디지털 전환 시대의 혁신적인 기술과 고효율 에너지 플랫폼을 통해 '세상을 바꾸는 에너지 솔루션 기업'을 표방하며 글로벌 리더로 주목받고 있다.

세계 최초로 에어컨을 발명한 이후 120여 년의 역사를 자랑하는 글로벌 캐리어와 함께 전 세계 냉난방 공조(HVAC) 산업을 선도하고 있다. 가정용 에어컨과 공기청정기의 맞춤형 제품부터 인천공항 1·2청사, 콘래드호텔, 여의도 파크원 등 대형 건물의 냉난방 공조, 고효율 에너지 절감 시스템인 인텔리전트 빌딩 솔루션 분야까지 아우르며 업계를 주도하는 입지를 확고히 하고 있다.

클라우드 빅데이터와 인공지능(AI)을 기반으로 빌딩 에너지 효율을 향상시키는 인텔리전트 빌딩 솔루션 '어드반텍'은 에너지 비용을 절감하고 탄소 배출량을 감소시켜 환경보호에도 기여하고 있다. 고효율 반도체 라인, 바이오 제약 공장 등 산업용 시설 전반에도 인텔리전트 빌딩 솔루션을 제공해, 국내외 공조 산업의 디지털 혁신을 이끌어가는 글로벌 리더로 성장하고 있다.

캐리어에어컨은 가정용 가전 분야에서는 인공지능 에어케어(PMV), OTA(Over The Air) 업데이트 등 다채로운 AI 기술로 사용자 맞춤 편리성과 에너지 효율성을 높인 디오퍼스와 AI와 인버터 기술을 결합한 중대형 인버터 냉난방기를 출시해 고객의 삶에 쾌적함을 한층 높이고 있으며, 친환경 에너지원으로 각광받고 있는 히트펌프 기술을 바탕으로 드라이룸, 클린룸, 스마트팜, 데이터센터 쿨링 시스템 등 다양한 분야로 사업 영역을 확대했다.

또한 소비자의 라이프 스타일 변화에 맞춰 1인 가구를 위한 맞춤형 라인업을 구축하고 구독 서비스를 제공하며, 전국의 브랜드숍, 권역별 전시장을 통해 온·오프라인 판매 채널을 혁신, 일상의 모든 순간 가운데 캐리어의 혁신적인 공조 기술을 제공하고 있다.

강성희 회장이 이끄는 캐리어에어컨은 창립 25주년을 맞이해 2025년 최첨단 디지털 기술 혁신과 초고효율 에너지 플랫폼을 통해 '세상을 바꾸는 에너지 솔루션 기업'으로의 사업 다각화를 추진하고 있다.

구체적으로는 세계 주요 국가들이 '2050 탄소중립 목표 기후동맹'에 가입하는 등 이산화탄소 감축에 관심이 높아지고 있는 글로벌 트렌드에 발맞춰 화석연료 보일러를 대체할 수 있는 히트펌프 기술을 사업 영역 확장의 기반으로 일찌감치 확보했다.

탄소배출권 거래 사업을 추진하고 있는 후시파트너스와 온실가스 관리·탄소배출권 사업 공동 추진을 위한 업무협약을 체결하고, 고효율 공조기기 도입으로 줄어든 에너지 사용량을 관리하고 온실가스 배출 감축량 산정 등을 진행할 계획이다. 이는 오텍캐리어의 고효율 설비 사용 고객의 혜택으로 환원될 예정이다.

적극적으로 탄소중립을 실현하고, 기후 위기에 선제적으로 대응해 나갈 것이며 인류의 지속 가능한 미래를 위해 온실가스 감축을 위한 고효율 제품 개발에 최선의 노력을 다할 예정이다.

'다배관 멀티 시스템'은 실외기 1대로 에어컨 최대 6대가 가능해 에너지 효율은 물론 공간 활용을 높인 혁신 제품이다. 최장 35미터의 배관 설계가 가능한 동시에 국내 실내기 최소 본체 높이(130밀리미터)로 설치 편의성을 높였다.

차세대 AI스탠드 에어컨 '디 오퍼스(The Opus)'는 에너지 효율성을 높이는 동시에 AI 기술을 더해 더욱 다양하고 수준 높은 기능을 제공하고 있다. 단순한 기능을 넘어 소프트웨어 중심의 디지털 서비스 OTA의 업데이트, 주변 환경 맞춤 AI 운전, 에너지 효율성을 높여 소비전력 최대 74%까지 절감이 가능한 PMV, 친환경 R32 냉매 적용 등으로 소비자 편의성을 증대한 것이 특징이다.

또한 극세 필터, HAF 필터, UV LED 살균, 나노이 제균, AI 건조 기능과 동결 세척 기능을 적용한 6중 공기 관리 시스템을 탑재해 냉방 기능 외에 공기청정기로도 활용 가능해 장마철, 황사 시즌 등 사계절 사용할 수 있다.

세계 최초로 에어컨을 발명한 캐리어와 세계 첫 분리형 인버터 에어컨을 개발한 도시바의 자본·기술 합작을 통해 탄생한 친환경 고효율 시스템 에어컨 솔루션을 한국 시장에 선보이고 있다. 맞춤형 설계가 가능한 SMMSu 대형 시스템 에어컨, 공간의 효율성을 높인 Compact S 시스템 에어컨 등 다양한 제품군으로 어떤 공간이든 최적의 맞춤형 설계가 가능하다.

캐리어에어컨은 지속 가능한 에너지 저감 솔루션 제공을 위해 매년 혁신적인 설계를 적용한 고효율 시스템, AI 스마트 솔루션 개발에 앞장서고 있다.

앞으로도 전 세계 기후 위기 해결과 무탄소 에너지의 글로벌 확산을 실현하는 에너지 솔루션 기업으로서 글로벌 냉난방 공조 시장의 패러다임을 바꿔 나갈 것이다.

2025년 캐리어에어컨 사업 전략

캐리어에어컨은 세계 최고의 기술로 에어컨을 넘어 에어 솔루션을 제공하고 에너지 효율성을 높이는 에너지 솔루션 기업으로서의 위상을 견고히 하려 한다. 기술 혁신 투자를 지속해 빌딩 솔루션, VRF, USX 친환경 고효율 제품들을 비롯해 탄소중립 대응 히트펌프, 복합 환기 시스템 등 고객이 원하는 제품을 선제적으로 출시해 업계 표준을 선도하는 당사 영역을 확고히 할 것을 다짐했다.

특히 강성희 회장은 ESG 경영에 힘쓰고 가치 소비 트렌드에 맞는 제품을 선보여 친환경 기업이 될 수 있도록 노력할 것임을 밝혔다. 친환경 ESG 경영을 통해 누구보다 빠르게 움직이고 변화하는 캐리어에어컨은 새로운 디지털 시대의 글로벌 리더로서 세상에 없던 디지털 신기술 역량을 펼쳐나가며, 환경과 사람을 생각하는 정도경영 실천으로 누구나 쾌적하고 행복하게 살 수 있도록 삶의 변화를 창조할 것이다.

공기조화 기술 부문에서는 전문화와 고효율화, 차별화에 집중하겠다는 의지를 밝혔다. 또 제품 라인업 강화와 빌딩 솔루션 고도화를 통해 토털 인텔리전트 빌딩 솔루션 기업으로 자리매김하겠다고 각오를 다졌다.

또한 판매·유통 조직을 강화하고, 오프라인과 온라인 채널의 동반 성장을 지속 추진한다. 신유통 플랫폼인 온라인 사업을 빠르게 강화하고, 자사 상품과 기술을 직접 체험할 수 있는 오프라인 프리미엄 전시장을 지역 거점에 순차적으로 확보해 판매 구조를 혁신하는 전략이다. 전문점 채널 또한 기존 전문점의 혁신, 새로운 지점 확대를 지원해 새로운 구조로 변화시킬 예정이다.

2025년에도 캐리어의 핵심 사업은 '지속적인 상품 개발'

강성희 회장은 혹독한 시련을 극복하고, 세상에 없던 모두가 원하는 새로운 솔루션을 만드는 '창조 경영'의 가치를 강조하며, '변하지 않으면 생존할 수 없다'라는 혁신 경영 신조를 바탕으로 기업을 이끌어왔다. 이러한 기업 철학으로 IMF 이후, 기업 운영 환경이 어렵던 시기에도 창업 2년 만에 코스닥에 상장하는 놀라운 저력을 보였다.

또 강성희 회장은 장기적인 관점으로 생각하고, 선택하고, 성장하는 것에 집중하며 미래 가치를 창조하는 데 집중하고 있다. 일례로 캐리어에어컨은 에어솔루션(Air-Solution) 기술을 제시하며 보다 많은 이가 청정한 실내 환경을 누릴 수 있도록 돕고 있다.

특히 미세먼지와 신종 코로나바이러스 감염증(코로나19) 문제가 심각해지자 강성희 회장은 2020년 기술연구소 산하의 공기과학연구소 내에 '바이러스 케어 연구소'를 신설하고, 코로나19를 비롯한 잠재적인 신종 바이러스의 전파 경로 차단, 살균 관리를 위한 솔루션 연구를 진행했다. 그 결과 코로나19 확산 방지에 실제적 도움을 줄 수 있도록 음압 기술을 적용한 구급차를 전국적으로 보급, 감염병 예방에 크게 기여했다.

또한 강성희 회장은 미래를 위한 과감한 투자를 진행해왔다. 세상에 없던 새로운 가치를 창조하기 위해 지금까지 총 1,500억 원 이상을 연구개발에 과감하게 투자해 혁신의 속도를 높여왔다. 캐리어에어컨은 정부출연연구기관인 한국기계연구원, 고려대학교 등과 손잡고 국책과제인 '차세대 신냉매 적용 히트펌프' 기술 개발 실증 실험에 돌입했다. 새로 개발된 친환경 대체냉매를 실제 시스템에어컨(VRF) 히트펌프에 적용할 수 있도록 시스템 최적화 기술을 개발하는 역할을 하고 있으며, 기존 냉매와 효율은 비슷하거나 더 좋으면서 지구온난화지수(GWP)는 낮고 불연성이며 안정성을 높이는 차세대 냉매를 개발하는 것을 과제 목표로 한다.

이처럼 강성희 회장은 기술적인 면에서부터 대한민국을 넘어 글로벌 시장까지 빠르게 위상을 높여왔다.

차세대 친환경 히트펌프 솔루션으로 에너지 혁신의 리더 등극

캐리어에어컨은 공기 중 열 흡수를 통한 효율적인 냉온수 생산으로 사용 에너지 대비 3배 이상의 성능을 갖춘 고효율 공냉식 '에코 히트펌프 솔루션(Eco Heatpump Solution)'을 자체 생산해 올해 5월 국내에 처음 선보이고 있다.

히트펌프 솔루션 분야의 성장 가능성에 주목하고, 냉난방 공조 시장에서 다년간 쌓아온 기술력과 시장 선도 역량을 바탕으로 자체 기술 개발을 통해 에코 히트펌프 솔루션을 제조, 출시하게 되었다.

이 제품은 사용 에너지 대비 3배 이상의 성능을 발휘하는 히트펌프 제품으로, 운영 비용을 절감하는 동시에 탄소 배출을 저감하는 친환경 냉난방 솔루션이다.

특히 겨울철 외기 −5~20℃에서 최대 58℃ 고온수 공급이 가능한 한랭지 특화 설계 제품으로 듀얼 드레인 패널과 결빙 방지 히터를 적용한 3중 제상수 배출 시스템을 채택해 신뢰도를 한층 높였으며, 안정적이고 효율적인 히트펌프 운전이 가능하도록 물 균등 분배 저수조 시스템을 채택했다.

캐리어에어컨은 자체 기술로 개발한 히트펌프 제품을 본격 출시하면서 디지털 혁신 기반의 초고효율·친환경 기술을 통해 '제로에너지' 구현에 앞장선다는 계획이다.

오존층 보호를 위해 친환경 냉매를 적용함으로써 온실가스를 더욱 줄이고 냉난방으로 인한 환경 영향 최소화, 에너지 효율 극대화에 보다 집중한다는 것이다. 특히 에너지 절감을 위한 다양한 기술을 함께 개발함으로써 불필요한 에너지 소비를 줄이고 외부 에너지 의존도를 낮춰 궁극적으로는 제로에너지를 통해 탄소 중립을 적극적으로 실현할 수 있다는 것이다.

에너지 효율성과 경제성, 한랭지 특화 성능, 효용성과 설치 편의성 부분에서 탁월한 성능을 갖춘 캐리어에어컨의 에코 히트펌프 솔루션은 전 세계적인 이상기후 현상에 대처하기 위해 빠르게 성장 중인 스마트팜은 물론 어떤 극한 환경에서도 안정적인 냉난방 설비가 요구되는 산업현장 등 다양한 수요처에 최적의 해법을 제시할 수 있을 것이다.

캐리어에어컨이 자체 생산하는 친환경 고효율의 차세대 에코 히트펌프 솔루션

'데이터센터 냉각 솔루션' 시장 정조준

캐리어에어컨은 에너지 솔루션 시장 톱 플레이어인 '글로벌 캐리어(Carrier Global Corp)'와 기술 협력으로 데이터센터 냉각과 PUE 저감 솔루션을 국내에 공급하며 시장 점유율 확대에 나서고 있다.

시장조사기관 마켓스앤마켓스의 올해 5월 'HVAC 시스템 시장 보고서'에 따르면, 전 세계 HVAC 시스템 시장 규모는 2024년부터 2029년까지 연평균 6.7%의 성장률을 보이며 2029년까지 3,899억 달러에 달할 것으로 예상된다.

글로벌 캐리어의 디지털 솔루션은 데이터센터 시설을 냉각, 모니터링, 유지 관리, 분석·보호해 친환경 건물 표준, 지속 가능성 목표를 충족하고 지역 온실가스 배출 규정을 준수하도록 지원한다. 캐리어의 데이터센터 인프라 관리 도구인 Nlyte 플랫폼은 어드반텍 플랫폼과 연동시켜 데이터센터 내에서 실행되는 HVAC 장비, 전력 시스템과 서버·워크로드 간 자세한 정보를 공유하며, 데이터센터의 가동시간을 개선하기 위한 인프라 제어를 제공한다.

이러한 글로벌 캐리어의 개별 솔루션들은 고성능 HVAC 장비, 데이터센터 인프라 관리(DCIM) 도구·빌딩 관리 시스템과 함께 솔루션 포트폴리오 전반에 통합돼 데이터센터 운영자가 전력을 덜 사용하고 운영비용과 수익성을 개선할 수 있도록 지원한다.

글로벌 캐리어는 지난해 비스만그룹의 자회사인 비스만 클라이밋 솔루션을 인수해 지능형 기후·에너지 솔루션 부문을 강화한 바 있다.

캐리어에어컨은 글로벌 에너지 솔루션 시장에서 지속적으로 입지를 확대하고 있는 글로벌 캐리어와 협력을 통해 RDHX(Rear Door Heat Exchanger), D2C(Direct to Chip), 액침 냉각(Immersion Cooling) 등의 솔루션을 준비 중이다. 액침 냉각은 현재 설치, 유지 관리·투자의 어려움을 고려해 특수 용도에 한정적으로 고려하고 있으며, 가장 현실적 솔루션인 D2C 액체 냉각 방식이 냉각 솔루션의 주류가 될 것으로 예측해 개발 투자에 주력하고 있다.

유럽연합은 국가 에너지 및 기후 계획에 따라 2030년까지 에너지 효율을 높이기 위해 장기 전략을 세워서 노력하고 있고 전 세계 흐름에 맞춰 글로벌 키 플레이어 캐리어와 협력해 데이터센터를 비롯한 산업 전반에서 에너지 절감과 탄소 절감을 이루기 위한 방안을 강구하고 있다.

독보적인 히트펌프 기술을 적용한 스마트팜

캐리어에어컨은 고효율 히트펌프 기술을 적용한 스마트팜 솔루션 보급 사업에도 적극 나서고 있다.

캐리어에어컨이 보유한 고효율 냉동 공조 시스템은 사계절 냉난방과 더불어 급탕, 수축열, 빙축열 시스템이다. 기존 흡수식 냉온수기 대비 최대 40%까지 에너지를 절감할 수 있다. 특히 냉동기, 보일러, 냉각탑이 시스템 하나로 구성된 올인원 통합 냉난방 시스템 공기열 히트펌프 냉동기 'USX-엣지(Edge)'가 핵심 제품으로, 이는 한국농기계공업협동조합에 '농기계'로 등록된 제품이기도 하다.

실외기와 실내기가 하나로 구성된 'AI 히트펌프 보일러 고온수 일체형'도 주요 제품이다. 설치 면적 폭과 제품 중량을 감소시켜 공간 효율을 높였다. 최근 호텔이나 리조트, 체육 시설과 농장, 양식장, 사우나 등 다양한 산업군에 보급하고 있다.

캐리어는 작년 정부가 추진한 '농업 에너지 이용 효율화 사업'의 일환으로 국내 스마트팜 4대 대표 혁신밸리(경상북도 상주시, 전라북도 김제시, 전라남도 고흥군, 경상남도 밀양시)에 히트펌프 보일러, 공기열 히트펌프 냉동기를 보급하며 스마트팜 분야에서도 선도적 입지를 과시한 실적을 보유하고 있다.

차별화된 냉난방·공조 기술을 바탕으로 스마트팜 시장에서 최적의 환경을 제공하는 솔루션을 선보이고 있으며 앞으로도 지속적인 연구개발과 협업을 통해 스마트 농업의 발전을 선도하겠다는 비전을 가지고 있다.

캐리어는 ESG 경영의 일환으로 에너지 절감 기술을 확대하고, 친환경 냉매 적용과 탄소 배출 저감 기술을 강화해 지속 가능한 농업과 탄소중립 실현에 기여할 계획이다.

독보적인 히트펌프 기술을 적용한 드라이룸·클린룸·스마트팜

클린룸과 드라이룸은 산업 분야에서 필수적인 공간으로 인정되는 제품의 품질과 안전을 보장하는 중요한 설비로 자리매김했다. 특히 반도체, 전자, 의약품, 정밀 기계, 2차 전지의 제조와 생명과학 연구, 바이오 기술, 항공우주 산업 등에 사용되는 주요 첨단 산업으로 주목받고 있다.

지난해 클린룸과 드라이룸의 글로벌 시장 규모는 총 10조 5,000억 원으로 연평균 성장률이 10%에 달한다. 그중 해외 시장 규모는 8조 5,000억 원, 국내 시장 규모는 2조 원으로 추산된다. 또한 국내 클린룸·드라이룸 시장은 매년 3조 원 이상의 규모를 형성할 것으로 예상한다.

국내외에서 클린룸·드라이룸 산업이 급격히 성장하고 있는 가운데 캐리어에어컨은 올해부터 국내 15대 국가첨단산업단지 조성 사업을 비롯한 국내 중소형 프로젝트를 시작으로 2026년까지 글로벌 대형 프로젝트 수주를 다수 확보한다는 계획이다.

캐리어에어컨 히트펌프 기술을 적용한 전북 김제 스마트팜

　캐리어에어컨은 자체 첨단 기술력을 바탕으로 클린룸과 드라이룸 설계부터 제작, 설치, 유지보수까지 이어지는 원스톱 토털 솔루션을 제안해 해당 산업의 효율성과 편의성을 극대화할 수 있다는 경쟁력을 확보하고 있다.

　캐리어에어컨은 클린룸·드라이룸 시공 시, 전체 공사비에서 약 10% 이상의 비용 절감 효과를 낼 수 있는 특화 설계 기술을 보유하고 있으며, 클린 풍량 절감과 고성능 설계 기술로 에너지 솔루션을 제안한다. 기존 클린룸보다 한층 더 엄격한 기준으로, 슈퍼 클린룸으로 분류되는 CLASS10(0.5μm)과 DP -60℃의 드라이룸 설계 기술을 보유하고 있는 것도 특징이다.

　캐리어에어컨의 강성희 회장은 정밀 제조 산업과 주요 첨단 산업에 필수적인 클린룸과 드라이룸 사업을 선도하며 글로벌 기업으로의 초석을 마련할 계획을 밝혔다. 또한 미래 경쟁력 확보와 지속 가능한 성장을 위한 비즈니스 확장을 예고했다.

개방·협력·상생으로 4차산업 융·복합 시대 관통하는 사업 확대

캐리어에어컨의 강성희 회장은 신성장동력 사업인 IBS(Intelligent Building Solution)로 사업을 확장했다. IBS는 냉난방·공기·엘리베이터·보안·조명 등 빌딩 내 모든 설비를 건물 구조에 맞게 설계해 최대한 낮은 전력으로 높은 효율을 끌어내 전력 통합 관리를 가능하게 하는 스마트 빌딩 솔루션이다.

이처럼 사업을 확장할 수 있었던 이유는 캐리어에어컨이 개방과 협력, 상생 경영 방침에 따라 세계적인 글로벌 공조 시스템 기업인 글로벌 캐리어와 기술 공유를 통해 어드반텍(AdvanTEC) 알고리즘을 도입했기 때문이다.

어드반텍은 IBS 실현의 핵심 기술로 건물 종류와 특성에 따라 실내를 쾌적하게 유지하면서 에너지를 효과적으로 절감하는 스마트 기술이다. 인공 신경망 제어 알고리즘으로 운동 이력, 실시간 빌딩 부하, 외기, 온습도 조건, 설비 운전 특성 등을 종합해 학습 모델을 구현하며, 솔루션 구축 현장과 캐리어에어컨 연구소, 글로벌 캐리어를 통신으로 연결해 실시간 모니터링도 가능하다. 캐리어에어컨은 인천국제공항, 여의도 IFC, 국립중앙박물관, 킨텍스 전시장, 인천공항 1·2청사, KTX 고속열차, 원자력 발전소 등 국내 주요 랜드마크에

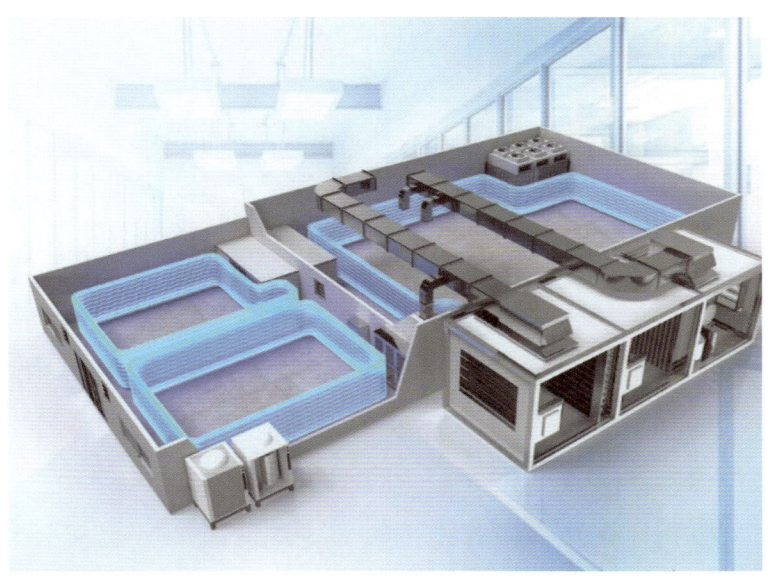

캐리어에어컨 클린룸, 드라이룸

IBS를 적용한 공조 시스템을 공급한 바 있다.

이러한 성공 사례를 바탕으로 최근 서울 최대 규모의 백화점인 '더현대 서울'에 공조 시스템을 설치하는 등 국내 유수의 호텔과 기업체에 비즈니스를 확대해 나가고 있다.

또한 국내 대형 엔지니어링회사, 건설사와 협력해 해외 현지 공장에 냉동기 등 IBS 제품을 공급하고 설치하는 형태로 중국·중동 등 해외 시장을 개척하고 있다.

특히 모든 산업이 융··복합되는 시대를 맞아 모회사인 ㈜오텍을 비롯해 캐리어에어컨, CRK(캐리어냉장), 오텍오티스파킹시스템 등 오텍그룹의 그룹사 간 핵심 기술·우수 인력의 교류를 강화하고, 인공지능(AI), 사물인터넷(IoT) 등으로 대표되는 차세대 신기술을 전 제품 라인업에 적용해 시너지를 확대하고 있다.

강성희 회장과 캐리어에어컨의 동행과 나눔의 여정

강성희 회장은 '글로벌 일류 모범 기업'이 가져야 할 덕목으로 맹목적인 성장보다는 전 인류가 함께 상생하고, 소외된 이웃에게는 따뜻한 희망을 주는 기업 활동에 중점을 두고 있다. 이에 캐리어에어컨은 노약자, 소외 계층, 장애인을 향한 관심과 지원이라는 그룹 경영 철학을 적극 실천하며 다양한 사회공헌 활동을 전개하고 있다.

캐리어에어컨은 올해로 12번째 '2025 캐리어에어컨 MTN 루키 챔피언십'을 개최하고 있다. 이는 한국 여자 프로 골프 저변 확대와 신인 선수 발굴을 위해 KLPGA 최정예 루키 선수 12명이 출전하는 대회이다.

2020년 오텍캐리어 챔피언십을 통해 첫 KLPGA 투어 경기를 개최, 코로나19로 전 국민이 어려움을 겪고 있는 시기에 골프대회를 통해 함께 위기를 극복하고자 하는 마음으로 개최한 해당 대회는 철저한 방역과 안전한 진행은 물론 오랜 사회 공헌 철학이 담긴 이벤트를 진행해 큰 찬사를 받았다.

또한 강성희 회장은 뇌성마비 장애인을 위해 고안된 특수 구기 종목인 '보치아'와 보치아 국가대표팀도 2009년부터 16년째 후원하고 있다. 한국 보치아는 1988년 서울 패럴림픽부터 2024년 파리 패럴림픽까지 10회 연속 금메달의 신화를 쓰게 했다. 강성희 회장은 보치아 발전에 기여한 공로를 인정받아 2015년부터 제4대 회장에 추

2025 캐리어에어컨 MTN 루키 챔피언십

대된 데 이어 제7대 대한장애인보치아연맹 회장을 역임하고 있다.

또한 장애인과 비장애인이 함께 참여할 수 있는 국내 대회를 다수 개최한 바 있으며, 국내 선수들에게 다양한 기회를 제공하기 위해 국제 대회 유치에도 힘쓰고 있다. 캐리어에어컨은 그동안 아시아 최초의 보치아 세계대회인 2015 서울 국제오픈대회, 2019 서울 아시아-오세아니아 지역선수권대회를 개최함으로써 대한민국 보치아의 위상을 재정립한 바 있다.

특히 강성희 회장의 대한장애인보치아연맹은 2026 세계보치아선수권대회를 대한민국 서울 유치를 확정해 대한민국은 패럴림픽, 세계선수권대회, 아시아·오세아니아 선수권대회, 세계 오픈대회 4개 대회를 전부 유치한 아시아 최초 그랜드슬램 국가로 이름을 올렸다.

2026세계보치아는 대한민국 선정 이유를 대한장애인보치아연맹 강성희 회장의 투명하고 모범적인 장애인 단체 운영과 대한장애

대한민국 보치아 국가대표 패럴림픽 10연패 쾌거를 달성한 선수단 귀국에 맞춰 환영식을 열어 격려하는 강성희 회장

인체육회와의 긴밀한 협조, 캐리어에어컨의 적극적인 한국 보치아 종목 지원 등이라고 밝혔다. 특히 이번 대회는 장애인 선진국인 네덜란드와 치열한 경합 끝에 유치를 확정한 것으로 알려져 그 의미가 깊다.

이에 더해 선수들이 국제대회에서 탁월한 기량을 발휘할 수 있도록 국제 대회 적극 참여와 다양한 우수 선수 육성에 전력을 다하고 있다. 2018년에는 평창동계올림픽, 패럴림픽 조직위원회와 '교통약자의 안전하고 편리한 수송을 위한 MOU'를 체결하고, 대회 유치부터 폐막까지 장애인 등 교통약자의 수송 역할을 자처하며 국제 행사의 성공적인 진행을 도왔다.

개막 전 열린 성화 봉송 기간 총 108일 동안 성화 봉송 주자 300여 명에게 이동 편의를 지원했으며, 대회 기간 중 운전원 300여 명에게 차량 점검·교육을 지원하는 등 안전 수송을 위한 다양한 서비스를 제공했다.

그 결과 강성희 회장은 2019년 9월, '2018년 평창동계올림픽·패럴림픽' 성공 개최의 공로를 인정받아 유공자 포상에서 대통령 훈장인 '기린장'을 수상하기도 했다.

캐리어에어컨은 2022년에는 국내 최초 관립으로 설립된 국립서울맹아학교와 시각 장애 학생 교육 환경 개선을 위한 상호 교류 협약을 체결했다. 이를 통해 국립서울맹학교에 물적 자원을 지원함으로써 교육 환경을 개선하는 데 이바지했을 뿐 아니라 임직원들이 함께하는 교육활동 지원 자원봉사를 병행해 지역 사회 나눔을 실천했다.

앞으로도 강성희 회장은 캐리어에어컨이 글로벌 기업으로 도약하고 있는 만큼 사회공헌 활동의 규모와 분야도 점차 키워나간다는 계획이다.

HIMPE
숨쉬는집

대표이사
김정환

힘펠　　　　　　　　　　　HIMPEL

경력
- 1989~2000　진도정밀화학 사장
- 2000~현재　　힘펠 대표이사
- 2006~현재　　화성상공회의소 상임의원
- 2016~현재　　세계맑은공기연맹 이사
- 2020~현재　　한국환기산업협회 부회장
- 　　　　　　　한국실내환경학회 이사
- 2021~현재　　한국산업기술진흥협회

상훈
- 2012　중소기업 유공자 '제조 부문' 국무총리 표창
- 2016　제23회 기업혁신대상 산업통상자원부 장관 표창
- 2018　벤처창업중소기업유공자 중소벤처기업부 장관 표창
- 2019　산업기술진흥 공로 대통령 표창
- 2020　대한민국녹색경영대상 산업통상자원부 장관 표창

환기 산업의 혁신을 주도해온 힘펠

1989년 설립된 힘펠은 창업 초기 주방가구, 서랍장, 손잡이 등 가구 부품을 주로 만들었다. 일상의 사소한 편의에 집중했던 그 시절, 창업자는 점차 깨닫게 되었다. 사람들의 생활을 진짜로 바꾸는 것은 눈에 보이지 않는 '공기의 질'이라는 사실을. 1993년, 힘펠은 '환기'라는 익숙하지만, 불편한 영역에 주목했다. 욕실의 탁한 공기, 환기 설비의 소음과 고장, 비위생적인 환경. 그 문제를 해결하기 위해 해외 기술을 벤치마킹해 터보팬 구조를 적용한 욕실 환풍기를 개발했고, 이를 시작으로 시장에서 차별화된 기술력을 인정받기 시작했다.

그 시작은 작았지만, 철학은 분명했다. "숨 쉬는 집은 기술이 아니라 삶의 기본이어야 한다." 아파트 고층화와 주택 고급화가 가속화되던 시대, 우리는 저소음과 강력한 흡입력을 동시에 갖춘 욕실 환풍기를 선보이며, 쾌적한 실내 환경의 기준을 바꿔 나갔다. 특히 힘펠 고유의 '정풍량' 기술은 환기 배관의 저항이나 외부 저항에도 흔들리지 않는 일정한 풍량을 유지하며, 환기 기술의 본질에 가장 가까운 해답이 되었다. 고기밀 전동 댐퍼는 외부 냄새와 역풍을 차단하며 '깨끗한 공기의 완결성'을 더했다.

이후 욕실 환풍기는 단계를 거치며 진화했다. 1세대는 단순한 환기에서 출발했고, 2세대는 성능의 정밀함을, 3세대는 사용자 편의와 다기능을 갖춘 '욕실 환기가전'으로 발전했다. 설비를 넘어선 가전, 기능을 넘어선 생활. 그것이 힘펠이 환풍기를 다루는 방식이다. 그 진화의 중심에는 욕실 환기가전 '휴젠뜨'가 있었다.

2012년 첫선을 보인 이후, 환기·온풍·제습·드라이 기능을 하나로 통합하며 욕실 공기의 새로운 정의를 제시했고, 음악, 음성 안내, 습도 연동 등 감성적인 기술로 확장되었다. 2025년 4월, '휴젠뜨 노바'는 디자인의 고급스러움을 담아내며 욕실 공간의 품격을 높였고, IoT 기술을 적용한 '휴젠뜨2 IoT'는 스마트홈과 연결되는 환기가전의 미래를 제시했다. 세계 최초 10단 풍량 제어의 '제로크 프라임', 온풍 기능을 추가한 '제로크H'는 우리가 추구하는 기술 혁신의 현재이자 미래다.

세계로 향한 환기 기술, 힘펠의 글로벌 도전

글로벌 환기가전 전문 기업 힘펠은 'K-환기가전'의 기술력을 앞세워 해외 시장 개척에 박차를 가하고 있다. 아시아, 유라시아, 중동 등 총 17개국 20여 개사와의 거래를 통해 수출 기반을 다져왔다.

2024년부터는 해외 시장의 효율적 운영을 위해 새로운 전략 체계를 도입했다. 시장 매력도와 힘펠 경쟁력을 축으로 하여 '힘펠 글로벌 마켓 인덱스(Global Market Index)'를 개발하고, 전 세계 국가를 수확(Harvesting), 육성(Nurturing), 씨앗(Seeding) 시장으로 구분하고, 시장 환경에 부합하는 차별화된 시장 전략을 펼치고 있다. 이를 기반으로 기존의 욕실 환풍기 중심 수출을 넘어, 고부가가치 열회수형 환기 제품(ERV, 시스템 환기청정기)으로 수출 중심축이 이동하고 있다.

최근 국제 무역의 지정학적 리스크 관리와 글로벌 제품 경쟁력

힘펠 본관

확보를 위해 글로벌 사우스(Global South) 시장 공략과 유럽 시장 확대라는 투트랙(Two-Track) 전략을 전개하고 있다. 또한, B2B·B2C 수출을 확대하며, 축적된 레퍼런스를 고객관계관리(CRM, Customer Relationship Management) 네트워크를 통해 확산하는 중이다.

  해외 사업 성공의 열쇠는 기술력만이 아니다. 각국 제도와 시장 특성에 대한 깊은 이해 또한 필수다. 이에 힘펠은 해외 사업을 본격화하기 시작했던 2024년부터 '지역 담당제'를 도입해 실무자들이 지역 전문가로서 성장할 수 있도록 운영하고 있다. 더불어 국내 사업 중심의 가치사슬 체계를 글로벌 사업 전개에 유연하게 대처할 수 있도록 조직을 정비하였고 또한, 모든 해외영업 담당자에게 '세일즈 엔지니어'라는 책임을 부여해 기술과 영업을 겸비한 인재 양성에 집중

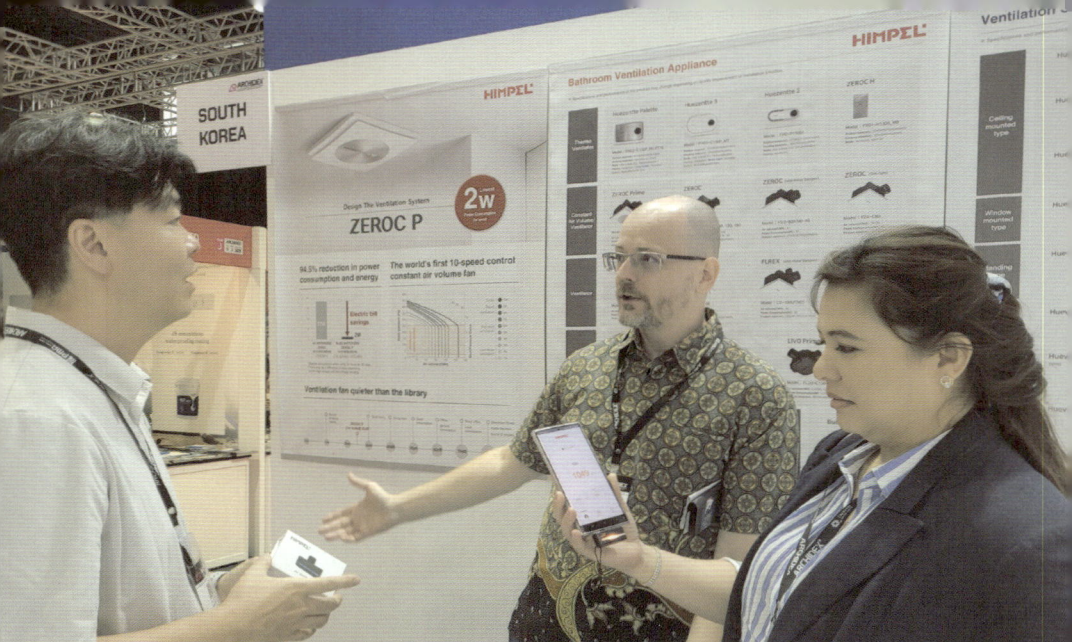

힘펠이 해외 전시에 참가해 환기청정기 제품에 대해 참관객에게 설명하고 있다.

하고 있다.

힘펠의 지역 전문가들은 각국 파트너와 함께 공동 전시회, 교육, 마케팅을 수행하며 다층적인 글로벌 네트워크를 구축해가고 있다. 거래처 대상 제품 교육과 AS 지원, 온·오프라인 CRM 채널 강화, 수출 프로세스 개선 등의 과제를 유기적으로 수행하며 해외 영업 역량을 한층 강화하고 있다.

또한 2025년 4월 산업통상자원부의 '월드클래스 플러스 프로젝트 지원사업'에 선정되어, 수출용 열회수 환기시스템(HRV)을 본격 개발 중이다. 유럽과 CIS 지역에서 주로 쓰이는 HRV 제품은 국내에서 주력인 ERV와는 다른 현열 방식으로 수출 전용 제품 개발이 필수적이다. 힘펠은 전열·현열 겸용 구조, 독일 PHI 인증, 유럽 에너지

라벨 A등급 취득, 110~240V 프리볼트 지원 등을 목표로 설정하고, 유럽 및 CIS 시장 공략을 위해 준비 중에 있다.

이처럼 '월드클래스 환기가전' 수식어에 걸맞도록 기술력, 인증, 제품 현지화, 시공, AS까지 전 주기를 고려한 힘펠만의 해외 영업 체계를 구축해 나가고 있다. 세계 시장을 향한 힘펠의 도전은 지금 이 순간에도 진행 중이다.

경험을 제안하고, 삶을 바꾸는 환기 라이프스타일

힘펠은 지난 36년간 오직 '환기'라는 한길만을 걸어왔다. 욕실 환풍기로 시작한 힘펠의 환기가전은 거실, 주방, 드레스룸, 현관 등 집 안 전체의 공기질을 아우르는 '토털 환기 솔루션'으로 진화해왔다. 건설사와 함께한 협업, 소비자들과의 소통을 통해 힘펠의 환기가전은 B2B와 B2C 모두에서 탄탄한 존재감을 키워가고 있다.

건설 시장의 고급화 흐름에 따라 힘펠은 환기가전을 단순한 법적 설비가 아닌 프리미엄 옵션으로 끌어 올리는 전략을 실행해왔다. 대형 건설사와의 기술 협력을 통해 환기 성능과 에너지 절약을 동시에 잡은 제품들을 개발하고, 다양한 주거 유형에 맞춘 맞춤형 환기솔루션을 제공해왔다.

대표적인 제품 중 하나인 시스템 환기청정기(전열교환기)는 국내 주요 공동주택 현장에 적용되며 힘펠의 기술력을 입증하고 있다. 건설 시장의 최신 트렌드에 발맞춰 고효율, 에너지 절감, 저소음이 가능한 전열교환 기술을 지속적으로 개선해왔다. 힘펠이 단순한 환기 설비 공급 업체가 아닌, 건설사와 함께 공기질 중심의 주거문화를 만들어가는 전략적 파트너임을 보여준다.

힘펠은 건설사와의 제품 공동개발에도 노력해왔다. 한 예로 최근 DL이앤씨와 공동 개발한 '디 사일런트 후드'는 정풍량 기술과 포스트 퍼지 기능을 적용해 주방 환기의 패러다임을 바꾸며, 기존 대비 최대 20dB까지 소음을 낮추는 등 주방 공간의 쾌적성을 획기적으로 개선하여 장영실상을 받기도 했다.

이외에도 환기, 온풍, 제습, 건조 기능을 갖춘 프리미엄 욕실 환기가전 '휴젠뜨'는 많은 건설사와 소비자의 선택을 받고 있다. 이 제품은 주요 프리미엄 아파트 단지에 설치되어 입주자의 주거 만족도를

힘펠 김정환 대표가 베트남 현지에서 시스템 환기청정기 설치 현장을 둘러보고 있다.

힘펠 환기가전 라인업

높이는 데 기여하고 있다.

 이러한 흐름은 힘펠의 지속적인 연구개발과 주거환경에 대한 통찰이 결합된 시장 지향적 제품 개발의 결과물이라고 할 수 있다.

 한편 B2C 시장에서는 소비자와의 접점을 넓히는 데 주력해왔다. TV홈쇼핑과 대형마트, 백화점 등을 통해 온라인과 오프라인을 넘나드는 경계 없는(Seamless) 브랜드 경험을 제공하고 있다. CJ온스타일, 힘펠몰 등과 같은 모바일 라이브 방송에서는 육아, 인테리어 트렌드에 민감한 소비자들에게 휴젠뜨를 일상 필수템으로 소개하며 높은 관심을 모으고 있다.

 또한 전국 100여 곳의 대리점과의 상생 네트워크를 기반으로 한 체계적인 유통망과 소비자가 직접 환기가전을 체험할 수 있는 홍보관 확대가 대표적이다. 힘펠은 전국 30여 곳에 체험형 홍보관을 설치해 소비자들이 휴젠뜨 등 주요 환기가전을 직접 보고, 기능을 체험하고, 상담까지 받을 수 있는 구조를 구축했다. 특히 욕실 환기가전을 시작으로 시스템 환기가전, 주방 환기가전, 생활 에어가전 제품을 전시해 '숨 쉬는 집'을 위한 새로운 라이프스타일을 제안하고 선도해 나가고 있다.

이러한 소비자 중심 전략은 브랜드 가치로도 이어졌다. 힘펠은 한국소비자포럼과 브랜드키(Brand Keys)가 공동 주관한 '브랜드 고객충성도 대상'에서 2년 연속 환기가전 부문 1위를 수상했다. 고객 경험 기반으로 브랜드 신뢰, 추천 의도, 재구매 의도 등 핵심 평가 항목에서 모두 경쟁사보다 높은 점수를 받으며, 믿고 추천할 수 있는 브랜드로 자리매김했다.

힘펠의 지속 가능한 친환경 환기 솔루션 실천

힘펠은 ESG 경영을 실천하며, 친환경 환기 솔루션 개발에 앞장서 왔다. 대표 제품인 '시스템 환기 청정기'에는 친환경 재질 EPP를 적용해 제조 단계부터 환경을 고려했다. 이 제품은 냉난방 에너지의 최대 82%까지 회수해 에너지 절감과 탄소 저감 효과를 높였다.

2019년에는 국내 최초이자 유일의 제로에너지 팩토리(Zero Energy Factory)를 준공했다. 이 공장은 전기 사용량이 많은 공장임에도 불구하고 에너지 자립률 29.43%로 제로에너지건축물 5등급 인증을 받았다. 또한 패시브 기술(고단열, 고기밀 단열), 액티브 기술(시스템 환기 청정기, 태양광), 모니터링 시스템(태양열 생산량/공장에너지 사용량)을

힘펠 김정환 대표(왼쪽 첫 번째)가 '2021 탄소중립 녹색경영 기념식'에서 대통령 표창을 받았다.

적용해 기존 공장 에너지 소요량보다 53%를 절감해 에너지효율등급 1++ 등급을 획득했다.

이 같은 친환경 경영 실천을 인정받아 2021년 탄소중립 녹색경영 대상에서 대통령 표창을 받은 바 있다. 나아가 친환경 혁신의 상징성을 바탕으로 2024년 '화성 지역 기후환경협의체' 출범식이 힘펠 본사에서 열렸다. 이 협의체 출범은 지역 기후변화 대응과 ESG 경영 확산에 힘쓰겠다는 의지를 나타내는 중요한 행사였다.

또한 힘펠은 환기의 중요성을 알리기 위해 '그린홈컨설턴트' 양성, 무료 실내 공기질 컨설팅, 임직원 대상 공기질 진단 캠페인 등 다양한 활동을 펼치고 있다. 특히 코로나19 시기에는 '올바른 환기 프로젝트'를 통해 소상공인에게 스탠드형 환기 시스템 '휴벤S'를 무상 지원했다. 이 시스템은 실내외 공기 순환, 초미세먼지와 바이러스 저감, 에너지 절약 등으로 매장 환경 개선에 기여했다. 또한 2020년 어린이집에 코로나19 확산 예방을 위해 시스템 환기청정기를 후원한 바 있으며, 2025년 2월에는 환경부와 기업 15개가 참여한 어린이집 실내 공기질 개선 업무협약에도 동참해 환기 설비를 지원해 건강한 교육 환경 조성에 지속적으로 힘쓰고 있다.

이외에도 건강한 지역 사회 조성을 위한 식목 행사, 헌혈 캠페인, 사랑의 열매 기부 등 다양한 활동을 이어가고 있다. 힘펠은 제품 개발부터 사회공헌까지 전 과정에서 친환경 가치를 실천하며 지속 가능한 환기 솔루션 산업을 선도해 나갈 것이다.

부여군

학력
- 1982　　　　부여고등학교 졸업
- 1990　　　　동국대학교 정치외교학과 졸업

경력
- 2001~2008　　시민활동가
- 2010　　　　　충청남도 정책특별보좌관
- 2013~2014　　충청남도 정무부지사
- 2017　　　　　더불어민주당 중앙당 부대변인
- 2018~2020　　더불어민주당 공주시부여군청양군 지역위원장
- 2018~2022　　제38대 충청남도 부여군수
- 2022~현재　　제39대 충청남도 부여군수
　　　　　　　더불어민주당 충남도당 수석부위원장

함께 만드는 더 큰 부여

부여는 123년 백제의 수도였던 역사 도시이며, 1,500년 동안 국호에서 지명으로 이어져 내려오는 매우 특별한 의미를 가진 지역이다. 박정현 부여군수가 이끄는 충청남도 부여군이 민선 7기 토대 위에서 '함께 만드는 더 큰 부여'를 기치로 새로운 시대정신을 담아 행복한 부여, 희망의 부여를 위해 힘차게 출발했다.

이러한 부여는 어느덧 민선 8기 막바지를 향해 달려가며, 미래를 향한 심도 있는 발전 전략을 수립하고 부여군을 이끌 신성장동력에 총력을 기울이고 있으며, 지속해서 변화하는 모두가 살고 싶은 도시 부여를 위하여 신산업으로 성장하는 강소 도시 조성과 백마강 국가정원 조성을 통해 부여다움을 담은 정원 도시를 조성해 기후변화 시대에 가장 살고 싶은 도시를 만들 계획이다.

부여군은 2022년 7월 1일 박정현 부여군수가 민선 8기 군수에 취임하면서 비전을 '함께 만드는 더 큰 부여'로 정하고, 민선 7기에서 계획하고 시작한 정책들을 완성해 나가고 적극적이고 공격적으로 기업과 투자를 유치해 '인구 7만, 생활 인구 10만 자족도시'를 목표로 하고 있다.

이러한 비전 아래 5대 성장동력으로 농림축산, 문화관광, 산업경제, 환경친화, 국정 시책을 구상해 부여군은 (1) 살기 좋은 농촌, (2) 문화관광 특화, (3) 도약하는 경제, (4) 함께하는 복지, (5) 지역 맞춤 발전, (6) 지속 가능한 미래를 위한 6대 세부 목표를 세우고, 이를 착실히 이행해 나가는 데 행정력을 집중하고 있다.

부여군청 모습

　부여군은 충청남도에서 최초로 제14회 다산목민대상에서 대통령상을 수상했으며, 전국 최초 공동체 순환형 굿뜨래페이 도입, 전국 기초자치단체 최초 사회성과보상사업 시행, 충청권 최초 농민수당 도입 등 부여만의 색깔이 깃든 독창적이고 창의적인 정책으로 좋은 평가를 받고 있다.

　또한 전국 716개 기관을 대상으로 한 공공기관 종합청렴도 평가에서 3년 연속 최고 등급을 달성했다. 이는 전국에서 3개 기관뿐이며, 충청권에서는 유일한 성과이다.

　농특산물 공동브랜드 굿뜨래는 14년 연속 국가브랜드 대상을 받는 등 그동안 대외 기관뿐 아니라 군민들에게 약속한 군정 6대 성과목표 분야에도 다양한 성과를 이루었다.

지방 소멸 가속화에 따른 농업 구조 변화에 선제적 대응

부여군을 포함한 전국 대부분의 농촌 지방자치단체는 인구 감소와 고령화가 심화하고 있다. 이에 부여군에서는 도시 공간 구조를 확장해 나갈 수 없는 상황으로 면소재지의 인프라 시설을 토대로 공공형 임대주택을 건립해 인구 밀집화·규모화를 추진하는 '부여형 압축 도시'를 준비하고 있다.

또한 부여군은 인구 감소와 고령화 사회로의 전환으로 인해 농업 구조 변화에 발 빠르게 대응하기 위해 전국 최대 부여 스마트농업 혁신도시 조성과 청년농촌보금자리 조성사업에 공모 신청 선정되어 사업을 추진하고 있다.

유기농산업 복합서비스 단지 조성, 굿뜨래푸드 종합타운 조성, 농

국가유산야행 개막식(정림사지 일원)

산부산물 자원화 시설 설치, 외국인 근로자 기숙사 조성, 지방소멸대응기금 확보로 청년 농업인을 위한 인프라 구축에 필요한 예산을 확보해 사업 추진 중이다.

전국 지방자치단체 최초로 추진하고 있는 해외농업특화 단지도 씨감자 대량 생산과 벼 재배 시범단지 조성으로 소기의 성과를 내고 있다. 아울러 국내 최고의 농산물 브랜드 부여군 굿뜨래 10품 중 7개 품목이 생산량 전국 1위를 기록하는 등 높은 점유율을 보이고 있다.

다양한 관광 프로그램을 통해 관광객 400만 명 시대 개막

부여군은 2024년 대한민국 역사 축제인 백제문화제와 여름 대표 축제인 서동연꽃축제에서 관광객 150만 명을 유치해 지역 경제는 물론 관광 산업에 새로운 활력을 불어넣었다. 여기에 더해 체류형 관광, 생활 인구 확보를 위한 워케이션을 도입했으며, 공유 오피스 3개소를 개소해 일과 여가를 동시에 즐길 수 있는 공간 마련으로 새로운 형태의 관광 트렌드를 만들어가고 있다.

그리고 세계유산 백제역사유적지구 정림사지의 담장을 낮추어 전통과 현대, 사람이 한데 어우러진 역사 문화 도시 부여의 이미지를 재탄생시켰다.

또한 이렇게 개방된 문화유산을 활용해 문화유산 야행·미디어아트·세계유산축전 3대 행사를 성공적으로 개최했다.

이러한 문화유산을 바탕으로 다양한 볼거리, 즐길거리, 먹거리 등을 제공해 부여군은 문화유산 활용 부문 글로벌 도시 브랜드 대상, 아시아 피나클 어워즈 수상 등 우리 문화유산의 가치가 국내를 넘어 세계적으로 나아가고 있다.

부여형 기업 유치와 육성으로 새로운 성장동력 확보

부여군은 민선 8기 취임과 동시에 투자유치 전담 조직과 인력을 구성하고 500억 원 규모의 부여군 최초 글로벌 기업 유치를 끌어냈다. 현재 토지·건물 매입으로 1차 150억 원 투자를 완료했고, 공장·

부여군 공동 브랜드 굿뜨래 14년 연속 대한민국 국가 브랜드 대상 수상하는 모습

2023 글로벌 도시브랜드 대상 시상식

근로자 기숙사 신설을 위해 순차적인 투자가 진행 중이다. 부여군 경제성장의 기반이 될 일반산업단지는 사전 행정절차를 완료하고 2028년 준공을 목표로 사업 추진 중이고, 부여일반산업단지와 은산2산업단지를 연계해 기회발전특구 지정도 추진하고 있다.

이외에도 지역 여건에 맞는 상생협력 일자리 컨설팅 지원, 사회적 경제 협업 체계 구축을 통해 2023 전국지방자치단체 일자리 대상 목표 공시제 부문에서 최우수상을 수상했으며, 공동체 상생 순환형 지역화폐 굿뜨래페이는 지역사랑상품권 우수사례 평가에서 대통령상을 받으며 지역경제 활성화 정책의 본보기가 되고 있다. 단순한 결제

수단을 넘어 생활 플랫폼으로 자리 잡을 수 있도록 직거래 플랫폼, AI 기능을 구축하는 고도화 작업도 추진하고 있다.

지속 가능한 내일을 위한 견고한 초석 마련

국가에서 시행하는 지방소멸대응기금 사업에서 부여군은 최고 등급 선정으로, 2022년 72억 원, 2023년 96억 원, 2024년 144억 원 총사업비 312억 원을 확보했다.

부여군은 지역 여건과 환경 분석을 토대로 혁신적이고 독창성 있는 사업들로 구성해 지방 소멸에 적극 대응했으며, 당대는 물론 미래 세대의 환경을 위한 유기성폐자원 통합처리시설 사업 추진의 기틀을 마련했다.

또한 환경부 통합 바이오가스화 시설 사업 공모 선정으로 사업비 471억 원을 확보했으며, 미래 산업을 이끌어갈 바이오 센터 조성 공모사업에 선정되어 사업비 130억 원을 확보했다. 바이오매스 기반 핵심 기술 개발과 실증 기반을 만드는 사업으로 2027년까지 시험대(TestBed)가 구축될 예정이다.

부여군은 지역인재 육성과 지원을 통한 미래 성장 인력 확보에도 힘쓰고 있다.

고등학생 대상 진로·진학 입시 컨설팅을 지원하고, 굿뜨래장학금을 연 2회로 확대 시행 중이며, 국내외 연수비도 지원 중에 있다. 충남대학교와 지역통합캠퍼스 사업을 통한 찾아가는 미래 교육 프로그램을 운영해 큰 호응을 얻고 있다.

생애 특성별 맞춤형 지원과 돌봄서비스 강화

군민의 곁에서 힘이 될 수 있는 정책 추진으로 아동·여성·고령 친화 도시를 조성했다.

저소득층 아동·청소년의 자립 성장을 위한 드림 서포트 사업으로 학원비, 자격증 취득비 등 매월 최대 10만 원을 지원하고 있으며, 사회보장 사업 신설 협의를 통해 충청남도 최초 12세 남자 HPV 무료 예방접종 시행, 출산 가정의 경제적 부담을 덜어주기 위한 산후조리 비용 지원 사업을 본격 추진하고 있다.

고령화율이 40%가 넘는 부여군 현실에 맞춰 어르신들을 위해 행복한 노년의 경제적 자립을 돕고자 노인 일자리 사업을 대폭 확대하고 부여군 노인 인구의 20% 이상이 노인 일자리 사업에 참여하고 있다.

보호자가 없어 병원 방문이 어려운 어르신을 대상으로 홀몸 어르신 병원동행 서비스를 전면 시행 중이며, 저소득층 어르신 임플란트 지원 사업과 더불어 국가를 위한 희생과 공헌에 보답하는 다양한 보훈 선양 사업으로 보훈 수당 인상, 독립 유공자 후손 주거 환경 개선, 현충 시설 기념 공원 2개소를 준공 완료했다.

권역별 맞춤형 개발 사업으로 지역 발전의 토대 마련

농림축산식품부와의 농촌협약 체결을 통해 사업비 391억 원을 확보하고 새로운 미래 농촌 공간 전략을 마련했다. 또한 충남형 마을

백제문화제

만들기 사업 선정 조성, 충남형 마을만들기 사업 선정 등 지속 가능한 농촌 지역 발전을 도모하고 있다.

원예 농가에 깨끗한 물 공급을 위한 규암지구 논 범용화 용수 공급체계 구축 사업을 추진 중이다. 향후 부여지구, 장암·세도 지구도 사업비를 추가 확보해 안 또한, 장암·석성 간 금강대교 설치 사업(409억 원)은 2027년까지 완료 계획이다.

지속 가능한 미래를 위한 혁신

최근 들어 정부의 긴축재정과 세수 부족으로 인해 지방교부세에 의존하는 부여군은 재정 운영의 섬세함이 더 필요한 시점이 되었다.

이에 부여군은 지방 재정이 열악해질 것을 예상하고 선제적으로 자구책을 마련했다. 민선 7기부터 시작한 모든 정책의 우선순위를 정하고, 공약사업·역점사업의 순기를 조정했다. 아울러 부여군 미래 사업의 계속성에 통합재정안정화기금 349억 원을 투입했다.

한정 재원을 어떻게 활용하느냐에 따라 미래 성장동력을 마련할 수도 있고 지역의 성장이 정체될 수도 있기에 관행화된 예산을 과감히 탈피해 재정 어려움을 극복, 지속 가능한 미래 발전을 위해 군민과 함께 부여의 새로운 미래를 만들어가고 있다.

박정현 부여군수는 "삶을 지속하려는 자만이 연장을 준비한다"라며 "군민과 함께 역경을 이겨내고, 함께 성과를 이루며, 함께 변화를 만들어가겠다"라고 말한다. 의지를 다지는 박정현 군수가 이끄는 앞으로의 부여군 미래가 더 기대된다.

사장
백경훈

제주특별자치도개발공사

학력
- 1981　명지고등학교 졸업
- 1991　동국대학교 회계학과 졸업

경력
- 1990　한국토지주택공사 입사
- 2011~2014　한국토지주택공사 기획조정실 부장
- 2015　한국토지주택공사 재무처 처장
- 2016~2017　한국토지주택공사 기획조정실 실장
- 2018　한국토지주택공사 서울지역본부 본부장
- 2018~2020　한국토지주택공사 주거복지본부 이사
- 2020　한국토지주택공사 기획재무본부 부사장
- 2023~현재　제주특별자치도개발공사 사장

상훈
- 2012　국토해양부장관 표창
- 2017　대통령권한대행 표창

제주를 위한 공기업

제주특별자치도개발공사(이하 제주개발공사)는 제주특별자치도의 지속 가능한 발전과 도민 복지 증진을 목표로 1995년 설립한 공기업이다. 제주개발공사는 설립 목적을 실현하기 위한 공공사업을 수행하고 있으며, 특히 제주의 청정 지하수를 보호하고 이를 활용한 먹는샘물 사업을 통해 지역 경제 발전에 기여하고 있다.

1995년, 국내에서 '먹는물관리법'이 제정되면서 생수 시장이 본격적으로 형성됐다. 제주도는 천혜의 자연환경과 우수한 지하수 자원을 활용한 공공사업의 필요성을 인식하고 제주개발공사를 설립해 먹는샘물 사업을 추진했다. 이후 철저한 환경영향평가와 수질 검증을 거쳐 1998년, 국내 최초의 공기업이 생산하는 생수 브랜드 '제주삼다수'를 출시했다.

현재 제주개발공사는 먹는샘물 사업을 포함해 지역 사회와 연계한 다양한 공익사업을 운영하며, 지속 가능한 지역 발전과 환경 보호를 위한 노력을 지속적으로 확대하고 있다.

도민과 함께, 제주와 함께

제주개발공사는 먹는샘물 사업, 공공임대주택 사업, 지역개발 사업, 감귤 가공 사업, 인재 지원 사업 등 다양한 사업을 추진하며 제주 지역 사회 발전과 도민 복지 증진에 기여하고 있다. 이를 통해 공사는 단순한 공기업의 역할을 넘어, 제주도민이 체감할 수 있는 실질

제주개발공사 전경

적인 주거 안정과 지역경제 활성화에 중점을 두고 사업을 운영하고 있다.

공공임대주택 사업으로 도민들의 주거 안정을 도모하고, 공급 유형과 방식을 다각화해 보다 폭넓은 주거 지원을 제공하고 있으며, 공공주택 통합 관리 시스템을 단계적으로 구축해 원스톱 주거복지 서비스를 실현하고 있다.

지역개발 사업 부문에서는 화북2 공공주택지구, 하원 캠퍼스 도시첨단산업단지 조성 사업 등 정책 사업 내 적극적 참여를 통해 공공 디벨로퍼로서 역할 강화와 지역 경제 활성화, 도민 복지 증진을 목표로 체계적인 도시 개발과 기반 시설 확충을 이어가고 있다.

감귤 가공 사업 부문에서는 가공용 감귤의 품질 규격화를 추진하고, 생산 설비를 개선해 수율과 품질을 향상시키는 데 주력하고 있다. 이를 통해 제주 감귤 산업의 경쟁력을 높이고, 농가 소득 증대에도 기여하고 있다.

이외에도 제주개발공사는 지속 가능한 사회공헌을 실천하며, 현재까지 경영수익의 약 44%에 해당하는 3,949억 원을 사회에 환원하며 도민과의 상생을 이어가고 있다. 제주개발공사는 앞으로도 제주의 지속 가능한 발전과 도민의 주거복지 증진을 위한 다양한 공공개발 사업을 적극 추진하며, 도민과 함께 성장하는 공기업으로서 역할을 더욱 강화해 나갈 계획이다.

지속 가능한 미래를 위한 생산·패키지 혁신 가속화

제주삼다수는 친환경 생산 체계를 강화하며, 재생 원료 적용 확대, 무라벨 제품 생산 증대, 용기 경량화 등을 통해 지속 가능한 생수 시장을 선도하고 있다.

특히 올해 1월에는 전 제품의 무게를 약 12% 줄이며 친환경적 생산을 가속화하고 있다.

최근 환경부의 자원재활용법 개정안 발표에 따르면, 2026년부터 페트병 플라스틱 재생 원료 의무 사용 대상이 확대되며, 먹는샘물과 음료 제조업체도 재활용 지정 사업자로 포함된다. 제주삼다수는 용기 경량화와 재생 원료 적용을 선제적으로 준비해왔으며, 법 개정에

삼다수 용기 경량화 모습

맞춰 친환경 생산 체계를 더욱 강화할 계획이다.

이와 함께 제주삼다수 친환경 제품의 생산 인프라를 고도화하기 위해 친환경 스마트 팩토리(L6) 구축을 본격적으로 추진하고 있다. 2025년 착공 후 2027년 준공을 목표로 진행하는 L6를 통해 최신 자동화 설비를 도입해 생산 효율성을 높이고, 친환경 공정 시스템을 도입해 탄소 배출량 저감 효과를 극대화할 예정이다.

안정적인 공급망과 효율적 물류 체계 구축

제주삼다수는 제품 전량을 제주도에서 생산하기 때문에 기상 변화, 선박 물류 등 외부 변수에 의해 공급이 영향을 받을 수밖에 없다. 이에 수도권 물류거점센터 운영 효과를 분석하고, 내륙 물류거점 추가 구축을 검토하는 등 공급망을 더욱 안정적으로 구축하기 위한 노력을 이어가고 있다.

또한 온라인 시장이 급성장하는 흐름에 발맞춰 유통 체계를 최적화하고 있으며, 유통채널 특성에 맞는 맞춤형 판매 전략을 수립해 권역별 유통망을 더욱 강화할 예정이다.

아울러 물류 혁신을 위해 VMS(Visual Logistics Management System)를 도입해 물류 운영 현황을 실시간 모니터링하고, 데이터 기반의 효율적 의사결정을 지원하는 체계를 마련하고 있으며, 향후 물류 자동화 창고 구축을 단계적으로 추진해 유통 과정의 효율성을 더욱 높여갈 계획이다.

제주삼다수, 31년 시간을 담은 물

제주삼다수는 지하수 보호와 지속 가능한 수자원 관리 강화를 위해 첨단 기술을 활용한 취수원 연구를 고도화하고 있다. 특히 창립 30주년을 맞아 제주삼다수의 지하수 연령이 31년임을 공식 발표하며, 한라산 국립공원 해발고도 1,450미터 이상 지역에서 형성된 지하수가 31년 동안 자연 여과를 거쳐 깨끗하게 보존된다는 점을 강조해 차별화된 브랜드 가치를 구축할 계획이다.

또한 자체 개발한 인공지능(AI) 기반 지하수위 예측 기술을 시험 운영하고, 최신 기술을 적용한 취수원 통합 데이터 관리 시스템(i-SGMS)을 고도화해 더욱 정밀한 수자원 관리 체계를 마련할 예정

함께한 30년, 우리 공사는..

제주개발공사 30년 성과

이다.

이러한 취수원 관리 기술의 우수성은 국제수자원동맹 등 글로벌 평가 기관의 검증을 통해 인정받을 예정이며, 제주삼다수는 앞으로도 과학적이고 체계적인 연구를 바탕으로 취수원의 가치를 지속적으로 발굴하고 보호해 나갈 계획이다.

30주년 맞아 사회공헌 사업 강화

제주개발공사는 창립 30주년을 맞아 사회적 책임을 더욱 강화하며, 지역 인재 육성과 주거복지 지원을 확대하고 있다. 특히 도내 저소득층 학생과 스포츠 꿈나무 인재를 지원하는 장학사업을 운영하며, 제주 출신 수도권 대학생들을 위한 맞춤형 주거복지까지 다양한 분야에서 실질적인 지원을 이어가고 있다.

도내 최대 규모의 장학사업인 '제주삼다수재단 장학사업'을 통해 중·고등학생, 대학생, 스포츠 꿈나무 등 학생 200명 이상에게 지역 인재 생애주기별 장학금을 지원하며, 도내 고등학생 대상 '제주삼다수 환경 리더' 글로벌 연수를 추진해 미래 인재들이 국제적인 시각을 갖출 수 있도록 돕고 있다.

또한 제주도 장애인체육회와 협력해 장애인 체육 활성화 사업을 운영하고, 제주도체육회와 함께 '제주삼다수 체조단'을 위탁 운영하는 등 지역 스포츠 산업 활성화에도 기여하고자 한다.

제주개발공사는 앞으로도 지역 사회와 함께 성장하는 기업으로서 지역 인재 양성, 교육 기회 확대, 주거복지 등 다양한 사회공헌 활동을 지속적으로 강화해 나갈 계획이다.

'우리가 믿는 물' 제주삼다수

국내 생수 시장은 브랜드 300여 개가 치열하게 경쟁하는 가운데, 소비자들은 단순한 물맛뿐만 아니라 품질까지 꼼꼼히 따지는 시대가 되었다. 생수는 무색·무취라 모두 같은 맛일 것이라 생각하기 쉽지만, 수원지, 미네랄 함량, 생산 방식 등에 따라 각기 다른 특성과 맛을 지닌다.

독보적인 물맛으로 먹는샘물 시장에서 27년째 시장 점유율 1위를 지키고 있는 제주삼다수는 특별한 물맛의 비결로 제주도 한라산 단일수원지에서 생산된 청정한 원수와 철저한 수질·품질 관리 시스템을 꼽았다.

제주삼다수 단일 취수원 모습

적절한 미네랄 밸런스로 부드럽고 청량한 물맛

물맛은 칼슘, 나트륨, 마그네슘 등 미네랄의 조성과 균형에 따라 달라진다. 미네랄이 풍부한 '경수'는 묵직하고 깊은 맛을 내며, 미네랄 밸런스가 우수한 '연수'는 부드럽고 깔끔한 맛이 특징이다.

제주삼다수는 화산암반수로 만들어진 국내 대표 '연수' 먹는샘물로, 균형 잡힌 미네랄 조합 덕분에 물맛이 맑고 청량감이 뛰어나며, 차를 우릴 때나 커피를 내릴 때도 본연의 맛과 향을 한층 돋보이게 해준다.

제주삼다수는 한라산 단일수원지에서 만들어진 화산암반수로, 한라산 국립공원 내 해발고도 1,450미터 지역에 내린 빗물이 지하로 스며들어 생성된다.

제주 현무암층과 화산송이층이라는 천연 필터를 18년 이상 통과하면서 불순물은 걸러지고 칼슘, 마그네슘, 실리카, 바나듐 등 건강에 좋은 천연 미네랄 성분을 풍부하게 함유한 청정 원수로 탄생한다.

제주삼다수의 물맛은 국제적으로도 인정받고 있다. 2025년 국제식음료품평회(ITI)에서 업계 최초로 8년 연속 3스타 등급을 획득하며 탁월한 품질을 입증했다. 제주삼다수는 첫인상, 비주얼, 향, 맛, 여운 등 모든 항목에서 높은 평가를 받으며 세계적인 생수 브랜드로 자리 잡았다.

한라산 단일수원지 '제주삼다수'

물맛을 결정짓는 또 다른 중요한 요인은 '수원지'다. 같은 브랜드라 하더라도 여러 수원지에서 생산할 경우, 물맛이 일정하지 않고 서로 달라질 수 있다.

대부분의 시판 생수는 주문자 위탁 생산(OEM) 방식으로 제조하므로 동일한 수원지에서 나온 물이 여러 브랜드명으로 유통되거나 한 브랜드 제품이라도 수원지가 다를 수 있다.

반면, 제주삼다수는 한라산 단일수원지에서만 취수해 생산하므로 수원지 주변 환경과 수질을 철저히 관리하며 최상의 품질을 유지한다. 제주삼다수를 생산하는 제주개발공사는 삼다수의 생산을 목표로 설립된 국가기관이다. 국가사업으로 생수를 제조하는 유일한 공기업이라는 점에서 생수 품질 관리에 있어 남다른 신뢰를 제공한다.

또한 국내 생수 브랜드 중 유일하게 '먹는물연구소'를 운영하며, 취수원 보전과 수질 연구뿐만 아니라 수자원·물 산업 전반에 대한 연구개발을 지속하고 있다. 2021년에는 환경부로부터 국가공인 먹는 물 수질검사기관으로 지정돼 국내 지하수·생수 품질 검사를 수행하고 있다.

이처럼 철저한 품질 관리 노력 덕분에 제주삼다수는 출시한 이후 단 한번도 수질 변화가 없었으며, 항상 일정한 물맛을 유지하고 있다.

또한 미국 FDA와 일본 후생성 등 국제 공인기관의 검사를 통과하며 세계적으로도 수질의 우수성과 안전성을 인정받고 있다.

청정 제주에서 시작되는 최상의 품질

제주삼다수 공장은 한라산 국립공원에 인접한 조천읍 교래리에 있으며, 깨끗한 자연환경 속에서 안전하고 신뢰할 수 있는 생수를 생산하고 있다. 고객들에게 삼다수의 품질 관리와 생산 과정을 투명하게 공개하기 위해 사전 예약제로 운영하는 공장 견학 프로그램도 마련돼 있다.

특히 스마트 팩토리 견학로에서는 글로벌 수준의 첨단 설비를 통해 제주삼다수가 만들어지는 과정을 직접 확인할 수 있다. 500밀리리터 전용 생산 라인인 L5 스마트 팩토리는 취수부터 포장, 출고까지 전 과정을 자동화한 시스템으로 운영하며, 1초에 21병, 분당 1,270병을 생산하는 세계적 규모의 설비를 갖추고 있다.

한라산 해발고도 1,450미터 지역에서 취수한 원수는 한 차례 여과 작업을 거쳐 저장 탱크에 모은 다음 미세먼지와 미생물을 제거하는 단순 여과와 자외선 살균 과정을 거쳐 깨끗한 상태로 포장한다. 병입, 검사, 라벨 부착, 포장·출고 과정까지 모두 자동화되어 외부 이물질 혼입을 원천 차단하며, 페트병과 뚜껑까지 공장에서 직접 생산해 품질 완성도를 더욱 높이고 있다.

아울러 제주개발공사는 지난해 9월 제주삼다수 제3취수원을 준공하며 품질 관리 체계를 한층 강화했다. 최신 공법과 설비를 도입한 제3취수원은 7~10호 취수정으로 구성된 취수공 4개와 감시정 8개를 갖추고 있다.

지하 420미터에서 원수를 끌어올리는 취수공과 수위 변화, 지하수 상태를 실시간 모니터링하는 감시정을 통해 철저한 관리를 한다. 준공 후 2년간 수질 검증을 거쳐 2026년부터 이곳에서 취수한 물을 판매할 예정이다.

지속 가능한 미래를 위한 제주삼다수의 친환경 경영

제주개발공사는 2021년 친환경 경영 비전인 '그린 홀 프로세스(Green Whole Process)'를 발표하고 생산부터 수거, 재활용까지 제품 전 과정을 친환경으로 진행하는 사업 모델을 구축하며 친환경 경영에 앞장서고 있다.

제주삼다수는 플라스틱 사용량을 줄이기 위해 페트병 경량화를 지속 추진하고 있다.

제주개발공사 먹는물연구소 모습

지난 1월 전 품종의 용기 무게를 약 12% 줄이는 데 성공했으며, 이를 통해 연간 약 3,400톤의 플라스틱 절감과 8,000톤의 탄소 배출 감축 효과가 기대된다.

2027년 완공 예정인 'L6 친환경 스마트 팩토리'는 무라벨 제품과 재생 페트 등 친환경 제품 전용 생산라인으로 구성된다. L6 공장을 가동하면 기존 대비 생산 능력이 1.5배 증가해 연간 약 150만 톤의 생산량을 확보할 수 있을 것으로 예상한다. 이는 급증하는 국내외 수요에 효율적으로 대응하는 동시에 친환경 제품에 대한 소비자 요구를 충족하는 데 중요한 역할을 할 것이다.

L6 공장은 제주삼다수의 친환경 경영 비전을 실현하는 핵심 인프라로, 친환경 제품 생산 기반을 강화하고 지속 가능한 경영을 한 단계 더 발전시키는 전환점이 될 것으로 기대한다.

대표이사
손정현

스타벅스코리아

학력	1991	고려대학교 무역학과 졸업
	1999	펜실베이니아대학 와튼스쿨(The Wharton school, University of Pennsylvania) 대학원 졸업

경력	2015	신세계아이앤씨 지원담당 상무
	2019	신세계아이앤씨 IT사업부장 전무
	2020	신세계아이앤씨 대표이사
	2022~현재	스타벅스코리아 대표이사

세계 최고의 커피에 한국 감성을 입히다

지난 26년간 고객들의 요구에 귀를 기울이며 세계 최고의 커피에 한국 감성을 입히고 새로운 커피 문화를 이끌어온 스타벅스코리아는 커피를 판매하는 곳을 넘어 인간적인 관계와 감성이 소통하는 경험을 함께 제공하고자 노력하고 있다. 환경적·사회적 문제 해결에도 적극적으로 동참해 ESG 경영을 강화하며 고객이 신뢰하는 기업으로 성장했다. 지속 가능한 미래를 위해 지역 사회와 교감하며 차별화된 커피 문화를 선도하는 스타벅스코리아의 성장에 기대가 모아진다.

지속적인 혁신과 차별화된 커피 트렌드로 업계 선도

스타벅스코리아는 연령·성별·학력·장애 여부에 차별 없는 채용을 통한 열린 직장을 추구하고 있다. 1999년 1호점 오픈 당시 파트너 40명으로 시작해 현재 전국 매장 약 2,000개에서 파트너 2만 3,000여 명을 모두 직접 고용하고 있다.

개인 역량 강화에 맞는 다양한 교육 프로그램을 제공해 커피전문가를 양성하고 차별화된 커피 문화를 선도하는 지속 성장을 위한 경쟁력을 강화하고 있으며, 장애인·중장년·경력단절·소상공인 등 취업 취약계층의 일자리 지원에 앞장서고 있다. 2023년 하반기부터는 차별 없는 열린 채용 일환으로 동종업계 최초로 외국인 바리스타 공개 채용을 시작했다.

커뮤니티 스토어 9호점(환구단점) 오픈, 스타벅스-국가유산청-문화유산국민신탁 국가유산 보호 협약식

    2007년부터 장애인 바리스타 채용을 시작한 스타벅스는 2012년에는 업계 최초로 한국장애인고용공단과 고용증진 협약을 체결해 장애 유형과 정도의 구분 없이 매년 장애인 채용을 시행하고 있다. 현재 장애인 파트너 고용률은 전체 임직원 대비 4%를 넘어서는 업계 최고 수준이다.

    또한 2013년 여성가족부와 리턴맘 재고용 협약을 맺고 경력단절 파트너의 재취업 기회를 지원하는 리턴맘 프로그램으로 파트너 총 194명이 부점장으로 복귀해 탄력적 근무 시간으로 일과 육아를 병행하고 있다. 육아휴직 기간을 최대 2년까지 확대하는 등 일과 가정 양립을 위한 다양한 제도적 지원을 통해 모성보호제도를 강화하며 여성가족부의 가족친화인증 기업으로서 노력을 지속해 나가고 있다.

스타벅스 재능기부 카페는 청소년, 다문화가족, 취약계층 여성들이 근무하는 지역 사회 기관의 노후 카페를 스타벅스와 협력사가 함께 시설과 인테리어 리노베이션, 바리스타 교육, 매장 운영 지원 등의 재능기부 활동을 전개하면서 지역 사회 고용 확산을 지원하는 사회공헌 프로그램으로 현재까지 14호점을 오픈하면서 지역 사회 취업 취약계층의 일자리 창출을 위해 지원하고 있다.

스타벅스 커뮤니티 스토어는 지역 사회의 긍정적인 변화와 장기적인 발전에 기여하기 위해 개발된 스타벅스의 사회공헌 활동 중 하나로 매장 수익금 일부를 지역 사회로 환원한다.

커뮤니티 스토어는 1호점 대학로점(청년인재 양성 지원)을 시작으로 2호점 성수역점(청년인재 양성 지원), 3호점 서울대치과병원점(장애인 고용 증진과 장애 인식 개선 활동 전개), 4호점 적선점(자립준비청년 지원), 5호점 경동1960점(경동시장 지역 상생), 6호점 독립문역점(국가유공자 후손 지원), 7호점 제주세화DT점(친환경 활동), 8호점 종로R점(청년 취업 활성화 지원), 9호점 환구단점(국가유산 보호)까지 운영 중이며 고객이 구매하는 모든 품목당 300원 기금을 적립한다. 2014년부터 지난해 11월까지 커뮤니티 스토어를 통해 전달된 기부금은 누적 45억 원에 달한다.

커뮤니티 스토어 1호점에서 진행하는 청년인재 양성 프로그램을 통해 2015년부터 지난해까지 청년인재 총 101명을 선발해 2019년 첫 졸업생 2명을 배출한 이후 2025년 2월까지 누적 졸업생은 50명에

스타벅스, 전국 150개 소상공인 카페에 6차 상생음료 해남 찐 고구마 라떼 전달

달한다. 1학년 2학기부터 학기당 장학금 300만 원을 지원하면서 리더십 역량 강화를 위해 다양한 활동을 연중 운영하고 있다. 이를 위해 리더십 역량 강화 세미나, 명사 강의, 직무 특강, 자율 동아리 활동, 지역 사회 봉사 활동을 지원하고, 연 2회 우수 활동자를 선발해 스타벅스 지원센터 인턴십, 스타벅스 글로벌 견학 참여 기회도 제공한다.

2022년에는 카페 업계 간의 지속적인 상생을 위한 소통과 협력의 기반을 마련하고자 중소벤처기업부와 함께 동반성장위원회, 전국 카페사장협동조합 간 상생 협약을 체결했다. 스타벅스는 우리 농산물을 원부재료로 하는 상생 음료를 개발해 카페업 소상공인의 판매를 증진할 수 있도록 협력하며, 생계가 어렵거나 재난으로 인해 긴급 지원이 필요한 지역 소상공인 카페에 시설 보수와 서비스 교육 등을 적극 지원해 나가며 소상공인 카페들의 물리적 어려움이 줄어들 수 있도록 협력하는 공익적 상생 프로그램을 진행하고 있다.

실제 2022년 '한라문경스위티' 5만 잔을 전국 소상공인 카페 100곳에 기부했고, 같은 해 겨울에 공주 밤을 활용한 '리얼 공주 밤 라떼' 총 6만 잔을 전국 카페 120곳에 기부해 상생 활동을 더욱 확대했다.

2023년에는 '옥천 단호박 라떼' 총 12만 잔을 전국 소상공인 카페 300곳에 선보였으며, 지난해에는 5차 상생 음료인 '유자 자두 에이드'를 포함해 누적 약 30만 잔 분량을 전국 소상공인 카페 670곳에 전달했다. 하반기에는 6차 상생 음료인 '해남 찐 고구마 라떼'를 개발해 전국 소상공인 카페 150곳에 음료 원부재료 6만 잔 분량을 전달하며 음료를 통한 상생 활동을 이어 나가고 있다.

또한 2019년 3월 보건복지부와 한국시니어클럽협회와 함께 지속 가능한 양질의 어르신 일자리 창출에 협력한다는 상생 업무 협약을 맺고, 약속 일환으로 2019년 9월 군포 시니어클럽에 전국 500여 곳 시니어 카페를 위한 시니어 바리스타 전문 교육장인 스타벅스 상생 교육장을 개설했다.

상생 교육장을 통해 바리스타 교육을 이수한 시니어 바리스타는 2024년까지 누적 1,636명에 이른다. 아울러 시니어 바리스타들이 근

스타벅스-JA코리아, 청년 대상 JOB 박람회

무하는 지역 카페를 위한 상생 음료인 '우리 쑥 곡물 라떼'를 개발해 7만 잔이 넘는 분량의 원부재료를 지원했다.

스타벅스는 2015년부터 국제 교육 NGO인 JA Korea(Junior Achievement)와 함께 전국 특성화고등학교 학생들을 대상으로 진로 교육 프로그램을 운영하고 있다. 이 프로그램은 스타벅스 파트너들이 직접 참여하는 교육 재능 기부 활동으로 이력서 작성, 모의 면접, 효과적인 의사소통 등 다양한 멘토 역할을 지원하고 있다. 또한 해당

커뮤니티 스토어 1호점의 수익금은 청년인재 양성에 사용된다(2025 청년인재 졸업식)

프로그램을 이수한 청소년 대상으로 스타벅스 바리스타 취업 연계를 통해 졸업을 앞둔 청소년들의 건강한 사회 진출을 돕고 있다. 스타벅스는 지난 10년간 스타벅스 글로벌 기금을 포함해 약 9억 원을 전달했으며, 2024년 말 기준으로 학생 약 2만 명이 프로그램을 이수, 바리스타로 401명을 채용했다.

스타벅스는 2024년 종로R점을 커뮤니티 스토어 8호점으로 전환해 청소년 진로 프로그램을 넘어 청년 취업 활성화를 위해 다양한 프로그램을 지원하고자 노력하고 있다.

보호종료 기간이 끝나는 자립준비청년의 성공적인 자립을 돕는 지원 사업도 2020년부터 아름다운재단과 전개하며 실질적인 자립 역량을 키울 수 있는 지원 활동을 통해 안정적인 사회 진출을 돕고 있다.

청년자립정착꿈 지원 사업은 자립준비청년들에게 다양한 자기계발 기회를 제공해 안정적인 사회 진출을 돕는 사업으로 자립정착금을 연간 최대 550만 원 지원하는 등 지난 5년간 자립준비청년 125명에게 누적 15억 원의 자립 기금을 전달했다.

스타벅스는 매월 문화 체험, 봉사 활동, 국내 여행 등의 희망별 프로젝트를 진행하고 취업 특강과 진로적성검사 등의 자립 역량 강화 과정, 다른 자립준비청년과의 네트워킹을 통해서 정서적 지지 기반 마련을 위한 정보 교환을 지원하고 있다.

스타벅스는 일자리 창출과 일자리의 질을 선도적으로 개선한 활동을 인정받아 고용노동부가 주관하는 2023년 대한민국 일자리 으뜸 기업으로 선정되고 일자리 창출 유공 정부포상인 산업포장을 수상했다.

함께 성장하는 내일, 전문적 인재 양성에 앞장

스타벅스는 개인 역량 강화에 맞는 다양한 교육 프로그램을 제공해 커피전문가 양성과 차별화된 커피 문화를 선도하고 지속 성장을 위한 경쟁력을 강화하고 있다.

신입 바리스타는 입사 후 체계적인 교육과 내부 선발 과정을 거치며 부점장, 점장으로 승격하고 최종적으로는 매장을 총괄 관리하는 리더로 성장하게 된다. 커피전문가 양성을 위한 커피마스터 프로그램을 비롯해 커피 기기, 서비스 등 분야별 전문성 함양을 위한 다양한 교육 과정을 온라인과 오프라인으로 제공하고 있어 원하는 직원은 참여할 수 있을 뿐만 아니라 매년 선발되는 우수 인원에게는 인센티브를 제공하고, 글로벌 커피전문가로 성장할 수 있도록 커피 농가·본사 방문 등 다양한 국가의 스타벅스 파트너들과 교류할 수 있도록 지원을 아끼지 않고 있다.

스타벅스코리아는 전 세계 스타벅스 최초로 임직원의 전문 지식 함양을 위한 온라인 교육 시스템 '스타벅스 아카데미'를 오픈하고 언제 어디서나 편리하게 학습이 가능하도록 모바일 애플리케이션도 개발했다.

또한 2016년부터 등록금 전액을 지원하는 파트너 학사학위 취득 프로그램을 운영해 직원들이 경제적 부담 없이 학위를 취득할 수 있도록 돕고 있다. 입학 첫 학기는 학자금 전액을 지원하며 평균 B학점 이상이면 모든 파트너에게 다음 학기 등록금을 전액 지원한다. 전공 선택은 업무와 관련이 없어도 무방하며 대학을 졸업한 후에 스타벅스에 재직해야 하는 의무와 조건 없이 자유롭게 학비를 지원받을 수 있다. 성적이 우수한 재학생 파트너에게 최신 커피 트렌드를 학습할 수 있는 커피로드 프로그램을 진행해 스타벅스 상하이와 도쿄 로스터리, 홍콩 등 해외 스타벅스 매장 견학을 통해 글로벌 커피 트렌드를 경험하며 견문을 넓힐 기회를 제공하고 있다.

2016년 2학기부터 시작한 대학 교육 지원 프로그램은 올해 2월까지 1,847여 명이 넘는 스타벅스 파트너들이 참여해 다양한 전공에서 학업과 경력 개발을 이어가고 있으며, 현재까지 학사 취득 졸업생 451명을 배출했다.

또한 2011년부터 국내에 파트너 행복추진 부서를 설립해 파트너 복지와 권익 보호를 위해 노력해오고 있다. 2014년부터 임직원들의 스트레스 해소를 돕기 위한 전문 심리상담 프로그램을 도입해 전문 기관과 협력해 운영 중이며, 연중으로 문화 충전 사내 캠페인을 통해 문화 공연 관람 기회를 제공하고 있다.

2018년 12월에는 고객 응대 파트너 보호를 위해 고용노동부 산하 비영리법인 단체인 직업건강협회와 감정노동 관리·교육 지원 협력을 위한 협약을 맺었다. 감정노동 수준에 대한 진단을 받고 예방·대응·관리 정책으로 구분한 파트너 보호 매뉴얼을 보다 체계적으로 수립해 감정노동 직무 스트레스 예방교육과 건강 보호, 감정 소진 극복 프로그램, 전문 심리상담 등 파트너 권익 보호를 위한 다양한 지원 활동을 지속적으로 강화해 나가고 있다.

커피찌꺼기 자원 선순환과 일회용품 절감하는 지속 가능한 성장

스타벅스는 탄소 배출량 감소를 위한 친환경 활동 경영을 강화하며 지역 사회에 기여하는 지속 가능한 성장을 이어 나가고 있다. 2018년부터 전국 매장에 빨대 없이 사용하는 리드(뚜껑)와 종이 빨대를 도입해 운영 중이며 이를 통해 일회용 빨대 사용량을 지속 감

스타벅스, 지난해 개인 컵 이용건수 3,000만 건 돌파

축시켜 나가고 있다.

    이외에도 개인 다회용컵을 사용하는 고객에게는 400원 할인 혹은 에코별 적립 등의 혜택을 지속해서 강화해 제공하고 있다. 개인 컵 관련 시스템 집계를 시작한 2007년부터 개인 컵 이용량은 매년 가파르게 증가해 누적 1억 7,000만 건이 넘는 고객의 동참을 끌어냈다. 이를 위해 다회용컵 이용 문화 확산을 위한 고객 참여 캠페인을 연중 진행하고 있다.

또한 비닐 사용을 줄이기 위해 우천 시 제공하던 우산 비닐을 대신할 제수기(물기 제거기)를 도입했다. 2021년 3월에는 폐플라스틱을 수거해 새로운 상품으로 재탄생시키는 '가치 위해 같이 버려요' 캠페인을 진행하며, 매장에서 수거한 투명 페트병과 일회용 컵을 활용해 새로운 스타벅스 상품으로 제작해 선보이기도 했다.

2018년부터 자원순환사회연대와 함께 진행해오고 있는 '일(1)회용 컵 없는(0) 날' 캠페인도 보다 많은 고객에게 혜택을 제공하는 방향으로 개편해 개인 컵을 이용해 에코별을 적립한 고객에 한해 별 또는 톨 사이즈 아메리카노 무료 쿠폰 중 하나를 받을 수 있도록 운영 중이다. 이와 함께 매년 반기별 개인 컵 최다 이용 고객 1명에게 1년 무료 음료 쿠폰을 증정하고, 차 순위 25명에게 한 달 무료 음료 쿠폰을 제공하고 있다.

지난해 5월에는 환경부, LG전자, 자원순환사회연대와 다회용 컵 문화 확산을 위한 업무 협약을 맺고, 텀블러 세척기를 2026년까지 전국 매장에 도입하는 등 일회용 컵 감축을 위한 친환경 운영에 박차를 가하고 있다.

스타벅스는 2015년 경기도와 농산물 소비 촉진·자원 재활용을 위한 협력을 맺은 이후 친환경 커피 퇴비 생산을 지원하고 있다. 2016년에는 업계 최초로 환경부, 자원순환사회연대와 커피찌꺼기 재활용 활성화 시범 사업을 위한 업무 협약을 체결해 커피찌꺼기를 재활용하는 프로세스를 구축한 바 있다.

스타벅스는 커피찌꺼기 수거를 위한 운송과 보관 등 재활용 운영 활동을 지원하고 있으며, 커피 퇴비 생산 지원 외에도 경기도, 보성,

하동, 제주도 농가에 친환경 커피 퇴비를 무상으로 지원하며 커피찌꺼기의 자원 선순환 활용을 지속 추진하고 있다.

커피찌꺼기는 식물이 성장하는 데 필요한 질소·인산·칼륨 등이 풍부하고 중금속 성분이 없어, 병충해를 방지하고 유기질 함량이 높은 천연 비료 역할을 할 수 있다. 실제 유기농 비료로 인정을 받은 친환경 커피 퇴비를 활용한 농가들의 긍정적인 인식과 경험 등을 통해 향후 생산량은 지속 증가할 것으로 예상된다.

우리 농가에 기부한 커피 퇴비는 자원 선순환 활동으로 이어지고 있다. 친환경 커피찌꺼기로 만든 퇴비로 재배한 농산물을 푸드 상품의 원재료로 사용해 다시 스타벅스 매장에서 판매한다. 2015년부터 커피찌꺼기 퇴비로 농산물을 재배하기 시작해 이를 활용해 출시한 푸드는 지역 특산물을 알리는 역할을 하는 한편, 국내 농가의 지역 사회 소득 증대에도 일조하는 상생 모델로 자리 잡고 있다.

2022년 10월에는 업계 최초로 재활용환경성평가 승인을 받은 커피찌꺼기로 제작한 업사이클링 제품인 커피박 화분을 선보였다. 재활용환경성평가 제도란 재활용 방법이나 기술의 환경적 영향을 평가함으로써 폐기물이 안전하게 재활용되도록 관리하기 위해 도입한 제도다. 2016년 7월 재활용환경성평가 제도를 시행한 지 6년 만에 스타벅스가 제14호로 승인받았으며 재활용 기준이 없는 식물성 잔재 폐기물인 커피찌꺼기의 업사이클링이 가능하게 되었다.

스타벅스가 자원 선순환 캠페인을 전개하며 제공한 커피박 화분 키트는 컵 모양의 화분과 커피찌꺼기 배양토, 허브류 씨앗으로 구성되어 있다. 커피박 화분 1개에는 스타벅스 아메리카노 톨 사이즈 6잔

스타벅스 커피박 업사이클링 트레이와 원두 파우치

분량을 제조한 후에 배출하는 커피찌꺼기 양을 활용했다. 사용 중 파손되는 커피박 화분은 신청을 받아서 재활용환경성평가에 함께 참여했던 협력사가 회수하고 새로운 커피박 화분으로 재탄생시켜 자원 선순환의 의미를 이어가고 있다.

이어서 2023년에는 커피찌꺼기를 퇴비·제품 등으로 재활용하는 순환자원으로 인정받으며, 이를 통해 커피찌꺼기를 활용해 제작한 커피박 트레이가 국내 1호 순환자원 사용 제품으로 선정되기도

했다.

'순환자원 인정' 제도란 자원순환기본법에 근거해 폐기물 중 환경적으로 유해하지 않고 거래가 가능한지 등의 기준을 충족하면 순환자원으로 인정함으로써, 폐기물 관리 규제 적용 대신 적극적인 재활용 촉진 대상이 되는 제도다.

또한 스타벅스가 2023년 3월 한국환경공단 본사 내 스타벅스 재능기부 카페 13호점으로 오픈한 '카페 지구별'은 민관 협력 최초의 커피찌꺼기 재활용 시범 매장으로 매장에서 배출하는 커피찌꺼기를 전량 회수해 재활용하며 탄소 저감을 위해 일회용 컵 없는 매장으로 운영하고 있다.

매장 내부 인테리어는 스타벅스 커피찌꺼기를 재활용해 꾸며졌다. 테이블, 전등갓, 아트월, 화분, 쟁반 등에 스타벅스 커피 3,782잔 분량에서 나온 커피찌꺼기 56.73kg을 사용했다. 대형 테이블(1개)에는 커피 1,333잔 분량 19.9kg, 소형 테이블(2개)은 444잔 분량 13.3kg, 패널 테이블(3개)은 128잔 분량 5.7kg, 전등갓(3개)은 111잔 분량 4.9kg, 아트월(1개)은 380잔 분량 5.7kg을 재활용했다.

스타벅스는 앞으로 커피찌꺼기 재활용률을 점진적으로 높여 나가는 지속 가능 경영을 더욱 강화할 방침이다. 새로운 가치를 부여하는 업사이클링 비율을 높이면서 친환경 캠페인 전개를 통해 고객과 지역 사회에 다양한 혜택을 제공할 계획이다.

또한 국내외 인증을 받은 친환경 콘셉트 매장을 적극 도입하고, 소비전력 효율 개선 제품과 대기전력 저감 장비 도입을 전국 매장으로 확대하고 있다. 2021년 서울시 중구 퇴계로 스테이트타워 남산에 오픈한 '별다방'은 국내 카페 최초로 LEED 실버 등급 인증을 획득했다. '별다방'은 매장 내 센서 설치를 통해 고객이 없을 경우 조명 자동 차단, 채광에 따라 내부 밝기 조절 시스템 등을 통한 전기료 절감 효과와 다양한 친환경 내장재를 사용한 매장이다.

아울러 친환경 물류 시스템 구축을 위해 서울 일부 매장의 물류배송 트럭을 친환경 전기 배송 차량으로 전환하는 시범 운영을 2022년에 시작했다. 물류 전기 배송 차량 도입은 국내 커피 업계 최초이며, 종합 물류 기업과 협력해 스타벅스 전용 전기 배송 차량을 도입한 것도 전 세계 스타벅스에서 한국이 처음이다.

2022년에 오픈한 더북한강R점에는 스타벅스의 지속 가능 전략에 맞춘 인프라 구축 일환으로 전기차를 위한 충전 시설을 마련했으며 매년 지속적으로 전기차 충전 시설을 확대하며 특별한 고객 경험을 이어가고 있다.

대표이사
승수언

인슐레이션코리아

INSULATION KOREA
Energy Saving Partner

학력	1985	토론토대학(University of Toronto) 기계공학과 졸업
	1987	캐나다 데일카네기스쿨(Dale Carnegie School) 수료
	1994	연세대학교 대학원 경영학 석사 졸업
	2006	경희대학교 대학원 경영학 박사 졸업
경력	1986~1989	Babcock & Wilcox Refractories(캐나다)
	1989~현재	인슐레이션코리아(INSULATION KOREA Co., Ltd) CEO
	2006~2016	경희대학교 경영학과 겸임교수
	2016~2022	연세대학교 경영전문대학원 총동창회 부회장
	2022~2024	연세대학교 경영전문대학원 총동창회 회장
상훈	2005	헤럴드경제 중소기업경영 대상
	2006	뉴스피플(News People) 혁신경영 대상
		연세대학교 MBA동창회 경영인 대상
		에너지관리공단 '에너지 효율관리 대상'
	2009	연세대학교 총동창회 연세 경영인 대상
	2011	연세대학교 제31회 연세경영자상
	2012	매일경제 회장상
	2019	산업통상자원부 장관 표창
	2020	연세 MBA 혁신경영 대상
	2024	모범납세자 표창
		대한건축학회 우수 발표 논문상
		국무총리 표창

전문 엔지니어링의 선두주자 인슐레이션코리아

인슐레이션코리아는 2008년에 설립한 이래 석유화학, 정유, 철강, 가스, 발전 등 내화와 단열·보온이 요구되는 특수 산업 현장에서 에너지 절감을 위한 필수적인 초고온(1,800도)~초저온(-269도) 열관리 기술을 선도하는 내화(Refractory)·보온(Insulation) 분야의 전문 기업이다.

업계 최고의 강소기업으로서 최고 품질의 에너지 절감(Energy Saving) 솔루션을 설계부터 공급, 시공, 검수, 유지보수까지 통합 제공하며, 에너지 효율 향상과 탄소중립 실현에 크게 기여하고 있다. 나아가 중화학 산업의 에너지 효율성, 친환경 경영, 산업안전 기술을 융합한 '에너지 절감형 엔지니어링'의 시대를 이끌고 있다.

국내 주요 석유화학 중심지인 여수·서산 등에 거점을 두고 일류 중화학 기업들과 견고한 파트너십을 기반으로 시장을 선도하고 있으며, 최근에는 미국·중동·베트남·인도네시아 등지에서 성공적인 프로젝트를 수행하며 글로벌 무대에서 기술 경쟁력과 확장성을 입증하고 있다. 또한 세계 유수의 EPC 기업, 글로벌 베이직 라이센서(Global Basic Licensor)들뿐만 아니라 세계 최고의 생산 설비를 갖춘 제조 파트너사들과의 협업을 통해 'K-엔지니어링'의 우수성을 세계에 알리고 있다.

인슐레이션코리아는 특수 내화·단열·보온 기술의 전통적인 경계를 넘어, 고기능성·친환경 소재 기반의 신사업과 산업안전 솔루션을 적극 개척하고 있다. 축적된 기술력과 글로벌 프로젝트 수행 경험을

2025년 상반기 CEO 합동안전점검 행사 모습

바탕으로 국내외 산업 현장에 실질적인 에너지 절감 효과를 제공하며, 대한민국을 대표하는 에너지 절감·친환경·산업안전 전문 엔지니어링 기업으로 도약하고 있다.

인슐레이션코리아의 주요 사업 분야는 다음과 같다.

첫째, 내화 분야에서는 중화학 플랜트의 히터(Heater), 크래커(Cracker), 퍼니스(Furnace), 리포머(Reformer) 설비 부문 내화물 엔지니어링 전반에 걸쳐 세계 최고 수준의 기술력을 제공한다. LG화학, 롯데케미칼, 여천NCC, 에쓰오일, GS칼텍스, 현대오일뱅크 등 국내 주요 플랜트 기업은 물론 테크닙에너지(Technip Energies), 러머스(Lummus), 켈로그브라운앤루트(KBR), 허티(Heurtey) 등 글로벌 라이센서와도 긴밀하고 중요한 파트너사로서 입지를 구축하고 있다.

둘째, 보온 분야에서는 중화학 플랜트의 각종 설비와 초저온 액화 가스 저장·운송 시설을 대상으로 최적화된 보온 솔루션을 제공한다. 국내 석유화학 단지인 여수와 서산에 거점을 두고 설계·시공 역량을 바탕으로 국내 일류 석유화학 기업의 에너지 효율화를 지원하고 있으며, 수소경제 시대를 대비해 초고온부터 초저온에 이르는 에너지 절감 솔루션의 확장을 추진하고 있다.

셋째, 친환경·산업안전 분야에서는 바이오 솔루블(Bio Soluble), 에어로젤 등 고성능 친환경 신소재를 활용한 미래 에너지 절감 솔루션과 더불어 화재·폭발로부터 인명과 산업설비를 보호하는 신개념 방화 기술(Fire-Proofing), 고온 공정 설비 코일 진단 로봇과 고성능 방호벽 시스템 등으로 사업을 확장해, ESG 경영 시대에 걸맞은 산업 생태계를 구축하고 선점하기 위해 혁신적 기술들과의 연계를 바탕으로 사업 포트폴리오의 다변화를 지속 추진 중이다.

승수언 대표의 글로벌 프로젝트 성공 신화

인슐레이션코리아의 눈부신 성장 뒤에는 승수언 대표의 깊이 있는 철학과 현장 중심의 경영이 자리 잡고 있다. 일본계 이소라이트 한국법인 CEO로 재직하던 시절, 문화적 차이를 극복하고 손해를 감수해서라도 고객과의 신뢰를 우선하는 '한국형 비즈니스 방식'을 도입해 회사를 흑자 전환으로 끌어내었다. 이러한 경험은 인슐레이션코리아를 창립한 이후 '신뢰 중심 경영'이라는 경영 원칙으로 계승되었고, 이는 국내 고객사뿐 아니라 다수의 글로벌 고객사와의 장기 파트너십으로 이어지고 있다.

2024 인슐레이션코리아 임직원 워크숍

　　1989년 처음 한국 시장에 진출했을 당시, 인슐레이션코리아는 제품 인지도나 기반이 전무한 초기 단계에서 승수언 대표는 매일 고객사를 직접 방문해 제품과 기술을 소개하며 신뢰를 쌓았고, 동시에 세계 유수의 내화·단열 전문 제조업체들을 발굴하고 직접 만나 파트너십을 체결하며 제품 포트폴리오를 고도화해 나갔다.

　　조직 측면에서도, 핵심 인력 중심의 유연한 운영 전략을 도입해 민첩하고 자율적인 기업 문화를 구축했다. 기술직 대상의 전문 교육과 현장 중심의 책임경영은 실무 역량 강화로 이어졌고, 결과적으로 대규모 프로젝트를 수행할 수 있는 탄탄한 조직 기반을 마련했다.

　　인슐레이션코리아는 '신뢰·기술·실행력'이라는 3대 핵심 역량을 바탕으로, 에너지 절감과 탄소중립이라는 시대적 과제를 해결하는 핵심 파트너로 성장하고 있으며, 앞으로도 국내외 산업 현장의 지속가능한 발전을 이끄는 미래형 엔지니어링 기업으로 도약할 것이다.

인슐레이션코리아는 국내를 넘어 미국·중동·유럽·아시아 등 세계 각지의 메이저 에너지 기업, 글로벌 EPC(설계·조달·시공)사들과의 협업을 통해 연속적으로 대형 프로젝트를 수주하고 성공적으로 수행하며, 글로벌 내화 엔지니어링 시장에서 확고한 입지를 다지고 있다.

대표적으로 글로벌 베이직 라이센서인 테크닙으로부터 사우디아라비아에 위치한 세계 최대 규모의 MFC(Mixed Feed Cracker) 공장인 사다라(Sadara) 프로젝트를 수주해 성공적으로 수행했고, 이를 기점으로 글로벌 시장에서의 기술 신뢰도를 확보하게 되었다.

이어 미국 다우케미칼(Dow Chemical)의 LHC-9 프로젝트, LHC-9 Expansion, USGC-2 프로젝트, UAE Borouge-4 프로젝트, 베트남 Long Son 프로젝트 등 각국의 초대형 석유화학 플랜트 프로젝트를 수주하고, 또 다른 글로벌 베이직 라이센서인 러머스와의 협업을 통해 미국 루이지애나 LACC(Lotte-Axiall) 프로젝트, 태국 PTTGC 프로젝트 등도 성공적으로 수행하며 이를 통해 인슐레이션코리아의 기술력은 세계 시장에서 확실한 입지를 구축하게 되었다.

특히 미국, 유럽, 중동, 아시아 등 권역별 주요 프로젝트마다 대규모의 고난이도 공정을 수행하며, 글로벌 경쟁사들과의 치열한 경쟁 속에서도 기술과 신뢰로 우위를 점하고 있다.

미국 ALKEGEN LYDALL와 인슐레이션코리아의 업무협약식

이러한 수많은 글로벌 프로젝트의 성공 배경에는 현장 중심의 도전 정신과 끈기 있는 실행력이 있었다. 승수언 대표는 직접 해외 고객사들을 방문해 기술 엔지니어, 구매 담당자, 사업 책임자들과의 긴밀한 네트워크를 구축했고, 현지에서 에너지 절감 세미나를 열어 인슐레이션코리아의 핵심 기술력과 솔루션을 설득력 있게 전달해왔다. 수주 전까지의 지속적인 기술 지원과 맞춤형 대응은 단순한 영업을 넘어선 '기술 기반 영업'의 성공 모델로, 그 자체가 인슐레이션코리아의 차별화된 경쟁력이라 할 수 있다.

이러한 열정과 실행의 결실은 국내에서도 이어져, 인슐레이션코리아는 현재 국내 중화학 플랜트 내 특수 내화·보온 엔지니어링 분야에서 90% 이상의 시장 점유율을 차지하며 명실상부한 1위 기업으로 자리 잡고 있다.

인슐레이션코리아의 미션과 비전

인슐레이션코리아는 2023년 '비전 2030'을 선포하고 본격적으로 미래 시장 선점을 위해 가속 페달을 밟아 나아가고 있다. 미션은 '우리는 최고 품질의 제품을 설계·공급·시공하고, 에너지를 절감해 지구 환경에 기여하는 특수 전문 기업으로 나아간다'이며 비전은 '기술 중심의 ESG 리더 기업으로 성장해 2030년에는 국내를 넘어 세계 1위의 에너지 솔루션 그룹(Energy Solution Group)이 된다'이다. 핵심 목표(Core Value)는 '① 안전보건 최우선(Health & Safety First), ② 고객 존중과 직원 만족, ③ 정직과 성실, ④ 도전 의식과 전문성'이다.

신뢰를 중시하는 서번트 리더십

승수언 대표는 리더의 역할을 단순히 조직을 '이끄는 사람'이 아닌, 구성원들이 스스로 방향을 정하고 앞으로 나아갈 수 있도록 지지하고 응원하는 사람, 즉 나침반이자 응원단장이라 믿는다. 그는 "내가 앞에 서서 이끄는 리더가 되기보다는 직원들이 앞에 설 수 있도록 뒤에서 밀어주는 역할이 더 중요하다"라고 말한다. 이는 권위적이고 지시 중심의 리더십과는 다른 신뢰 기반의 서번트 리더십(Servant Leadership) 철학에 가깝다.

이러한 철학은 실질적인 조직 운영 방식으로도 이어졌다. 그는 의사결정 권한을 현장과 실무진에게 과감히 위임함으로써 직원 개개인이 책임감과 주인의식을 가지고 스스로 문제를 해결하고 의사결

인슐레이션코리아 한마음 신년 가족모임

정을 할 수 있도록 했다. 이는 단순한 위임을 넘어 직원들의 전문성을 존중하고, 그들이 직접 '일의 주체'가 되어 성장할 수 있도록 하는 변화였다. 이러한 구조는 특히 고난이도 기술이 요구되는 엔지니어링 분야에서 큰 시너지를 발휘했고, 실무 중심의 민첩한 조직 운영을 가능하게 했다.

또한 그는 '실패를 질책하기보다는 학습의 기회로 삼게 하는 분위기'를 중시한다. 실패를 통해 배우고, 다시 도전하는 것이 곧 성장이라는 신념 아래, 실험과 창의적인 시도를 장려하는 문화를 조성했다. 덕분에 인슐레이션코리아는 빠르게 변하는 글로벌 경영·시장 환경 속에서도 유연하게 대응할 수 있는 역량을 갖추게 되었으며, 내부 구성원들 역시 회사와 함께 성장하고 있다는 소속감과 사명감을 지속적으로 느낄 수 있게 되었다.

조직 내 커뮤니케이션 역시 승수언 대표의 리더십에서 중요한 축을 차지한다. 그는 매년 직원과 직원 가족과 함께하는 뮤지컬 관람, 워크숍, 바비큐 파티 등을 통해 격식 없이 진심으로 소통하는 자리를 마련하며, 상하 간 수직적 거리감을 줄이는 데 앞장섰다. 단 한 건의 노사 분규 없이 안정적인 노사 관계를 유지해온 배경에도 이러한 열린 리더십이 자리하고 있다.

그는 직원들의 삶의 질과 자긍심을 높이기 위한 복지 제도도 적극 도입했다. 자녀 학자금 지원, 장기 근속상, 외국어 교육비와 실손보험료 지원, 자격증 취득 시 포상, 리조트·휴양 시설 제공 등은 단순한 복지 이상의 의미를 지닌다. 회사가 직원 개개인의 삶을 함께 책임지는 '가족 같은 조직'이라는 인식은 구성원들의 충성도와 만족도를 높였고, 이는 결과적으로 인재의 유입과 유지에 있어 대기업 못지않은 경쟁력을 확보하는 기반이 되었다.

승수언 대표는 리더란 '기업의 미래를 준비하는 사람'이라고 정의한다. 그에게 경영은 단기 실적을 추구하는 것이 아닌, 사람을 키우고 조직의 지속 가능성을 만들어가는 장기적 여정이다. 그는 오늘도 조직의 앞이 아닌 뒤에서 직원 한 명 한 명이 주도적인 엔지니어, 관리자, 글로벌 전문가로 성장할 수 있도록 조용히 밀어주는 '든든한 조력자'의 역할을 자처하며, 인슐레이션코리아를 사람 중심의 글로벌 리더 기업으로 이끌고 있다.

더불어 승수언 대표는 기업의 성장과 더불어 사회적 책임을 실천하는 리더로서도 모범을 보이고 있다. 2012년 '인슐레이션코리아 드림재단'을 설립해 국내외 저소득층과 성적 우수 학생들에게 장학금을 지원하고 있으며, 한국에서 공부하는 외국인 유학생들에게도 기회를 제공하고 있다. 2025년 기준으로 국내외 학생 391명에게 장학금을 전달하며 미래 세대를 육성하는 데 기여하고 있다. 또한 매년 서울맹학교를 찾아 시각장애 학생들과 함께하는 산책 봉사 등 다양한 사회공헌 활동도 이어가고 있다. 이 같은 나눔의 실천은 '기술로 세상을 이롭게 하겠다'라는 그의 기업 철학을 삶으로 구현하는 또 하나의 방식이다.

글로벌 넘버원 에너지 절감 전문 기업

인슐레이션코리아는 기존의 전통적인 내화·단열·보온 시장을 넘어서, 에너지 절감·친환경·산업안전 등 고부가가치 산업으로 사업 영역을 확장하고 있다. 특히 초저온(Cryogenic) 기술을 바탕으로 액화수소 저장·운송과 최고 성능의 미세 다공성(Microporous)과 고성능 방호 패널을 통한 방폭·방화 솔루션 등으로 초고온·초저온의 에너지 절감, 산업안전 분야로 응용 범위를 넓히고 있으며, 이는 글로벌 ESG 경영 시대에 핵심적인 기술로 각광 받고 있다.

인슐레이션코리아는 이러한 기술의 산업 적용을 선도하고 있으며, 차세대 에너지 패러다임의 전환을 주도하는 데 있어 글로벌 넘버원 에너지 절감 전문 기업으로의 도약을 목표로 하고 있다.

또한 글로벌 진출 확대를 위한 전략도 가속화되고 있다. 베트남

인슐레이션코리아 드림재단 장학금 수여식

법인 설립에 이어 향후 본격적으로 미국·중동·유럽 등에 현지 거점 설립을 추진하는 등 글로벌 EPC, 플랜트 고객사와 현지 파트너사와의 소통 채널을 확장하고, 현지 시공·기술 지원을 통해 프로젝트의 완성도를 한층 높일 계획이다. 끊임없는 에너지 절감 신기술의 연구개발과 K-엔지니어링 우수성의 융합을 통해 글로벌 표준화를 선도하는 것을 비전으로 삼고 있다.

궁극적으로 인슐레이션코리아는 전 세계 산업 현장의 에너지 효율을 혁신하는 글로벌 넘버원 리더를 목표로 삼고 있으며, 글로벌 환경 변화에 대응하는 스마트 엔지니어링 기업으로 진화하고 있다. 기술·신뢰·사람을 중심으로 미래를 설계하며, 대한민국을 넘어 세계 산업의 에너지 절감과 안전을 책임지는 기업으로 성장해 나갈 것이다.

> **"고객(상대방)을 이롭게 하고, 나눔을 실천하며,
> 행복을 추구한다."**

산업용 내화·단열·보온 기술은 단순한 부속 기술이 아니라 에너지 손실을 막고, 산업 현장의 안전을 지키며, 국가 전체의 탄소 배출량을 줄이는 전략적 기반 기술로 보아야 할 것이다. 이러한 기술들이야말로 미래 산업 경쟁력의 숨은 핵심이며, 대한민국이 글로벌 시장에서 지속 가능한 성장을 이루기 위해 반드시 선점해야 할 분야다.

미래의 대한민국 경제는 고부가가치 기술 중심의 수출, 친환경 에너지 솔루션, 스마트 제조 기반의 ESG 산업 생태계로 구성될 것이다. 또한 세계 경제는 점점 국경 없는 기술 경쟁과 ESG 중심의 패러다임으로 이동하고 있다.

대한민국의 젊은 세대가 이러한 흐름 속에서 기술과 도전 정신, 책임 있는 글로벌 시민 의식을 함께 갖추고 해외 시장에서 역량을 발휘한다면, 우리나라는 더 넓은 경제 영토를 확보할 수 있다. 인슐레이션코리아는 이러한 시대정신에 발맞추어, 산업의 기본을 혁신하는 에너지 관리와 친환경·산업안전 기술을 통해 대한민국 기술의 위상을 전 세계에 알리고자 한다.

대한민국은 세계 최고 수준의 교육과 열정과 기술력을 자랑하는 나라다. 이제는 눈에 보이지 않는 산업의 핵심, 즉 '에너지 절감', '친환경', '산업안전'이라는 무형의 가치에 집중해야 할 시점이다.

대표이사
신정훈

㈜비투지   **BTOZ**

학력	1990	동아고등학교 졸업
	2001	일본 니혼대학교
	2013	서울대학교 국제경영대학원 수료
경력	2005~2007	이이야마(IIYAMA) 한국 법인장
	2009~2021	㈜비투지코리아 CEO
	2021~현재	합병법인 ㈜비투지 CEO
	2022~현재	㈜비투지홀딩스 CMO
	2024~현재	일본 시즈오카대학교 객원교수
상훈	2016	대한민국 창조기술 대상
	2019	서울대학교 국제대학원 GLP 경영 대상
	2022	국립부경대학교 명예공과대학장
	2023	부산시장 표창

기술로 세상을 이롭게, 미래를 건강하게 만드는 여정

부산의 심장부에서 글로벌 무대를 향해 도약하는 비투지(BTOZ)는 메디컬과 자동차 부품 산업에서 독보적인 기술력을 자랑하는 강소기업이다. 2009년 설립 이래, 엑스레이 디텍터 분야에서 혁신을 거듭하며 성장해온 비투지는 국내 엑스레이 디텍터 시장에서 65% 이상의 점유율을 확보했다.

그러나 비투지는 여기에서 멈추지 않고 새로운 시장 개척과 미래 성장 동력으로 질화갈륨(GaN) 기반 반도체 기술을 선택하고, 부산 기장군 의과학단지에 연구개발과 제조, 생산을 위한 부지를 확보, 글로벌 시장으로의 진출을 모색하고 있다.

비투지는 '세상을 이롭게 하고, 미래를 건강하게 하며, 모두에게 행복한 미소를 가져다주는 것'이라는 신정훈 대표의 슬로건 아래 단순 제조업을 넘어 GaN 기술을 활용해 인간 생활과 편의, 건강한 삶을 위한 의료용 CT 디텍터와 전기차 소재·소자 분야에 끊임없는 투자로 경쟁력을 구축했고, 실리콘(Si)이나 탄화규소(SiC)보다 뛰어난 효율성과 안전성을 제공하기 위해 노력하는 기술 선도형 벤처기업이다.

또한 비투지는 2027년까지 부산에 최첨단 생산라인을 구축해 GaN 웨이퍼와 디바이스를 국내 기술로 제조, 생산할 계획이다.

특히 신 대표의 고향인 부산을 전력 반도체 클러스터의 중심지로 만들고, 지역 경제 활성화에 기여하려는 목적이다. 그가 태어나고 자란 부산에 얼마나 큰 애정이 있는지를 엿볼 수 있다.

GaN 전력 소자 MOCVD 장치에 웨이퍼를 로딩하는 모습

환경, 사람, 시간을 향한 신정훈 대표의 경영 철학

비투지의 성장 뒤에는 신정훈 대표만의 경영 철학이 자리 잡고 있다. 그는 "개인과 기업의 성장은 변화로부터 출발한다"라고 이야기하며 변화의 중요성을 강조했다. 그는 변화를 위해서는 "새로운 공간(환경), 새로운 인간(사람), 새로운 시간의 3간이 변하는 것으로부터 진정한 변화가 가능하다"라고 말한다.

신 대표 또한 과거 자신을 변화시키기 위해 일본으로 유학, 공간을 변화시키며, 사람을 변화시키고, 시간을 변화시켜 완전히 새로운 신정훈으로 변할 수 있었다고 설명했다.

그의 말은 비투지가 새로운 지역 부산에서 글로벌 시장에 도전장을 내민 배경을 잘 설명하고 있다. 국내 시장이라는 공간에서 해외 시장으로 변화를 추구하며, 새로운 분야에 도전하는 그는 편안함을 추구하는 인간의 본성을 인정하면서도, 불편함을 감수한 도전만이 발전을 가져온다고 역설한다.

신 대표는 진정한 인간관계의 가치를 경영의 핵심으로 삼는다. 이기적인 목적의 관계는 오래가지 못하며, 상호 존중과 배려를 기반으로 한 관계만이 지속 가능하다는 것이 그의 생각이다. '욕심'과 '욕망'을 구분하며, 개인 이익을 위한 욕심보다는 공동의 목표를 추구하는 욕망이 더 큰 가치를 창출한다고 믿는다. 이는 비투지가 직원들을 '가족'으로 여기고, 협력 파트너들과 불확실한 미래를 함께 대비하려는 태도에서도 드러난다.

시간의 소중함 역시 신 대표 철학의 중요한 축이다. "시간은 돈으로 살 수 없는 가장 귀중한 자원"이라는 그의 말은 비투지가 단순한 효율성 추구를 넘어, 새로운 환경과 관계에 시간을 투자하며 장기적인 가치를 창출하려는 전략과 연결된다. 그는 물질적 자산보다 시간, 관계, 경험 같은 비물질적 자산에 집중해야 지속 가능하며 대체 불가능한 성과가 나온다고 강조한다.

브랜딩과 인내는 신 대표의 철학에서 새롭게 주목받는 요소다. 그는 브랜딩을 단순한 마케팅이 아닌 인내와 견딤의 결과로 본다. "불확실성에 도전하고, 남들이 하지 않는 일에 뛰어들어 가능성으로

비투지 주관 2024 한일 화합물반도체 방사선 디텍더 심포지엄에서 신정훈 대표(왼쪽)와 시즈오카대학 아오키 부총장(오른쪽)

바꾸는 것이 브랜드 가치를 창출한다"라고 하는 그의 말은 비투지가 GaN 방사선 검출기라는 미개척 분야에서 글로벌 리더로 도약하려는 여정과 일맥상통한다. 브랜딩은 단기적인 성과가 아닌 장기적인 투자와 인내를 요구하며, 이는 직원들의 헌신과 회사의 비전이 상호 연결되어야 가능한 것이다.

마지막으로 비전과 감동은 신 대표가 회사의 미래를 이끄는 핵심 동력으로 삼는 가치다. 그는 회사가 직원들에게 감동을 주는 비전을 제시해야 한다고 믿는다. "직원들의 시간을 이곳에 집중하게 하려면 회사가 더 큰 비전을 제시하고, 그 비전이 감동을 주어야 한다"라고 했다. 그의 이 철학은 비투지의 성장과 직원의 헌신을 하나로 이어준다. 이는 직원들이 회사의 미래를 함께 만들어가는 과정에서 영감을 얻고, 그 결과로 상호 성장이 실현되는 기반이 됨을 의미한다.

세상을 위한 기술, 행복을 위한 혁신

비투지의 비전은 명료하면서도 원대하다. 세상을 이롭게 하고, 미래를 건강하게 하며, 모두에게 행복한 미소를 가져다주는 것이 회사의 슬로건이자 신정훈 대표의 리더십 철학이 녹아든 선언이다. 구체적으로 비투지는 GaN 기술을 통해 의료와 자동차 분야에서 선도적인 파워 반도체 기업이 되어 더 건강하고 행복한 세상을 만드는 데 기여하고자 함을 의미한다.

의료 분야에서는 CT 검출기와 광자 계수 CT(PCCT) 시스템을 통해 안전한 진단을 제공하며, 방사선 피폭을 줄이고 고해상도 이미지를 구현한다.

자동차 분야에서는 전기차 소재와 소자를 개발해 효율적인 전력 관리로 지속 가능한 미래를 열어간다. 이 비전은 단순한 시장 리더십을 넘어 사회적 가치를 실현하려는 의지를 담고 있으며, 안전·돌봄·행복이라는 세 가지 키워드로 요약할 수 있다.

신 대표는 직원들에게 '핑크 펭귄'처럼 독특하고 도전적인 태도를 가지라고 독려한다. 이는 비투지가 기존의 틀을 깨고, GaN이라는 블루오션에서 글로벌 리더로 자리 잡으려는 열망을 상징한다. 그는 비전과 감동을 통해 직원들이 회사의 미래에 헌신하도록 영감을 주고, 그 헌신이 다시 회사의 브랜딩과 성장으로 이어지는 선순환을 추구한다.

비전을 달성하기 위한 다섯 가지 전략

비투지는 원대한 비전을 실현하기 위해 구체적이고 체계적인 전략을 세웠다. 다음은 이를 다섯 가지 핵심으로 정리하고, 각 전략을 상세히 서술한 내용이다.

먼저 '생산 거점 확충으로 부산을 중심으로' 한 글로벌 진출이다. 비투지는 2025년 부산광역시 기장군 의과학단지에 약 500억 원을 투자해 최첨단 생산 라인을 구축할 예정이다. 이 공장은 GaN 웨이퍼를 연간 10만 장 생산할 수 있는 규모로, 2026년에는 수직형 GaN 반도체 소자를, 2027년에는 광자 계수 CT(PCCT) 디텍터를 본격 양산할 계획이다.

이 시설은 신규 일자리를 약 200명 이상 창출하며 지역 경제 활성화에 기여할 뿐 아니라 부산의 전력 반도체 클러스터와 연계해 시너지를 극대화한다.

또한 의료용 반도체와 전기차 소자 생산에 특화된, 글로벌 CT 시장(약 6조 원 규모)에서 지멘스(Siemens)와 경쟁할 수 있는 기술적 기반을 제공할 수 있을 것으로 예상된다.

'기술 혁신인 GaN의 잠재력을 극대화로' 비투지는 국내 최초로 수직형 GaN 반도체 기술을 상용화하기 위해 기술 혁신의 선두에 선다. 이 기술은 전류 손실을 줄이고, SiC 대비 전원 온·오프 속도가

현대차용 섀시를 조립하는 자동차사업부 모습

10배 빠르며, 모듈 크기를 3분의 1로 축소할 수 있다.

특히 PCCT 디텍터는 카드뮴 텔루라이드(CdTe) 대비 환경친화적이며, 안전성을 확보하고, 방사선 피폭을 30% 줄이면서도 2배 이상의 고해상도 이미지를 제공한다. 비투지는 20건 이상의 관련 특허를 보유하고 있으며, 연간 R&D 예산의 15% 이상을 지속적으로 투자해 기술 우위를 유지한다. 이는 의료기기와 전기차 시장에서 차별화된 경쟁력을 확보하는 핵심 열쇠다.

'국제 협력 일환으로 글로벌 생태계 구축으로' 비투지는 일본의 후루카와전자, 시즈오카대학, 호세이대학 이온나노연구센터, 한국의 한국전자통신연구원(ETRI), 대구경북과학기술원(DGIST) 등과 협력

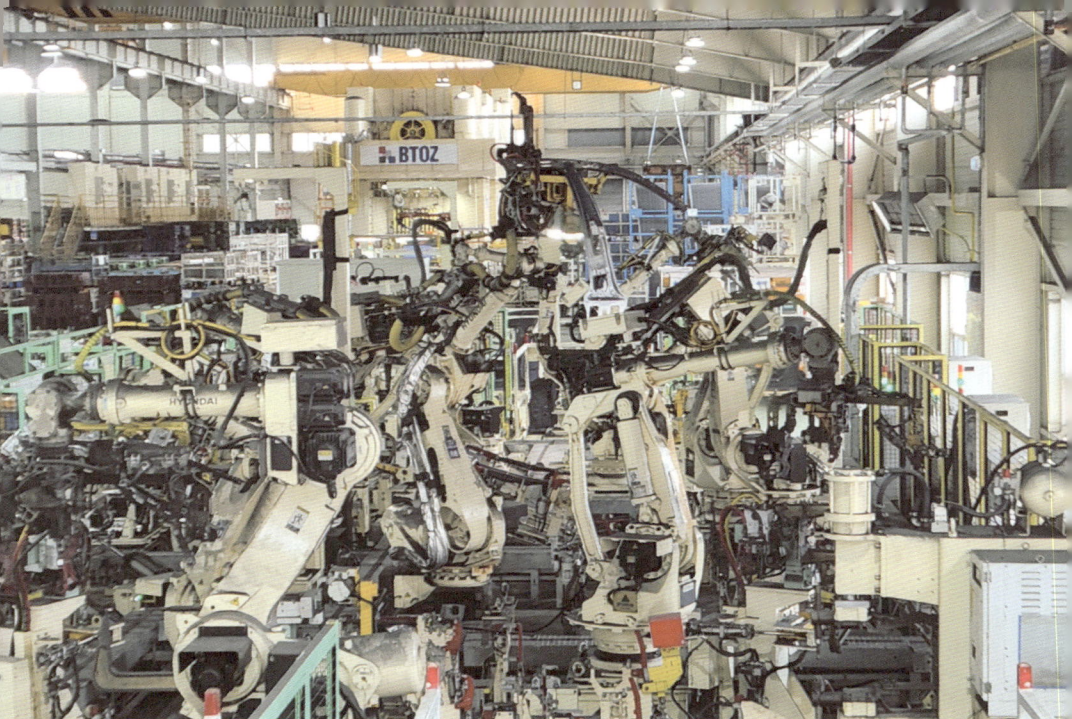

해 GaN 소재 공급망을 안정화하고 기술 개발을 가속화한다.

후루카와전자와 장기 공급 계약을 통해 소재의 안정적인 공급망을 확보하고, 시즈오카대학과는 새로운 GaN 응용 기술을 위한 공동연구를 진행한다.

호세이대학교와는 X선 디텍터향 맘모그래피용 GaN 프로세스를 공동개발 중이며, 국내 ETRI와는 기술 이전 협약을 통해 고전압 GaN 소자 개발도 추진 중이다. 이러한 한일 기술 동맹은 중국의 갈륨 수출 규제와 같은 글로벌 공급망 위기에 대응하며, 비투지의 국제 경쟁력을 한층 강화할 수 있다.

비투지는 먼저 의료용 CT 디텍터 시장에 진입해 지멘스가 독점하는 시장에 도전, 2029년까지 글로벌 CT 디텍터 시장에서 10% 점유율을 목표로, 가격 경쟁력과 기술 우위를 동시에 추구하고 있다. 이후 전기차 시장으로 적용 시장을 확장해 GaN 기반 전력 소자로 전기차 효율을 15% 이상 향상시키고, 이후 데이터센터의 전력 관리, 위성 통신, 방위 산업의 레이더 시스템, 공항 보안 검색 장비로 사업을 다각화한다.

장기적으로는 우주 탐사 장비에 GaN 기술을 적용해 극한 환경에서도 안정적인 성능을 제공하는 것을 목표로, 시장 확장의 무한한 가능성을 열어간다.

관습을 깨는 '핑크 펭귄' 인재 개발과 미래를 향한 발걸음

신 대표는 직원들을 '별'이라 부르며, 실패를 두려워하지 않는 도전 정신을 강조한다. 비투지는 부산 지역 우수 인재를 채용하고, '실패 장려 프로그램'을 통해 실패한 프로젝트에서도 교훈을 공유하며 새로운 아이디어를 장려한다. 정기적인 혁신 워크숍과 글로벌 연수 기회를 제공해 직원들이 최신 기술 트렌드를 접하도록 지원하며, 직원 1인당 연간 50시간 이상의 교육을 보장한다.

신 대표는 "직원 한 명 한 명이 회사의 브랜딩에 기여하는 주체"라며, 그들의 헌신이 회사의 비전과 감동으로 이어지는 상호 성장 모델을 실현한다.

비투지의 앞길이 순탄하지만은 않다. 수직형 GaN 개발의 기술적 난제와 지멘스 같은 글로벌 거대 기업과의 경쟁은 만만치 않은 과제다. 그러나 신 대표는 "최악의 상황을 가정하며 항상 미래를 대비한다"며 도전을 극복할 의지를 다진다.

즉, 현재보다는 앞으로의 10년 후를 생각하는 그는 출장에서도 편안함을 멀리하고, 극한의 환경에서 사람을 만나며 한계를 시험한다. 이는 비투지가 불확실성을 가능성으로 바꾸는 브랜드 가치를 창출하려는 철학과 맞닿아 있다.

비투지의 성공은 단순히 한 기업의 성장을 넘어선다. 부산을 반도체 산업의 허브로 만들고, 한국의 소재 산업 경쟁력을 세계에 알리는 계기가 될 것이다. 신 대표의 말처럼, "대표는 행복하면 안 된다"라는 각오로 그는 멈추지 않고 도전하며 모두를 이끌고 있다.

사람과 기술로 세상을 바꾸는 비투지의 꿈

비투지는 단순한 회사가 아니다. 세상을 이롭게 하고, 미래를 건강하게 하며, 모두에게 행복한 미소를 가져다주는 것이라는 비전으로 사람과 기술을 연결, 세상을 바꾸고자 하는 여정의 주인공이다.

신정훈 대표의 경영 철학은 변화, 인간관계, 시간, 브랜딩과 인내, 비전과 감동이라는 다섯 가지 축을 중심으로 회사의 전략과 사회적 목적을 통합한다. GaN 기술을 통해 의료와 자동차 분야에서 글로벌 리더가 되고, 더 건강하고 행복한 세상을 만들겠다는 비투지의 꿈은 이미 현실로 다가오고 있다. 이 여정에서 직원, 지역 사회, 우리 모두가 각자의 빛을 내며 함께할 수 있기를 기대한다. 비투지의 미래는 곧 우리의 미래이기도 하다.

씨앤씨인터내셔널

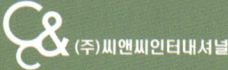

학력	2009	한양대학교 중어중문학과 졸업

경력	2009~2013	씨앤씨인터내셔널 마케팅부 과장
	2013~2018	㈜씨앤씨인터내셔널 제품개발본부 이사
	2018~2024	㈜씨앤씨인터내셔널 부사장
	2024~현재	㈜씨앤씨인터내셔널 대표이사

상훈	2022	제59회 무역의 날 산업통상자원부 장관 표창

K-뷰티 글로벌 열풍의 주역 씨앤씨인터내셔널

씨앤씨인터내셔널은 1997년 설립 이후 색조 화장품 제조 전문 기업(ODM)으로 꾸준히 성장해왔다. 초기 아이라이너, 아이브로우 등 펜슬 품목 제조로 시작한 회사는 현재 립 제품을 비롯해 아이, 베이스, 치크 등 전 카테고리에서 국내외 브랜드와 협력하며 K-뷰티 시장을 선도하는 주역으로 자리매김했다.

씨앤씨인터내셔널은 단순 제조를 넘어, 고객사(브랜드)가 원하는 제품을 더 빠르고 혁신적인 방식으로 제안한다는 점에서 K-뷰티 글로벌 열풍을 이끌어가는 숨은 주역으로 꼽힌다. 최근에는 스킨케어 등 기초 제품 라인까지 확장하며 글로벌 종합 화장품 ODM 기업으로 거듭나고 있다.

씨앤씨인터내셔널 R&I센터

배수아 대표는 씨앤씨인터내셔널 창업주 배은철 회장의 2세로, 영업·마케팅·R&D 실무를 두루 거친 후 작년부터 대표직에 올라 회사를 이끌고 있다. 특히 씨앤씨인터내셔널이 세계적으로 유명한 글로벌 브랜드들과 장기적인 협력 관계를 유지하며 품질과 혁신을 입증하고 있는 것에는 배 대표의 공이 크다.

그는 "ODM 기업이지만 제품을 만들 때마다 '내 브랜드처럼' 생각하고 개발해온 것이 성장의 밑바탕"이라며, "ODM 전문 기업으로서 브랜드의 경쟁자가 아닌 든든한 파트너가 되어 혁신적인 제품 개발과 최고의 품질 제공에 집중하고 있다"라고 설명했다.

매출 성장 끌어온 K-뷰티 리더 배수아 대표

씨앤씨인터내셔널의 성장은 놀랍다. 2009년 매출액 10억 원대 회사에서 지난해에는 매출 2,829억 원을 기록했고, 올해 매출은 3,000억 원을 초과할 것으로 예상한다. 특히 2024년에는 '수출 7,000만 불 탑'을 수상하며 글로벌 시장에서 품질과 기술력을 인정받았다.

코로나19 시기에 립 제품의 판매량이 감소했음에도 회사가 성장 동력을 이어갈 수 있었던 배경에는 카테고리 다각화 전략이 한몫했다. 마스크 착용으로 립 제품이 불필요해진 상황에서 아이섀도나 아이라이너, 치크 같은 포인트 메이크업으로 영역을 넓힌 게 주효했다. 덕분에 팬데믹 시대에도 일정 수준의 매출을 유지하면서 생산 역량을 확충할 시간을 벌 수 있었다.

씨앤씨인터내셔널의 가파른 성장 배경에는 트렌드를 선도하는 혁신적이고 과감한 신제품 개발과 글로벌 브랜드에 먼저 제안하는 적극적인 영업 전략이 있었다. 배수아 대표는 "과감한 제품 개발과 적극적인 제안형 영업 전략이 씨앤씨인터내셔널의 차별화된 경쟁력"이라며 "특히 글로벌 시장을 겨냥한 맞춤형 제품을 통해 주요 해외 고객사들의 신뢰를 얻고 있다"라고 밝혔다.

이러한 성과를 가능하게 한 원동력은 배 대표의 명확한 목표 설정과 탁월한 실행력, 끊임없는 기술 혁신을 위한 투자였다. 배 대표는 씨앤씨인터내셔널을 '글로벌 뷰티 솔루션 파트너'라는 명확한 목표 아래 일관된 전략으로 이끌어왔다. 꾸준한 연구개발 투자와 인재 육성, 글로벌 네트워크 구축이라는 세 가지 핵심 원칙을 지키며 지속적으로 혁신의 성과를 이끌어온 것이다.

최근 성장 과정에서는 글로벌 브랜드의 주문량이 급증해 생산 능력을 초과하는 현상이 나타날 정도로 글로벌 시장에서의 인기를 실감하고 있다. 특히 중동 시장에서 유명한 후다뷰티(Huda Beauty)와의 성공적 협업은 씨앤씨인터내셔널의 글로벌 역량을 입증한 대표 사례다. 이러한 성과를 바탕으로 충청북도 청주시 신공장 건립을 결정, 2027년부터 생산 능력을 대폭 확장해 글로벌 시장 공략을 더욱 강화할 예정이다.

혁신 제형, 생산력 확대, 해외 파트너십 강화라는 세 마리 토끼를 잡으며 한층 더 폭넓은 글로벌 진출이 예고되는 가운데 배 대표는 "중동과 북미, 유럽 등 새로운 시장으로의 진출을 적극적으로 추진하며, 더 다양한 글로벌 고객사들과 협력 관계를 구축할 것"이라며 자신감을 나타냈다.

씨앤씨인터내셔널 비전

배수아 대표는 K-뷰티 산업의 미래는 기술 혁신과 고객 맞춤형 솔루션에 달려 있다며 빠르게 변하는 소비자들의 취향과 니즈를 분석하고 예측해 혁신적인 화장품을 제안하는 데 주력하고 있다고 강조했다. 씨앤씨인터내셔널은 글로벌 색조 시장에 트렌디한 아이디어와 혁신 제형을 제안하며 빠르게 성장해왔다.

배 대표는 "'립퐁듀' 같은 새로운 제형을 국내서 먼저 선보이고, 북미를 비롯한 해외 고객사의 취향에 맞게 변주해 큰 히트를 거둔 사례가 있었다"라며, "처음 국내에서 출시했을 때는 여름철 기온 문제 등으로 출시 초기 판매가 저조했으나 이 실패에 굴하지 않고, 해당 제형을 북미 소비자들의 취향에 맞춰 변형해 재출시했다. 액상형 립글로스에 익숙한 미국 시장에서 스틱형으로 편의성과 위생을 높였다는 점이 크게 통했다"라고 회고했다.

유럽·중동·일본 등에서도 마찬가지로 현지 소비자들이 원하는 사용감과 발색, 지속력 등을 꼼꼼히 연구해 맞춤형 솔루션을 제공해온 점이 이 회사의 가장 큰 경쟁력이다. 씨앤씨인터내셔널은 최근 립, 아이섀도, 블러셔, 하이라이터, 컨실러 등 색조 카테고리뿐만 아니라 스킨케어 분야도 점진적으로 확장 중이다.

신제품 개발과 관련해서는 "단순히 '신기한 제형'을 넘어 소비자의 편의성과 안전을 최우선으로 생각한다"라며, "성장 과정에서 너무 앞선 아이디어는 시기가 맞지 않으면 실패할 수도 있다는 것을 경험했다. 적절한 타이밍에 트렌디하면서도 고객사의 니즈를 반영한 제품을 제안할 수 있는 것이 현재 씨앤씨인터내셔널만의 경쟁력"이라고 강조했다.

씨앤씨인터내셔널의 글로벌 비전은 제품력과 신뢰를 바탕으로 고객사에게 최고의 파트너가 되는 것이다. 이를 위해 지속적인 기술 혁신과 글로벌 품질 기준을 준수하고 있다.

배 대표는 "트렌드를 기획하고 제시하는 ODM 기업으로서 글로벌 색조 화장품 시장의 리더가 되는 것이 우리의 미션"이라며, "이를 위해 품목 다각화와 함께 글로벌 마케팅 역량을 더욱 강화하고, 현지화된 제품 개발과 고객 중심 경영, 지속 가능한 성장을 도모하고 있다"라고 전했다.

현재 준비 중인 청주 신공장이 2027년 본격 가동되면 생산 능력이 대폭 확대되어 글로벌 수출 증가에 탄력이 붙을 전망이다. 배 대표는 "해외 유명 브랜드와의 파트너십 강화를 통해 세계 시장에서 더 큰 입지를 구축하겠다"라는 계획을 밝혔다.

기술 경쟁력 통한 성장 동력 확보

최근 3월, 씨앤씨인터내셔널은 이탈리아 볼로냐에서 열린 '코스모프로프 월드와이드 볼로냐 2025'에 참가해 3일이라는 짧은 행사 기간에도 불구하고 글로벌 브랜드 총 105개와의 상담을 성사시키며 유럽 시장에서 큰 반향을 일으켰다.

'코스모프로프 월드와이드 볼로냐 2025'는 전 세계에서 가장 크고 권위 있는 뷰티 전문 박람회 중 하나로 글로벌 뷰티 트렌드를 한눈에 살펴볼 수 있어 매년 유럽·미주·아시아·중동 등 전 세계 주요 브랜드가 신규 비즈니스 기회를 창출하는 핵심 플랫폼으로 인정받고 있다.

해당 박람회에서 씨앤씨인터내셔널은 혁신적인 기술력을 바탕으로 색조부터 스킨케어까지 폭넓은 라인업을 전시했다. 기존에 없던 신규 스킨케어, 립케어와 아이 메이크업 제형을 선보이며 다양한 텍스처 구현이 가능한 제형 기술력을 강조했고, 자연스러운 착색과 함께 편안한 사용감을 갖춘 신규 립 제형 등을 제안하며 참관객과 바이어들에게 큰 관심을 받았다.

씨앤씨인터내셔널이 3월 '코스모프로프 월드와이드 볼로냐 2025'에서 해외 바이어들과 상담하는 모습

2025년 3월 10일 씨앤씨인터내셔널 퍼플카운티에서 진행된 우수 협력사 시상식에서 배수아 대표(왼쪽 여섯 번째)와 강병영 아모레퍼시픽 전무(왼쪽 일곱 번째)를 비롯한 양사 관계자들이 기념 촬영하는 모습

현장에서 다수의 글로벌 브랜드가 사용감, 발색, 제형 등 씨앤씨인터내셔널의 혁신적인 기술력에 폭발적인 관심을 보이며 반응했고 이번 성과를 통해 향후 유럽을 비롯한 글로벌 시장에서의 입지가 더욱 탄탄해질 것으로 기대된다.

또한 씨앤씨인터내셔널은 아모레퍼시픽에서 주관하는 2024년 협력사 종합 평가에서 제조자개발생산(ODM) 부문 최우수 협력사로 선정되는 쾌거도 이뤘다. 씨앤씨인터내셔널이 아모레퍼시픽 ODM 부문 최우수 협력사에 선정된 것은 2020년과 2023년에 이은 세 번째로 혁신적인 기술력과 엄격한 품질 관리 체계를 기반으로 고객 맞춤형 ODM 솔루션을 제공하며, 높은 제품 경쟁력을 갖춘 점에서 좋은 평가를 받았다.

아모레퍼시픽 협력사 종합 평가는 품질·기술력·공급 안정성 등의 항목을 종합적으로 심사해 우수한 협력사를 선정하는 제도로 최우수 협력사로 선정된 기업은 글로벌 시장에서 경쟁력을 인정받게 된다. 씨앤씨인터내셔널은 창사 이후 아모레퍼시픽 계열 브랜드인 에뛰드(ETUDE), 에스쁘아(ESPOIR) 등에 립스틱, 립틴트, 아이브로, 아이섀도 팔레트 등 포인트 메이크업 제품을 꾸준히 공급해왔으며, 세 번째 수상을 통해 씨앤씨인터내셔널만의 기술력과 제품 퀄리티를 다시 한번 인정받았다.

배 대표는 "이번 수상은 양사의 긴밀한 협업과 지속적인 혁신 노력이 만들어낸 값진 결과"라며, "앞으로도 고객사와의 파트너십 강화를 통해 글로벌 화장품 시장에서 더욱 경쟁력 있는 제품을 선보일 수 있도록 노력할 것"이라고 강조했다.

기업문화와 인재 양성

씨앤씨인터내셔널의 기업문화는 창의성과 도전을 핵심으로 한다. 배 대표는 모든 직원이 자유롭게 의견을 표현하고 창의적인 아이디어를 적극적으로 실행할 수 있도록 조직의 문화를 열려 있고 수평적으로 유지하고 있다. 또한 직원 개개인의 글로벌 역량을 중요하게 여겨, 지속적인 인재 양성에도 적극적으로 투자하고 있다.

배 대표는 "ODM 업계 특성상 창의성을 기반으로 한 글로벌 트렌드 이해와 기술력이 핵심 경쟁력"이라며, "직원들이 자유롭게 의견을 개진하고 창의력을 발휘할 수 있도록 적극적으로 지원하고 있으며 직원들의 글로벌 역량을 키우고 전문성을 강화하기 위한 다양한 교육 프로그램을 제공하고 있다"라고 전했다. 씨앤씨인터내셔널은 이를 통해 인재들의 역량을 키우고, 인재는 회사를 더욱 성장시키는 선순환 구조를 실현하고 있다.

특히 배 대표는 일과 육아의 균형을 위한 조직 문화 조성에도 힘쓰고 있으며, 젊은 여성 직원이 많은 회사로서 직원들의 삶의 질 향상에도 앞장서고 있다.

이런 씨앤씨인터내셔널의 조직 문화에는 "직원이 행복해야 기업도 함께 성장할 수 있다"라는 배 대표의 철학이 담겨 있다. 그는 "직원들이 회사에 자부심을 느끼고 개인의 성장이 회사의 성장으로 이어지는 환경을 만드는 것이 목표"라고 덧붙였다.

경영 철학

배 대표는 "뷰티 시장은 워낙 트렌드 사이클이 빨라 소비자가 원하는 경험을 항상 앞서서 제시해야 하고, 동시에 발색력·지속력·안정성 등 품질에서도 타협이 없어야 한다"라고 강조했다.

씨앤씨인터내셔널이 그리고 있는 청사진은 'ODM 기업'의 개념을 넘어선다. 단지 고객사가 의뢰한 품목을 안전하게 생산해주는 것만이 아닌 신제품을 먼저 기획해 제안하고 시장성 평가를 거쳐 고객사의 브랜드 콘셉트에 맞게 최적화하는 '성공 파트너'의 역할이다.

또한 그는 ESG 경영을 강화해갈 뜻도 내비쳤다. 용기·원료 업체들과 더 긴밀히 협업해 새로운 제형의 개발·생산 과정에서 환경적 영향을 줄이는 방안을 찾겠다는 것이다. 나아가 주변 지역 사회와 함께 할 수 있는 사회 공헌 프로그램을 검토하는 등 '글로벌 K-뷰티 강자'로서의 긍정적 영향력을 확대하겠다는 포부도 있다.

씨앤씨인터내셔널의 경영 철학은 명료하다. 배 대표는 "ODM 기업의 가장 중요한 가치는 고객의 신뢰"라며 "고객의 요구를 정확히 파악하고 완벽한 품질로 구현하는 것이 우리의 사명이며 자체 브랜드를 운영하지 않는 대신, 모든 고객사의 제품을 우리의 이름을 걸고 만든다는 각오로 접근한다"라고 강조했다.

이를 위해 씨앤씨인터내셔널은 글로벌 수준의 CGMP(우수 화장품 제조·품질 관리 기준)를 엄격히 준수하고 있으며 환경적이고 지속 가능한 경영에도 힘쓰고 있다.

"결국 제품의 품질이 기업의 성패를 좌우한다"라는 배 대표는 "다만 색조 시장은 지속적으로 새로움을 추구해야 하기에, 트렌디한 감각과 확실한 납기 준수도 대단히 중요하다. 팀워크를 통해 이를 지켜내는 것이 자사 기업문화의 근간이며 이를 통해 고객과 함께 성장하며 글로벌 시장을 선도하는 기업으로 나아가겠다"라고 다짐했다.

배 대표는 씨앤씨인터내셔널이 앞으로 글로벌 뷰티 산업 전체에서 혁신을 이끄는 주체가 될 것이라 확신한다.

씨앤씨인터내셔널은 이같이 명확한 경영 철학과 비전을 바탕으로 K-뷰티 글로벌화와 함께 지속적으로 성장하고 있으며 향후 글로벌 시장에서 대한민국을 대표하는 K-뷰티 리더 기업으로서 그 위상을 더욱 높여갈 것으로 기대된다.

회장
오원석

코리아에프티㈜   ▲ 코리아에프티주식회사

학력	1971	경기고등학교 졸업
	1975	서울대학교 기계공학과 졸업
경력	1974	현대양행(두산중공업) 입사
	1982	대우조선공업 부서장
	1987	코리아에어텍㈜ 부사장
	1996	코리아에프티㈜ 회장
상훈	2004	제31회 상공의날 표창
	2009	제2회 범죄피해자 인권의날 표창
		세계일류상품 및 세계일류기업 인증 수상
	2010	관세청장상
	2011	글로벌 경영 대상
		제48회 무역의날 5,000만불 수출의탑 수상
	2012	제9회 자동차의날 동탑산업훈장 수훈
		제49회 무역의날 7,000만불 수출의탑 수상
	2013	고용노동부 장관 표창
	2014	산업통상자원부 글로벌 전문 후보기업 지정
		제51회 무역의날 1억불 수출의탑
		제51회 무역의날 산업통상자원부 장관 표창
	2015	2015 한국자동차산업 경영 대상
	2016	제50회 납세자의 날 기획재정부 표창
		한국공학한림원 정회원 선정
	2018	과학기술정보통신부 장관상
		보건복지부 장관상
		안성상공회의소 창립 100주년 '수출유공' 공로패
	2019	고용노동부 장관 표창
		동반성장위원회 위원장상
		SRMQ 최고경영자 대상(부총리 겸 기획재정부 장관 표창)
	2020	산업통상자원부 장관상
	2021	환경부 장관상
	2022	기획재정부 장관 표창, 행정안전부 장관상
	2023	'사회적책임경영품질 컨벤션 2023' 기획재정부 장관상
	2024	산업통상자원부 장관 표창. 기획재정부 장관 표창
	2025	친환경제품부문 환경부 장관상

최첨단 기술력으로 세계 시장 공략

친환경 자동차 부품을 제조하는 기업 코리아에프티㈜는 1984년 창업 이후, 카본 캐니스터 자체 개발로 국내 자동차부품 업계에 모습을 드러냈다.

이후 코리아에프티㈜는 꾸준한 기술력 향상과 인재 양성으로 글로벌 자동차 시장에서 연료 시스템·의장 부품 전문업체로 크게 성장했다. 현재 카본 캐니스터뿐만 아니라 플라스틱 필러넥, 차량용 선쉐이드를 포함한 의장부품을 국산화해 세계 유수 완성차사에 공급하며 국내 자동차산업 발전에 큰 힘을 보태고 있다.

코리아에프티 인도 첸나이 공장 모습

최근 세계적으로 환경 규제가 강화되고 있는 가운데 세계의 수많은 국가가 탄소중립 선언을 하면서 친환경화의 가속화가 이뤄지고 있다. 이에 코리아에프티㈜는 미래 환경 규제 강화에 선제 대응하며 고부가가치 제품을 생산할 수 있는 최첨단 기술력으로 미래 대비에 나선다.

ESG 경영과 함께 최첨단 자동차산업 겨냥

ESG 경영이 세계 기업경영의 중요한 부분으로 떠오르고 있는 가운데 코리아에프티㈜의 대표 제품인 '카본 캐니스터'는 강화된 환경법규 대응에 필수적인 친환경 자동차용 부품이다.

코리아에프티㈜가 세계 최초로 개발한 가열 방식 카본 캐니스터로 미국과 국내에서 특허를 취득했으며, 하이브리드 차량과 같은 증발가스 저탈착 조건에서의 캐니스터 성능 한계를 극복하는 데 성공했다. 현재 카본 캐니스터 시장 점유율은 국내 1위, 글로벌 4위를 기록하고 있으며 이는 끊임없는 연구개발로 일궈낸 결과이다.

기존 소재에 나노클레이를 첨가한 신제품 '플라스틱 필러넥'은 연료 주입구로부터 연료탱크까지 연료를 이동시키는 주유관으로 증발가스 차단성이 기존 제품의 12배 이상 우수하다. 또 스틸과 다층구조 대비 각각 약 45%, 32%의 경량화 효과가 있어 연비 효율도 뛰어난 제품이다. 2018년부터 시장에 공급 중인 이 제품의 우수성을 인정받아 2019년에는 IR52 장영실상을 수상하기도 했다.

또 태양광을 차단해 탑승객의 편의성과 안락함을 제공하는 차량용 선쉐이드를 비롯한 각종 필러, 글로브 박스 등 의장 부품을 개발해 국내외 완성차에 공급하고 있다. 2022년 출시한 폭스바겐의 전기차 전용 MEB 플랫폼 차량 ID BUZZ의 의장 부품 공급업체로 선정되는 등 유럽 친환경 자동차 부품 공급 파트너로서의 입지를 구축하고 있다.

코리아에프티㈜의 활발한 개발 행보는 여기에서 그치지 않는다. 첨단화되고 있는 세계 자동차 산업에 발맞춰 자율주행 자동차 등 차세대 스마트카에 공통으로 적용해 악천후 상황에서도 객체 검출 성능을 극대화할 수 있는 딥러닝 기반의 ADAS(지능형 운전자 보조 시스템) 소프트웨어 알고리즘도 개발했다.

당시 이스라엘 '모빌아이(Mobileye)' 제품이 석권하고 있던 ADAS 시장도 충분히 경쟁력이 있다고 판단, 하드웨어를 넘어 소프트웨어 개발이 필요하다고 본 것이다. 현재 주야간 모든 상황에서 사람, 차량, 표지판 등 다양한 객체를 정확하게 인식하는 카메라 센서 기술의 신뢰도를 100%에 근접하는 데 집중하고 있다.

자율주행차 시대의 도래와 차량용 인포테인먼트 시장의 성장에 발맞추어 어지럼증 없이 고화질 대화면 영상을 감상할 수 있는 개인용 엔터테인먼트 기기인 VIM(Virtual Image Monitor)을 개발했다.

오원석 회장은 "친환경 모빌리티 시장을 선도할 세계 최고 수준의 부품을 개발하고, 미래 모빌리티 시대에 대비한 신기술로 매출 1조 원 시대를 열겠다"며 "기업 성장을 위한 수치적인 목표도 중요하지만, 무엇보다 100년, 200년 후 우리 직원들의 후손들도 함께 일하는 장수 기업으로 만드는 것이 최종 목표"라고 전했다.

친환경 제품으로 대비하는 미래 시장

코리아에프티㈜는 세계 자동차 업계의 재편과 세계화·전문화에 따른 경영 환경의 변화에 발맞춰 1999년 이탈리아 에르곰그룹(ERGOM Holdings S.p.A)과의 자본 합작을 추진했다.

이와 함께 국내 법인은 R&D 기지, 해외 법인은 생산 기지로 발전시키는 글로벌 경영 전략에 따랐다. 그 결과 국내에는 R&D센터, 공장 3곳과 함께 중국, 인도, 폴란드, 슬로바키아, 미국 등 5개국에 해외 사업장을 8개 보유하고 있다.

매출처로는 국내 완성차 업체 5곳은 물론 GM, 르노글로벌, 닛산, 폭스바겐, 볼보, 포르쉐, 스코다, 링크앤코(Lynk & Co), 호존(Hozon) 등을 확보해 글로벌 자동차 부품 메이커로서의 위치를 확고히 하고 있다.

이러한 글로벌 매출 증대와 친환경 자동차(HEV, PHEV, EREV) 시장의 확대에 힘입어 꾸준한 성장세를 이어가고 있다. 2020년 매출액 4,097억 원, 2021년 4,657억 원, 2022년 5,610억 원, 2023년 6,795억 원, 2024년 7,359억 원 등 매년 발표되는 실적으로도 이를 확인할 수 있다. 그 결과 2014년 무역의 날 '1억 불 수출의 탑'을 수상하고, 2024년에는 '기획재정부 장관 표창', '산업통상자원부 장관상'을 수상하는 등 자동차 부품 사업과 국가 경제 발전에 기여한 바를 인정받았다.

주요국의 탄소중립 선언 등은 자동차 분야에도 큰 변화를 불러일으켰다. 이들은 자동차 제조, 연료생산, 주행과 폐기·재활용까지 자

코리아에프티 폴란드 조리(Zory) 공장 모습

동차 전 주기적 평가(LCA, Life Cycle Assessment) 제도 도입을 검토하고 있다. 유럽은 2019년부터 검토를 시작으로 중국도 2025년 이후 도입을 준비 중이며, 미국도 전기차(PHEV 포함) 세제 혜택 등 친환경 정책을 펼치고 있다.

한국자동차공학회의 'LCA 기준으로 온실가스 배출량을 비교'한 결과에 따르면, 코나 전기차와 아이오닉 하이브리드 비교에서 아이오닉 하이브리드차의 탄소 배출량이 더 낮아, LCA가 도입되면 하이브리드차가 더욱 각광받으며 친환경 차량(HEV, PHEV)용 캐니스터 수요도 성장할 것으로 보인다.

미래 친환경 방안으로 자동차 전 주기적 평가 제도 도입뿐 아니라 탄소중립 연료로 불리는 '이퓨얼(e-fuel, 수소와 이산화탄소를 합성해 만든 e-가솔린, e-메탄 등 합성연료)' 적용도 확대될 전망이다. 유럽과 일본에서는 이미 이퓨얼 실증 연구에 나섰으며 우리나라도 2021년 초부터 연구위원회를 창설해 중장기 기술 로드맵을 마련하는 데 나서고 있다.

현재 코리아에프티㈜의 카본 캐니스터에 대한 수요는 꾸준히 늘고 있다. 2021년에도 포르쉐, 상하이GM과 중국 친환경 자동차 전문 브랜드인 호존의 카본 캐니스터 공급 업체로 선정됐다. 이 중 상하이GM과 호존의 캐니스터는 HEV, PHEV 차량용 제품이다. 게다가 폭스바겐, 르노, GM, 지리차 산하 링크앤코 등과 협력 관계도 유지하고 있으며 스텔란티스, 포드(Ford), 크라이슬러 등을 대상으로 적극적인 마케팅을 펼치고 있다.

오 회장은 "자동차 산업의 패러다임 전환 국면에서 코리아에프티㈜의 카본 캐니스터 기술은 현실적인 대안이 될 수 있다"며 "이미 이퓨얼용 카본 캐니스터와 연료 계통 부품의 선행 연구개발도 진행 중"이라고 밝혔다.

사람에서 시작해 제품으로 발전하는 기술력

코리아에프티 오원석 회장은 "코리아에프티의 기술력과 성과는 모두 '사람'에게서 나온다"라며 "언제나 사람이 곧 경쟁력이라고 강조해왔고, 논어의 학이시습 품격고양(學而時習 品格高揚)을 경영 철학으로 삼아왔다"라고 강조했다.

학이시습(學而時習)은 듣고, 보고, 알고, 깨닫고, 느끼고 한 것을 기회 있을 때마다 실제로 실행해보고 실험해본다는 뜻으로, 직접 몸

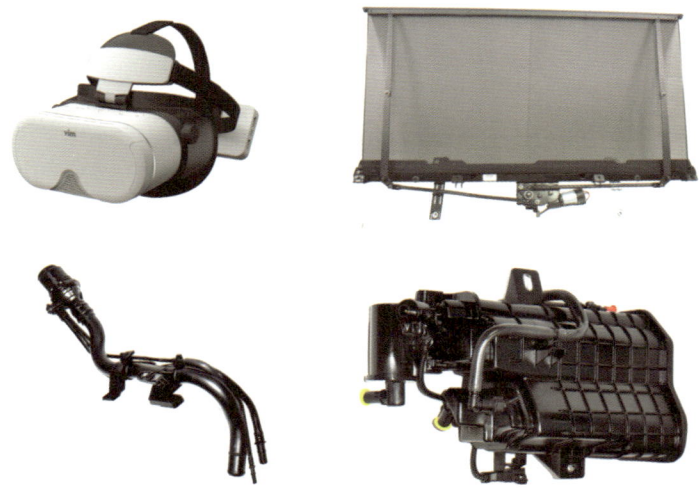

코리아에프티 VIM, 차량용 선쉐이드, 카본 캐니스터, 플라스틱 필러넥 모습(시계 방향)

으로 실천해봐야 새로운 지식이 자신의 지식으로 체화될 수 있다는 것이다.

코리아에프티는 해외에서 전량 수입하던 제품을 국산화하기 위해 타사의 기술을 빌리는 것이 아니라 자체 기술을 개발하는 데 매진했다. 이를 위해 회사에 필요한 인재를 내부 교육을 통해 양성해왔으며, 코리아에프티의 임직원들은 선배로부터 이어받은 기술과 지식을 바탕으로 성장해 나가고 있다. 이렇게 모든 직원이 배우고 개선해 나감으로써 제품 품질도 더불어 향상될 수 있는 것이다.

또한 품격고양(品格高揚)은 이렇게 모든 직원이 서로에게서 좋은 점을 흡수하고 나쁜 점을 개선해 나갈 때, 사람의 품격뿐 아니라 제품의 품격도 동시에 향상되고 발전한다는 것을 의미한다.

아울러 사람을 중요시하는 스킨십 경영을 앞세운 오 회장은 일과 가정의 조화로운 병행과 직원의 이직률을 낮추고 만족도를 높이기 위해 복리후생에도 적극 힘쓰고 있다. 원만한 노사 관계는 생산성 향상과 직원이 자기 능력의 100% 이상을 발휘할 수 있게 하며, 이를 통해 회사도 지속적으로 발전하기 때문이다.

동반성장 문화 조성 확산과 상생협력을 통해 사회에 환원

코리아에프티의 오원석 회장은 동반성장 문화 조성 확산과 상생협력을 통해 경영 문화 발전에도 적극적으로 나서고 있다.

자동차부품산업진흥재단 이사장을 역임한 오 회장은 자동차 부품 사업의 국제 경쟁력 확보를 위해 완성차 임원 출신으로 구성된 경영 컨설팅, 품질 마인드 고양을 위한 품질학교, 경영일반 교육의 개설에 이르기까지 부품업계의 품질·기술력 향상과 인재 육성을 위한 다각적 지원 사업을 펼치고 있다.

또 현대자동차·기아협력회장으로 활동하며 완성차사와 협력사 간의 원활한 협력 관계를 유지하고, 기술 정보 교환을 통해 상호 이익을 증진해 국내 자동차 산업의 글로벌 경쟁력을 더욱 강화하는 데 헌신했다.

그간의 연구 성과와 혁신적인 기술개발로 국가 산업 발전에 기여한 공을 인정받아, 2016년 공학계 명예의 전당이라고 불리는 공학한림원 정회원으로 선정되었으며 현재는 원로회원으로 활동하고 있다. 2019년 고용노동부 장관상과 동반성장위원회 위원장상을 수상하기도 했다.

　기업 간의 상생과 협력을 위한 활동뿐만 아니라 사회로부터 받은 혜택을 사회로 환원하는 일에도 적극적으로 나서고 있다. 투철한 사회봉사 정신에 입각해 자동차 산업 발전뿐만 아니라 지역 사회 발전을 위해 헌신하겠다는 오 회장의 의지에서 시작된 일들이다.

　현재 ㈔평택·안성범죄피해자지원센터 이사장으로 활동하며 범죄 피해자 발생 시 전문 상담과 자립, 의료 지원, 법률 지원, 재정적 지원, 신변 보호 등 다각적인 각도에서 필요한 지원이 효율적으로 이뤄질 수 있도록 원스톱 지원 시스템을 도입했으며, 전국범죄피해자지원연합회 부회장으로도 활동하고 있다.

　아울러 2011년에 범죄 피해자 취업 지원과 피해자 중심의 고용 창출, 복지 향상을 도모하고 심리·미술치료 효과를 볼 수 있는 고용노동부 사회적기업 ㈜무지개공방을 설립, 현재까지 7억 원을 기부했으며 지속적 제품 구매와 홍보를 통해 안정적 운영을 돕고 있다.

　또한 사내 인력 육성을 넘어 다른 기관과의 협력 프로그램 운영, 장학생 지원 등 미래 인재 양성을 위한 다채로운 활동을 펼쳐나가고 있다. 한국폴리텍대학교, 한국장학재단 등의 교육기관과 업무협약을 체결해 자동차 부품 분야 인력 양성과 일자리 창출, 고졸 취업 활성화에 앞장서고 있다.

　2024년부터는 한라대학교 '일학습병행제' 사업에 참여해 기업 맞춤형 교육 과정을 통해 양성한 실무형 인재들을 연구소 정규직으로 채용했다.

　대구경북과학기술원(DGIST) 연구 부문에 다년간의 기부를 통해

사회적 기업 ㈜무지개공방 현판식

산업 발전과 사회에 기여할 수 있는 연구 인력 육성에도 힘쓰고 있으며, DGIST는 해당 기부금을 활용해 2024년 9월부터 특훈교수 제도를 시행, 우수 교원들이 교육과 연구에 전념할 수 있도록 지원하기로 했다.

2023년부터는 글로벌 사업가를 꿈꾸는 한국 청년들과 해외 진출을 희망하는 중소·중견기업들을 돕고자 사단법인 대우세계경영연구회를 매년 후원하고 있다. 오원석 회장은 2024년 8월 청년 대상 특강을 진행해 해외 경험과 사업에 대한 통찰을 공유하는 등 물심양면으로 지원을 이어가고 있다.

이외에도 코리아에프티는 문화예술의 가치와 역할에 기여하고자 성정문화재단의 문화예술인 양성 사업을 후원해오고 있으며, 오원석 회장은 재단 고문을 역임하고 있다.

회장
윤홍근

제너시스BBQ그룹   bb.q

경력		
	1995	제너시스BBQ그룹 창립
		BBQ 1호점 오픈
	1996	BBQ 100호점 오픈
	1999	BBQ 1000호점 오픈
	2000	치킨대학, 물류센터 개관
	2003	BBQ 중국 진출
	2005	BBQ 올리브유 개발
	2007	BBQ 카페 런칭
	2011	BBQ 프리미엄카페 런칭

상훈		
	1999	한국유통대상 국무총리상(1회)
	2003	대한상공의날 동탑산업훈장 수훈
		한국유통대상 국무총리상(2회)
	2005	공정거래위원회 대통령상
	2007	스페인 시민 십자대훈장 수훈
	2009	대한상공의날 은탑산업훈장 수훈
		한국능률협회(KMA) 최고경영자상
		인적자원개발 우수기관 인정(치킨대학)
		창조경영인 마케팅 분야 한국경제CEO 대상
	2010	2010 Korea CEO Summit 창조경영 대상
	2011	한국마케팅관리학회 마케팅 대상
		소비자 품질만족 대상
		(사)한국취업진로학회 주관 '제1회 고용창출 선도 대상'
	2012	글로벌 마케팅 대상 최고경영자상
		제17회 한국유통대상 대통령상
	2014	일자리 창출 정부포상 대통령상
	2015	대한민국식품대전 금탑산업훈장 수훈
		2015 요우커 만족도 치킨 부문 1위
	2016	12년 연속 브랜드스탁 선정 치킨업계 1위
		대한민국 100대 CEO 10년 연속 선정
	2017	대한민국 100대 CEO 11년 연속 선정
	2018	포항지진 지원 유공 행정안전부 장관상, 경상북도 도지사 감사패
		매일경제 '2018 대한민국 글로벌 리더'
		2018 대한민국 고용친화 모범경영 대상
	2019	'2019 대한민국 브랜드 스타' 치킨 부문 브랜드 가치 1위
		'2019 대한민국 100대 브랜드' 29위
		국가브랜드 대상 '브랜드 치킨 전문점 부문' 대상
	2020	대한민국 100대 브랜드 28위
		대한민국 창업 대상 국무총리 표창
	2022	국민훈장 모란장 수훈
		대한민국 100대 브랜드 24위

유지경성의 자세로 글로벌 경제위기 돌파 선언

"국내외적인 불확실성의 위기 속에서 기회를 찾는 '유지경성(有志竟成, 뜻이 있으면 반드시 이룰 수 있다)'의 자세로 세계 최고의 프랜차이즈 그룹으로 성장해 나아가자"라고 포부를 밝혔다.

제너시스BBQ 그룹은 2024년 지정학적 갈등과 금융 시장 불안 등의 경영 환경 속에서도 뉴욕 타임스퀘어(Times Square)에서 브랜드 광고를 하는 등 과감한 혁신으로 'K-푸드'를 통해 한국의 문화를 전 세계에 알리는 대표 브랜드로 자리 잡아 프랜차이즈 종주국인 미국 전체 50개 주 중 절반이 넘는 31개 주 진출이라는 독보적인 성과를 올렸다.

현재 BBQ는 전 세계 57개국에 700여 개 매장을 운영하고 있다. 특히 미국 진출 성공 노하우를 활용해 바하마, 파나마, 코스타리카, 말레이시아, 필리핀 등 중남미와 동남아, 피지까지 확장하며 기하급수적인 확장세를 이어가고 있다.

제너시스BBQ 그룹은 지난해 세계의 중심으로 불리는 미국 타임스퀘어에서의 BBQ 브랜드 광고와 한국관광공사와 손잡고 K-컬처를 알리기 위해 K-푸드 대표 브랜드로 참여해 현지에서 캠페인을 진행했다. 이는 BBQ가 단순한 해외 진출을 넘어 프랜차이즈 종주국인 미국에서 K-푸드를 대표하는 브랜드로서의 위상을 보여줬다.

제너시스BBQ 그룹은 위기를 위험과 기회로 구분하고, 위기 속에서 기회를 찾아 성장하는 독자적 DNA를 가지고 있다. 전 세계적으로 급변하는 환경 속에서 유지경성의 자세로 지혜롭게 어려움을 극복하고 앞으로 나아갈 계획이다.

'건강한 치킨'으로 '행복한 세상'을 만드는 기업

윤홍근 제너시스BBQ 그룹 회장은 어린 시절부터 장래 희망을 묻는 질문에 '기업가'라고 답했다. 윤 회장이 학교에 다니던 시절은 보자기에 책과 공책, 연필 등을 싸서 허리에 동여매고 고무신을 신고 뛰어다니던 때였다. 그러던 어느 날 여수 시내에서 경찰공무원으로 일하시던 아버지가 선물로 책가방과 운동화를 윤 회장에게 건넸다. 당시 윤 회장은 매끈한 가방과 튼튼한 운동화에 감탄하며 누가 이런 제품을 만드는지 아버지에게 여쭈었다. '기업'이라는 답을 들은 그는 그 자리에서 바로 결심했다. 어른이 되면 기업을 만들어 사람들을 행복하게 해주겠노라고.

시간이 흘러 윤 회장은 미원그룹에 입사해 평범한 샐러리맨으로 사회생활을 시작했다. 직원이었지만 뜨거운 피가 끓었고 'CEO처럼 일하는 직원'이 회사 생활의 모토가 됐다. 그는 최고경영자의 눈으로 없는 일도 만들어서 했고, 동료들 사이에서 일벌레로 소문이 났다. 직장생활을 시작한 이후 밤 12시 이전에 귀가한 적이 없을 정도였다. 윤 회장은 지금도 신입사원을 채용할 때 항시 "CEO처럼 일할 준비가 되어 있는가"를 묻는다. 주인의식을 가지고 임할 때 안 될 것은 없다는 것이 그의 지론이다.

회사 생활을 하던 어느 날이었다. 윤 회장은 길을 걷던 중 담배 연기가 자욱이 밴 허름한 통닭집에서 엄마와 아이가 통닭을 먹고 있는 모습을 봤다. 그때 불현듯 어린이와 여성을 타깃으로 깨끗하고 건강에도 좋은 치킨을 만들어서 팔면 좋겠다는 생각이 그의 머릿속을 스쳤다. 지금은 누구나 생각할 수 있을지 모르지만, 치킨집은 곧 호프집이었던 당시에는 획기적인 발상의 전환이었다.

윤홍근 회장은 1995년 7월 회사에 사표를 제출하고 같은 해 9월 1일 자본금 5억 원으로 BBQ를 설립했다. 전셋집을 월셋집으로 옮기고 통장을 탈탈 털어 1억 원을 마련했지만, 나머지 4억 원이 문제였다. 지인과 선후배를 찾아다니며 십시일반 투자를 받았다. 그를 믿고 당시 집 한 채에 해당하는 큰돈을 선뜻 투자해준 지인들을 생각하며 윤 회장은 악착같이 일했다.

사무실에 야전침대를 갖다 놓고 밤낮으로 일하며 시간과 비용을 절약하기 위해, 라면으로 끼니를 때우기 일쑤였다. 무엇보다도 어린이와 여성이 좋아하는 깨끗하고 건강한 치킨을 만들기 위해 가장 큰 공을 들였다. 사업을 시작한 이후 하루도 닭을 먹지 않은 날이 없고 최상의 치킨 맛을 내기 위해 생닭을 먹는 일도 있었다.

프랜차이즈 교육과 연구의 산실, 치킨대학

황금올리브 치킨과 함께 BBQ의 '성공'을 견인한 다른 한 가지를 꼽으라면, 단연 '치킨대학'이다. 윤홍근 회장은 평소 "프랜차이즈 사업은 곧 교육 사업"이라 말하며 프랜차이즈 사업을 함에 있어 교육에 대한 굳은 신념을 갖고 있었다.

1995년 창업 초기에도 윤 회장은 임대 건물의 2개 층 중 1개 층을 교육장으로 사용하는 등 초기 자본금의 60%가량을 교육에 투자했을 정도로 각별한 공을 들였다. 2000년 경기도 이천시 설봉산 자락에 세계 최초로 설립한 BBQ '치킨대학'은 교육에 대한 윤 회장의 확고한 철학이 빚어낸 결과물이다.

치킨대학은 약 33만 578㎡ 중 26만 4,462㎡ 부지에 4층 규모의 충성관, 5층 규모의 혁신관으로 조성되어 있으며, 강의실 총 7개와 실습시설 11개, 숙소시설 40개로 구성된 국내 최대의 외식 사업가 양성 시설이다. 제너시스BBQ 가맹점을 계약한 사람이라면 모두 치킨대학에서 2주간 점포 운영과 더불어 경영자적 마인드를 함양하기 위한 합숙 교육을 받아야 하며, 본사 직원들을 최고의 외식 산업 전문가로 양성하기 위한 교육 역시 이곳에서 이뤄진다.

이와 더불어 학생과 일반인들을 대상으로 치킨을 직접 조리하고 맛보며 다양한 강연과 체육활동, 레크리에이션도 함께하는 'BBQ 치킨캠프'를 운영해오며 이천교육청으로부터 평생교육시설로 지정되었으며, 2023년 12월엔 교육부로부터 교육기부 진로체험 인증기관으로 인증받았다.

또한 치킨대학에는 BBQ가 자랑하는 R&D센터 '세계식문화기술원'이 함께 있다. 석박사급 전문 연구진들 40여 명이 '최고의 맛'을 찾아 새로운 제품을 개발하기 위한 끊임없는 연구가 이뤄지고 있는 곳이다. 신메뉴로 접목 가능한 세계 각지의 음식과 재료를 찾아 프랜차이즈로서의 상품성을 판단하고 제안하며, 제품 조리에 맞는 주방설비의 개발까지 맡아 진행한다. 기업이 발전함에 있어 가장 중요한 '교육'과 '연구'를 책임지는 치킨대학은 세계 최고의 프랜차이즈 기

제너시스BBQ 그룹의 치킨대학 전경

업으로 비상을 꿈꾸는 제너시스BBQ의 든든한 두 '날개' 역할을 충실히 수행하고 있다.

BBQ의 '가맹점주'가 아닌, '패밀리'인 이유

프랜차이즈 사업에 있어서 가맹점과 본사의 신뢰는 그 무엇보다 중요하다. '가맹점이 살아야 본사가 산다'를 경영이념으로 삼는 BBQ는 가맹점주라는 말도 사용하지 않고 '패밀리'라고 칭하며 상생의 가치를 실천하고 있다.

가장 대표적인 상생 제도가 패밀리 자녀 학자금 지원이다. 10년 이상 패밀리 자녀들에게 장학금을 지급하고 있는데 현재까지 지급한 장학금 액수만 총 17억 원이 넘는다. 장학금 수여 제도는 10년을 이어온 BBQ만의 전통으로, 사회 구성원으로 성장한 패밀리 자녀들이 편지나 메일을 통해 취업과 결혼, 유학 소식 등을 전해올 때 윤 회장은 기업가로서 가장 큰 보람을 느낀다고 한다.

또한 BBQ는 패밀리가 '동' 위원, 본사 담당자가 '행' 위원이 되어 본사 정책과 관련된 모든 것을 논의하고 토론하는 '동행위원회'를 발족했다. 동행위원회를 통해 본사와 패밀리 간 상생, 동반성장을 실천하기 위함이다.

특히 2020년 8월부터 한 달간 '네고왕'을 통해 최단기간 내 자체 앱 가입자 수가 약 8배가 증가한 260만 명을 돌파했으며, 자체 앱 주문 시 7,000원 할인된 금액으로 제공했다. 이 행사를 2회 진행했으며 할인된 1만 4,000원은 패밀리 부담 없이 본사 약 360억 원의 마케팅 비용을 전액 부담해 패밀리와 상생 경영에 대한 윤홍근 회장의 의지도 담았다.

현재는 가입자 400만 명을 돌파하며 업계 최대 자사 앱 규모를 운영하고 있으며, 자사 앱 마케팅 활성화를 통해 패밀리의 수수료 부담은 절감하고 고객의 만족도를 높여 상생 경영에 앞장서고 있다.

또한 BBQ는 자사 앱 주문 시 금액 할인 쿠폰, 사이드 메뉴 증정 쿠폰 등 소비자들에게 실질적인 혜택 제공을 통해 패밀리들의 수익성은 높이고 소비자들의 만족도 또한 높이고 있다.

'가맹점이 살아야 본사가 산다'라는 제너시스BBQ 그룹의 경영철학을 담은 프로모션으로 패밀리의 부담 금액은 '0'으로 본사에서

BBQ는 패밀리가 '동' 위원, 본사 담당자가 '행' 위원이 되어 본사 정책과 관련된 모든 것을 논의하고 토론하는 '동행위원회'를 발족했다.

할인된 금액을 전액 부담했다. 어려운 경제 환경 속에서 유례없는 매출 상승을 이룬 패밀리들은 본사와 패밀리 간 소통 창구인 BBQ 내부 온라인 게시판을 통해 호평을 전하고 있으며, 향후 매출과 사업 신장의 기대감을 표출하고 있다. BBQ는 이번 마케팅을 통해 전년 대비 2배 이상의 기하급수적인 매출 상승을 경험하고 있다.

사회적 책임에 앞장서는 선진형 기업

BBQ는 아프리카 구호단체인 '아이러브아프리카'와 업무협약을 체결하고 아프리카 어린이 돕기에 앞장서고 있으며 세계적인 빈곤과

BBQ는 '아이러브아프리카'와 함께 아프리카 지역의 빈곤과 기아 문제 해결을 위해 후원 활동에 앞장서고 있다.

기아 문제 해결을 위해 '제로 헝거(Zero Hunger, 기아 없는 세상) 협약식'을 갖고 후원 활동에 앞장서고 있다.

BBQ는 패밀리와 함께 고객이 치킨을 주문할 때마다 본사와 가맹점이 마리당 각각 10원씩, 총 20원을 적립해 기금을 모으는 매칭펀드 방식으로 아이러브아프리카와 연간 약 4억 원을 전달해오고 있으며 현재까지 약 23억 원을 기부해오고 있다.

이외에도 BBQ는 릴레이 형식으로 지역아동센터와 노인복지관 등에 치킨을 지원하는 '치킨릴레이', '착한기부', '찾아가는 치킨릴레이', '치킨캠프' 등 나눔행사를 매주 진행하고 있다. 이 밖에 패밀리의 재능기부와 봉사활동 형식으로 매장 인근 지역아동센터, 노인복지관, 장애인복지관 등에 치킨을 조리해 나눠주는 등 '패밀리와 함께하는 치킨릴레이'를 진행하고 있다.

또한 무안공항 사고 현장 치킨기부, 경북 산불 지역 치킨기부, 강원 산불 지역 성금과 치킨기부, 포항 지진 피해 현장 치킨기부, 곡성/구례 지역 폭우 피해 복구 현장 치킨기부, 튀르키예 지진 구호 성금 기부, 우크라이나 전쟁 피해 아동 기부금 전달 등 국내외 국가 재난과 자연재해 발생 시에도 적극 지원하며 사회적 책임에 앞장서고 있다.

윤홍근 선수단장, 프랜차이즈 업계 위상 높였다

윤홍근 회장이 선수단장으로 선임된 것은 대한빙상경기연맹과 서울시 스쿼시연맹 회장으로 활동하며 국내 스포츠 저변 확대에 기여한 공을 인정받은 덕이다. 선수단장 선임 이전부터 빙상경기연맹 회장을 맡아 일주일에 한 번은 꼭 진천선수촌을 방문해 선수들을 챙기고 스스럼없이 선수들과 이야기를 나누는 등 집 안의 맏형 같은 모습이 있었기에 가능한 일이었다.

이번에 윤홍근 회장은 해외 시장에서 패밀리(가맹점주)를 아낌없이 지원하며 '글로벌 식품 기업'으로의 위상을 높였던 글로벌 경영 마인드를 바탕으로 현지에서도 선수들을 가족같이 여기며 편안하게 훈련에 임하고 기량을 마음껏 발휘할 수 있도록 선수단 안팎에서 환경 조성에 힘썼다.

특히 금전적 지원뿐 아니라 선수들의 생활에서도 불편함이 없도록 세심하게 챙기는 모습을 보였다. 개막식 전에 선수들의 안녕을 기원하며 지낸 설 합동 차례를 시작으로, 타지에서 설을 맞이하는 선수들을 위해 세뱃돈을 전달하고 현지에서 생일 파티를 함께하며 선물을 전하기도 했다. 또한 선수들의 훈련에 지장이 없도록 주로 점심시간에 선수단과 점심 식사를 같이하며, 선수단의 균형 잡힌 영양 공급과 체력 증진을 돕는 식단을 체크하기도 했다.

급식지원센터가 위치한 장자커우, 옌칭 지역을 직접 방문해 사소한 것 하나까지도 직접 챙기며 선수들의 맏형을 자처하면서 부드러운 분위기로 선수들에게 다가갔다. 또한 윤홍근 회장은 선수촌에만 머무르지 않고 박병석 국회의장 등 국내 주요 정부 인사 방문 시 현지 호스트 역할을 자처하기도 하며 바쁜 일정을 소화했다.

윤홍근 회장은 2022 베이징동계올림픽에서 편파 판정으로 인한 선수들이 받은 부당한 대우에 두 팔을 걷고 나서는 모습을 보였다. 2022년 2월 6일, 쇼트트랙 남자 1,000미터 경기에서 편파 판정 논란이 일었다. 당시 경기에서 1등으로 결승점을 통과한 황대헌 선수와 함께 출전한 이준서 선수가 레인 변경 반칙으로 실격 처리된 것이다.

윤홍근 회장은 "선수단장으로서 정당하고 공정한 경기 환경을 만들지 못하여 5,000만 국민에게 스포츠를 통한 행복과 기쁨을 지켜주지 못하고 선수들이 4년간의 젊은 청춘을 바쳐 피땀을 흘린 노력을 지켜주지 못해 죄송합니다"라는 말을 시작으로 현지 기자단을 대상으로 긴급 기자회견을 열었다.

심판의 편파 판정에 대해서 부당성을 제기했으며, "경기장에 있었던 심판이 전부가 아니라 이 경기를 지켜본 전 세계 80억 인류가

제너시스BBQ 그룹 윤홍근 회장이 2022 베이징동계올림픽 선수단장으로서 긴급 기자회견을 열고 현지 기자들과 기자회견을 하고 있다.

이 경기의 80억 심판은 모두 같은 마음으로 이 경기를 심판했을 것입니다. 대한민국의 승리이자 메달을 이미 획득한 것이나 다름없습니다"라고 확신에 찬 말로 선수들의 사기를 진작시켰다.

국제적인 경기에서는 스포츠맨십이 공정하게 담보되어야 하는데 담보되지 않는 경기에 대해서는 강력한 항의를 통해 CAS에 제소하고 ISU, IOC 회장 면담을 통해 공정한 스포츠맨십을 바탕으로 남은 경기를 치를 수 있도록 보장받겠다고 말했다.

"경기 초반이기 때문에 철수는 안 됩니다. 4년간 피와 땀을 흘린 우리 젊은 선수들의 청춘을 박탈할 수는 없습니다"라고 심지를 굳히며 심판의 공정성을 보장받기 위해 '강력한 항의'를 했고, 다음 날 분위기는 반전되었다.

윤홍근 회장은 지속적인 ESG 경영 활동으로 지역사회공헌과 청년 일자리를 창출하고, 한국식 치킨을 K-FOOD의 대명사로 전 세계에 널리 알리는 등의 공로를 인정받는 동시에 세계적 무대에서 한국 빙상 스포츠의 저변을 넓힌 점을 높이 평가받아 국민훈장인 모란장 훈장을 수훈했다.

통 큰 지원, 치킨연금 행복 전달식

'치킨연금'은 스포츠 분야에 대한 통 큰 지원을 이어오던 윤홍근 회장이 베이징동계올림픽 대회 초반 개최지인 중국의 노골적인 편파 판정에 불이익을 당한 국가대표 선수들의 평정심 회복과 사기진작을 위해 꺼내든 또 하나의 통 큰 약속이었다.

윤홍근 회장이 선수단장으로서 황대헌 등 3명의 선수를 격려하는 과정에서 "어떻게 하면 이러한 충격에서 벗어나서 평상심을 찾을 수 있겠습니까"라고 묻자, 황대헌 선수가 "저는 1일 1닭을 하는데 평생 치킨을 먹게 해주면 금메달을 딸 수 있을 것 같습니다"라고 답해 평생 치킨을 먹게 해주겠다고 수락한 내용이 언론을 통해 알려지며 '치킨연금'이라는 신조를 만들어냈다. 다음 날 황대헌 선수는 쇼트트랙 스피드스케이팅 남자 1,500미터에서 금메달을 획득했다.

금메달리스트인 황대헌(22)에게 38년간, 최민정(23)에게 37년간 매월 또는 매 분기 초에 치킨연금에 해당하는 금액을 멤버십 포인트로 지급하고 차민규, 서휘민, 이유빈, 김아랑, 이준서, 곽윤기, 박장혁, 김동욱, 정재원 등 은메달리스트 9명과 쇼트트랙 여자 3,000미터 계주 멤버로 참가한 박지윤 선수도 주 2회 20년간 치킨 연금 혜택을 받게 됐다. 동메달리스트인 김민석, 이승훈 선수는 주 2회 10년간 치킨

제너시스BBQ 그룹 윤홍근 회장(가운데)이 황대헌 선수, 최민정 선수, 이준서 선수, 이유빈 선수로부터 치킨연금 포상자들이 사인한 유니폼을 들고 사진 촬영을 하고 있다.

연금을 받게 됐고 빙상 종목을 제외한 동계올림픽 5개 종목 각 협회에서 추천한 1명씩 5명의 국가대표 선수에게 격려상을 통해 주 2회 1년간 치킨 제공을 약속했다.

업계 1위를 넘어 이제는 세계 1위로

2003년 BBQ는 큰 결단을 내렸다. 국내 외식 프랜차이즈를 한 단계 발전시키고자 중국 진출을 강행했다. BBQ는 현재 미국, 캐나다, 파나마, 코스타리카, 바하마, 독일, 필리핀, 베트남, 말레이시아, 대만, 일본, 피지 등 해외 57개국에 진출해 700여 개 매장을 운영하고 있는 글로벌 외식 프랜차이즈 기업이 되었다.

특히 BBQ는 프랜차이즈의 종주국인 미국에서 세계 경제의 심장부인 뉴욕 맨해튼에 맨해튼 32번가점을 오픈했다. 30년간 축적된 프랜차이즈 시스템과 노하우를 전부 담아 직영점 형태로 진출했다. 이 매장은 일 매출 4만 달러를 넘어서며 한식의 우수성과 선진화된 대한민국 외식문화를 뉴요커, 전 세계 관광객들에게 널리 알리는 글로벌 플래그십 스토어가 되었다.

이에 그치지 않고 BBQ는 최근 미국 유타주에 추가로 진출하며 미국에서 50개 주 가운데 31개 주에서 매장을 운영하며 K-푸드와 브랜드 가치가 가파른 성장세를 이어가고 있다.

이를 증명하듯 지난 3월, 연간 12억 명 이상이 사용하는 글로벌 종합 리뷰 플랫폼인 옐프(Yelp)가 선정한 '2025년 미국에서 가장 빠르게 성장하는 브랜드 톱 50'에서 BBQ가 7위를 기록했다.

옐프는 2004년 설립해 2023년 기준 약 1억 명 이상의 월간 활성 사용자(MAU, Monthly Active User)를 보유한 세계적인 리뷰 플랫폼으로 미국뿐 아니라 캐나다, 영국, 아일랜드, 오스트레일리아, 뉴질랜드에서도 다양한 사업에 대한 소비자들의 리뷰를 취합, 공유하는 서비스를 제공하고 있다.

이 밖에도 미국 푸드 전문 매거진 〈테이스트 오브 홈(Taste of Home)〉을 통해 '최고의 후라이드 치킨'으로 선정, 글로벌 외식 전문지 〈네이션스 레스토랑 뉴스(Nation's Restaurant News)〉는 2021년부터 2023년까지 '미국 내 가장 빠르게 성장한 외식 브랜드'로 발표, 'FOX 35 Orlando'에 현지인들이 즐겨 찾는 'K-치킨'으로 보도됐고, 음식 전문지 〈매쉬드(Mashed)〉에 놀라운 성장세를 보이는 K-치킨의

제너시스BBQ 그룹 윤홍근 회장이 미국 뉴저지주의 경제 발전, 일자리 창출 기여 등의 공로를 인정받아 미국 뉴저지주 의회가 수여하는 표창장을 받고 뉴저지주 하원의원 엘렌 박(Ellen Park)과 기념 촬영을 하는 모습

대표 브랜드로 소개된 바 있다. 또한 세계적인 유명 레스토랑 전문지 〈QSR(Quick Service Restaurant) 매거진〉에 K-치킨의 대표 브랜드로 소개되며 글로벌 기업의 위상과 한식의 맛을 더한 K-치킨으로 K-푸드의 위상을 입증했다.

제너시스BBQ 그룹은 지난해 세계의 중심으로 불리는 미국 타임스퀘어에서의 BBQ 브랜드 광고와 한국관광공사와 손잡고 K-컬처를 알리기 위해 K-푸드 대표 브랜드로 참여해 현지에서 캠페인을 진행했다. 이는 BBQ가 단순한 해외 진출을 넘어 프랜차이즈 종주국인 미국에서 K-푸드를 대표하는 브랜드로서의 위상을 보여줬다.

윤홍근 회장의 비전은 뚜렷하다. 2030년까지 전 세계 가맹점 5만 개를 성공적으로 오픈해 맥도날드를 추월하는 세계 최대 최고 프랜차이즈 기업으로 성장하는 것이다. 윤 회장은 말하는 대로 이뤄진다는 '시크릿 법칙'과 어떤 기대나 강력한 믿음을 가지면 실제로 이뤄진다는 '피그말리온 효과'를 믿고 있다.

지나온 시간 동안 위기도, 실패도 종종 있었지만, 항상 위기는 기회가 되었고, 실패는 다시 일어서는 밑바탕이 되었다. '맥도날드를 뛰어넘는 세계 최대 최고 프랜차이즈 기업'이란 목표에 대해 누군가는 허황된 꿈이라고 할지 모르지만, 오늘도 제너시스BBQ 그룹은 전 세계 매장 5만 개 개설이라는 구체적인 목표를 달성하고자 부지런히 전진하고 있다.

회장
이동재

알파그룹

| 학력 | 1996 | 중앙대학교 경영대학원 중소기업경영자과정 수료 |

경력	1971	알파문구사 설립
	1987	알파문구센터㈜ 법인 전환 대표이사
	1992	전국문구협동조합 이사
	1997	알파 전국체인점협회 회장
	1998	남원고등학교 장학재단 이사
	2006~현재	연필장학재단 이사장
	2010~현재	한국문구인연합회 이사장
	2015~2018	한국문구공업협동조합 이사장
	2023~현재	중소기업중앙회 부회장

상훈	2000	한국능률협회 프랜차이즈 우수업체 선정
	2001	한국 프랜차이즈대상 우수브랜드상
	2002	산업자원부 장관상
	2004	우수납세자 국세청장상
	2009	제36회 상공의날 산업포장 수훈
	2011	한국유통대상 유통효율혁신부문 지식경제부 장관상
	2013	세종대왕 나눔 대상 서울특별시 시장상
	2018	한국유통대상 산업통상자원부 장관상
	2021	대한민국 100대 프랜차이즈 기업 10년 연속 선정
	2024	대한민국 글로벌리더 10년 연속 선정

문구 생활 산업의 선도자 '알파'

문구란 역사를 변화시킨 최고의 작품이며, 인류 문화 혁신의 아이콘이다. 또한 상상하는 모든 것을 이루게 하는 매개체가 바로 문구이다. 그만큼 문구는 우리 역사와 생활 속에서 식탁 위의 간장처럼 삶을 윤택하게 하는 토대가 되어왔으며, 또 한편으로는 역사적 중요한 가치를 기록하는 역할을 해왔다.

알파는 이러한 문구의 가치를 넘어서 문구를 '문구 생활 산업(Lifestyle Stationery Industry)'이라는 새로운 개념으로 주도했다. 즉 문구의 개념을 일상 속 창의와 감성, 생산성을 높이는 '생활필수품'으로 재정의하는 접근이다. 펜 하나, 노트 한 권에도 사용자 경험과 감성, 기능성을 더해 고객의 삶의 질을 높이는 제품을 개발하고, 오프라인 매장과 온라인 플랫폼 모두에서 문구를 통한 생활 속의 가치 창출을 실현한다는 것이다. 알파는 향후 문구와 연계한 콘텐츠 산업, 교육 산업, 공간 연출 등 융합형 산업 확장까지 내다보고 있다.

전통 문구의 확립과 확산

알파는 반세기 가까운 역사 속에서 축적된 노하우를 기반으로, 대한민국 고유의 전통 문구 문화의 정체성과 자부심을 세계에 알리는 데 앞장서고 있다.

알파는 역사의 변화를 주도해온 문구의 우수성을 확산하고, 전통 문구의 주체성 확립을 통해 지속 가능한 생태계를 구축하며, 국

알파그룹

내 문구 산업의 뿌리를 지키는 역할도 함께 수행하고 있다.

브랜드 가치 중심의 시장 진출

알파는 단순히 가격이 저렴한 게 좋은 제품이 아닌 '가치가 있는 상품'이 사랑받는 시대를 열어가고 있다. 단순 가격 경쟁을 벗어나 브랜드 스토리, 지속 가능성, 품질, 디자인, 감성적 가치 등 다양한 차원에서 '브랜드 가치'를 강화했다. 이를 위해 고유한 브랜드 라인을 구축하고, 다양한 아티스트 디자이너와의 협업을 통해 고객의 자부심과 만족감을 높이는 '프리미엄 문구 시장'을 개척하고 있다. 알파 브랜드는 '문구는 인간이 만든 최고의 작품이다'라는 철학을 바탕으로, 신뢰와 감동의 상징이 될 것이다.

디자인 혁신을 통한 차별화

디자인은 기능을 넘어 브랜드의 얼굴이다. 알파는 국내외 트렌드와 소비자의 니즈를 반영한 '디자인 중심 제품 개발'에 박차를 가하고 있다. 실용성과 심미성을 조화시킨 '생활 속 디자인'을 통해 문구 본연의 가치와 감성을 동시에 전달하며, 브랜드 충성도를 높일 것이다. 또한 '친환경 소재, 모듈형 구성, 사용자 맞춤형 디자인' 등 차별화된 요소를 도입해 시대 흐름에 발맞춘 혁신을 이어가고 있다. 디자인 경쟁력은 곧 브랜드 경쟁력이며, 알파는 이를 기반으로 글로벌 문구 디자인의 기준을 새롭게 정립할 것이다.

알파 창립 54주년의 의미

2025년, 알파는 창립 54주년을 맞이했다. 1971년, 서울의 상징적인 문화 중심지인 남대문에서 출발한 알파는 반세기를 넘는 시간 동안 '문구'라는 일상의 물건을 문화로 승화시키며 성장해왔다. 알파는 단순히 상품을 파는 기업을 넘어 창의와 기록, 교육과 생활의 순간마다 함께하는 브랜드로 자리매김해왔다.

54년이라는 시간은 결코 짧지 않다. 그 안에는 수많은 변화와 도전, 그리고 기회가 있었다. IMF, 디지털 시대의 도래, 온라인 커머스의 확산 등 수많은 산업의 변화를 겪으면서도 알파는 가치 중심의 경영과 고객 신뢰 기반의 유통망, 혁신을 두려워하지 않는 자세로 업계를 선도해왔다. 알파는 54년의 역사 속에 '국내 최초의 문구 프랜차이즈 도입', '연필장학재단을 통한 나눔 문화의 확산', 세계인과 함께하는 '글로벌 동행'을 통한 K-문화의 진출을 끌어내고 있다.

또한 알파는 문구 산업에서 '카테고리 리더' 역할을 충실히 해왔다. 알파는 전국 가맹점과 직영점 700여 개 이상을 통해 대한민국 전역에 고른 문구 유통 인프라를 보유하고 있다. 문구 소매 시장이 분산화되어 있는 구조 속에서도 효율적인 유통 시스템과 브랜드 신뢰도를 바탕으로 문구 산업의 표준화와 규모화를 끌어낸 주역이다.

알파는 문구 소비의 카테고리를 다양화하고 소비자의 선택지를 넓히는 역할을 충실히 해왔다. 사무용품, 학용품, 디자인용품, 팬시, 화방, DIY, 생활용품 등 카테고리별로 깊이 있는 전문성을 확보하며, 문구를 단순한 '도구'가 아닌 '감성'으로 소비하게 만든 브랜드이다.

이와 더불어 알파는 54년의 역사를 통해서 문구 산업 생태계의 연결고리를 만들어왔다. 알파는 문구제조업체, 생산업체, 유통사, 점주, 소비자를 연결하는 허브 역할을 하며, 공정하고 지속 가능한 유통 구조를 지향해왔다. 특히 자체 브랜드(PB) 상품 개발과 유통 데이터 분석을 통한 수요 예측 능력으로 제조사에는 기회를, 가맹점에는 경쟁력을, 고객에게는 다양성과 가치를 제공하고 있다.

알파의 정체성과 철학에도 문구에 대한 핵심 가치가 내포되어 있다. '문구는 인간이 만든 최고의 작품이다'라는 이 슬로건은 알파의 브랜드 철학을 가장 잘 대변한다. 문구는 단순한 소비재가 아니라 창의성과 인간성, 기록과 기억이 깃든 도구이다. 우리는 이 철학을 바

알파그룹 물류센터

탕으로, 연필 단 한 개에도 진심을 담아 전달하고자 한다.

'안성맞춤의 알파', 즉 알파의 현대적 물류 시스템을 반영한 물류센터이다. 고객의 니즈를 정확히 파악하고, 가장 적절한 상품과 서비스를 제공하는 '맞춤형 유통 전문성'은 알파가 수십 년간 유지해온 핵심 가치이다.

알파의 미래 100년을 향한 비전

알파는 단순히 오래 살아남는 기업을 넘어, 사회와 고객에게 지속적인 가치를 제공하는 기업으로의 전환을 준비하고 있다.

첫째는 디지털 문구 플랫폼으로의 도약이다. 전통적인 오프라인 중심에서 온라인 기반의 통합 문구 플랫폼으로 전환하고 있다. 이와 함께 AI 기반 수요 예측, 온라인 셀프 오더, 정기배송, 학습 도구 추천 등 스마트 문구 서비스를 확대하고 있다. B2B, B2C를 넘어서 에듀테크(Edu Tech), 디자인테크(Design Tech)와의 융합까지 고려한 상품 개발이 필요하다.

둘째로 글로벌 진출과 K-문구 확산에 집중하고 있다. K-디자인과 K-감성에 기반한 국산 문구의 글로벌 수출을 확대해 나가고 있고 동남아시아, 중동, 유럽, 북미, 남미 등 해외 가맹사업과 물류 네트워크 구축에도 힘쓰고 있다.

셋째로 지역 사회와 함께하는 상생 생태계 구축을 진행하고 있다. 소상공인 가맹점과의 상생 경영, 청년창업 지원 등 지역 사회 고객과의 커뮤니티를 통한 상생 문화의 길을 지속적으로 열어가고 있다. 학교, 도서관, 복지기관과 연계한 '문구 나눔 프로젝트', 문구를 통한 교육복지 실현이라는 사회적 책임을 수행하고 있다.

문구는 사람의 마음을 움직이는 감성의 얼굴이며 지혜를 만들어가는 창조적인 아이콘이며, 우리에게 없어서는 안 될 빛, 물, 공기 같은 존재이다. 그러므로 문구를 많이 활용하는 사람은 미래 가치를 창출하는 리더가 되고 시대의 문화를 만들어가는 지식인이 된다.

따라서 문구인들 모두가 하나가 되어, 첫째, 누구나가 문구를 친숙하게 애용할 수 있도록 변화와 혁신에 도전하고, 둘째, 환경 정화 캠페인을 통해 고객의 만족도를 제고하며, 셋째, 함께 나누는 가치와 소통으로 더 강한 공동체를 만들어야 한다는 것이다. 이러한 변화와 혁신을 통해 문구 산업의 사회적 가치를 더 높이며 미래 문구 경쟁력을 창출해 나가는 것이 모든 문구인의 사명이다.

이 회장은 "문구인은 '넓게(문구인 화합), 깊게(고객 서비스, 문구 전문성), 높게(미래 지향) 미래를 만들어가야 하며, 소비자에게 다가가는 경쟁력을 가진 문구인이 되어야 한다"라고 말한다. 즉 "문구 전통성과 사명감으로 최고의 소비자 서비스를 실현하는 데 최선을 다해야 할 것"이라고 강조한다. 미래 지향적인 산업계의 큰 이슈는 '네트워크'와 '융합'이다.

문구 산업은 전통 문구를 기반으로 해 '문구·생활·편의'를 포괄하는 개념으로 확장해 업종 간의 벽을 뛰어넘는 상품 개발이 필요하며, 다양한 상품군을 연결할 수 있는 문구 가치 산업을 육성하는 것이 문구인의 주요 사명이라고 이 회장은 늘 강조한다. 이를 위해서는 문구점들이 지역·규모·상호가 달라도, 하나가 되는 '문구생활편의 SHOP'으로 통일된 문구 미래 방향으로 나아가야 한다는 것이다.

또한 미래는 교육이 주도하는 신(新)환경 체제로 흘러갈 것이다. 따라서 문구인 모두 하나가 되어 소통과 지혜를 모아 문구 산업을 개척해 나가는 신(新)역량을 함께 만들어야 한다.

'문구를 많이 쓰면 쓸수록 이 시대의 리더(Leader)가 된다'라는 교훈을 되새겨보며, 가치 있는 '문구'를 소비자가 많이 활용할 수 있도록 모든 문구인이 함께 노력해야 할 것이다. 특히 사단문구인연합회를 비롯해 문구공업과 문구유통업조합 등 3개 단체가 하나가 되어 매년 5월 14일(문구의 날)과 10월 9일(한글날)을 '문구사랑 Day'로 선포해 교육을 통한 문구에 대한 가치 창출을 해나갈 것이다.

문구에 가치를 더하면 '작품'이 되고 '아트(Art)'가 된다. 알파는

세계 유일 문구 생활 테마트, 알파

이러한 문구 산업의 미래 비전을 재조명함과 동시에 창립 54주년을 기점으로 하나가 되는 '문구생활편의SHOP'이라는 미래 100년 경영 철학을 새롭게 정립하고 차별화된 상품 전략으로 문구의 가치를 높여가고 있다.

문구는 인간의 꿈과 희망을 실현하는 매개체이자 미래를 선도하는 리더의 필수용품이다. 우리는 문구를 통해 과거의 기록을 접하고 현재를 표현하며 미래로 이어질 지식과 꿈을 키워나간다. 또한 그 자체로 하나의 '작품', 즉 아트로서 삶의 질을 높이고 윤택하게 만드는 요소이기도 하다. 대표적인 지식 기반 산업으로서 숱한 변화와 혁신을 이끌며 발전해온 문구의 역사는 디지털 혁명과 같은 대전환 속에서도 흔들림 없이 이어지고 있다.

이 회장은 읽고 쓰고 말하는 과정에서 창의력과 소양을 쌓는 토대로서 문구의 기본 가치를 지켜 나가는 동시에, 문구의 문화적 확장성에 주목해 예술과 생활편의 영역으로까지 그 가치를 넓혀가고 있다.

이 회장은 문구의 미래 가치를 조망해볼 때, '도구'적인 측면에서는 '언어 표현의 완성체'가 될 것이고, '산업'적인 측면에서는 사회 지식의 기반으로 자리 잡을 것이며, '생활'적인 면에서는 라이프 스테이션을 완성해 나가는 기폭제가 될 것이고, '개발'적인 면에서는 자신의 완성도를 높여가는 가치 있는 매개체가 될 것이라고 힘주어 말한다. 즉, 과거 학습 위주의 '연필'은 진화 과정을 거쳐 IT 기기를 컨트롤하는 '스마트 펜'으로 변모해 첨단 산업의 초석이 되었다. 또한 쓰고, 읽고, 메모하는 문구의 기능은 산업의 발달과 함께 변화 과정을 거치며 '스마트폰'이라는 최첨단 문구를 만들게 된 것이다. 이처럼 문구는 산업의 격동 속에서도 변화와 혁신을 통해 가치를 만들며 사회 깊숙이 뿌리내리고 있다.

최근 문구가 사양 산업이라고 말하는 이들도 있지만, 이것은 잘못된 생각이다. 문구는 격동기를 거치는 가운데 변화와 혁신을 통해 범위를 확장해왔고 사회적 역할을 키워왔다. 그 과정에서 문구 프랜차이즈가 생겨났고 대형 문구점과 전문적인 형태의 차별화된 문구점들도 새롭게 탄생했다. 다만, 코로나19를 겪으며 더욱 빠른 속도로 변하고 있는 소비 트렌드와 점점 치열해지는 경쟁에서 '생존'하려면 실질적이고 지속 가능한 가치 창출과 성장 전략이 필요하다.

첫째, 개개인의 자발적인 자기 계발 학습을 해야 한다. 그중에서도 일간지 필독을 통해 견문을 넓히는 것은 가장 기본적인 자기 계발 학습 방법이다.

둘째, 회사 이익률 개선을 위한 뚜렷한 목표와 노력을 전제해야 한다. 이제 무조건 매출만 우선시하는 시대는 지났다. 기업의 진정한 목표인 이익률을 높이려면 매출과 투자비용에 대한 분석을 기반으로 한 스마트한 경영 전략이 뒷받침되어야 한다.

셋째, 차별화된 상품 개발과 창의적인 디자인 전략이 필요하다. 최근 MZ세대가 소비 주체로 떠오르면서 퍼스트(First)와 베스트(Best) 상품 즉, 독특하고 개성 넘치는 디자인과 차별화된 가치를 담은 상품이 시장을 지배하고 있다. 이러한 트렌드에 부응하지 못하면 시장 경쟁에서 밀릴 수밖에 없다.

넷째, 물류와 사업부 간의 정보 공유와 시스템 연결이다. '마켓컬리' 등 식품 유통업계에서 시작된 퀄리티를 동반한 빠른 배송 서비스는 코로나19 이후 전 분야로 확산하며 뉴노멀 시대의 새로운 기준이 되고 있다. 따라서 문구 유통에서도 사업부와 물류시스템 간의 체계적인 네트워크를 통해 빠르고 정확한 배송 서비스 역량을 갖추는 것이 무엇보다 중요하다.

다섯째, 홍보·마케팅 전략이다. 이제 광고에 홍보·마케팅 역량의 대부분을 쏟아붓던 시대는 지나갔다. 좀 더 친밀하고 개별적인 매체를 통해 소비자의 공감과 감성을 끌어낼 수 있어야 한다. 따라서 소셜미디어를 통해 소비자와 지속적으로 연결되는 커뮤니티 구축이 필요하다.

이러한 지속 성장 정책을 실천하고 현실화한다면 문구 산업의 밝은 미래를 만들어갈 수 있다.

문구·생활·편의 프랜차이즈 기업

문구는 인간의 창의력과 미래를 열어가는 도구이자 삶의 기록이다. 그만큼 문구는 식탁 위의 간장처럼 우리의 삶 속에 녹아 있으며 지식을 쌓아가는 밑거름이 되었다. 또 문구는 미래를 여는 매개체이자 인간의 마음을 담아내는 아름다운 도구다. 알파는 이러한 문구에서 출발한 50년을 뛰어넘은 기업이자 문구 업계의 상징이다.

알파는 전국 700여 가맹점을 보유한 대한민국 대표 문구 프랜차이즈 기업으로서 7만여 품목의 다양한 상품을 온·오프라인 시장에 유통하며 국내 최초, 최고, 최다의 문구·생활·편의 프랜차이즈 기업으로 성장해왔다.

이 회장이 문구 프랜차이즈 가맹사업을 시작할 당시, 시장 상황은 하루가 다르게 변하고 있었다. 대형 할인점과 대형서점의 등장으로 동네 완구점과 서점 등이 생존을 위협받고 있었고, 문구 업계 역시 불확실성에 노출돼 있었다. 이 회장은 "문구점이라고 해서 결코 안정적이라고 장담할 수 없고, 언제 사양 산업으로 내리막길을 걷게 될지 알 수 없다고 판단, 생존을 위한 차별화 전략으로 '문구 프랜차이즈'를 도입했다"라고 설명한다.

알파문구 내부 모습

    프랜차이즈 도입 초창기에는 알파가 구축해온 신뢰 하나만으로도 살아남을 수 있었다. 제품에 이상이 있을 때 영수증만 있으면 전액 현금으로 환불해주었고, 주문한 상품을 빠른 시간 안에 받을 수 있도록 직접 발로 뛰며 배송을 해줬기 때문이다.

    하지만 그마저도 눈에 띄게 변하는 시장 상황에서 더는 안전장치가 되어주진 못했다. 온·오프라인을 막론하고 서점부터 마트까지 문구를 취급하는 유통 채널이 급속히 늘어났다. 특히 저가 생활용품점의 가격 공세는 문구 가맹점의 어려움을 더욱 가중시켰다.

    이 회장은 급변하는 유통 환경에 대응하기 위해 다시 한번 혁신을 시도했다. 이번엔 '시장 통합' 전략을 세워 문구부터 전산, IT, 생활용품, 식음료를 망라하는 '문구생활편의SHOP' 모델을 구축하며 정면승부를 띄웠다. 문구와 오피스, 생활 영역을 하나로 연결하는 새로운 모델을 제시한 것이다. 또 모든 가맹점 매장에 '포스(POS)'를 도입하며 시스템 혁신도 꾀했다. 소비자 대응력을 높일 수 있도록 포스 시스템을 기반으로 전국의 체인점과 본사 간의 네트워크를 연결해 가격 오차를 줄이고 운영의 투명성을 증대시킨 것이다.

이러한 '창조적 변화와 혁신'은 알파가 수년간 대한민국을 대표하는 문구 산업의 대명사로 장수하는 원동력이 됐다. 이 회장은 "어떠한 환경 속에서도 문구가 롱런할 수 있도록 문구 산업의 체질 개선에 힘썼다"며 "그것이 국내 문구 산업을 위해 알파가 해나가야 할 중요한 사명"이라고 말한다.

문구 산업의 혁신, 신(新)문구 가치 창출

알파는 경쟁력 제고를 위해 PB 상품 개발에도 주력해 3,000여 가지에 이르는 라인업을 구축하는 성과를 이룩해냈다. 특히 품질과 디자인이 우수한 제품을 고객에게 저렴하게 제공하기 위해 상품 개발에도 적극적으로 나섰으며, 그 결과 점착 메모지인 엠포스지(M-POSGY)와 엠테이프(M-TAPE), 성능 좋고 오래 가는 알파워(Alpower) 건전지, 미술용품 브랜드 아트메이트(Artmate), 럭셔리 브랜드 네쎄(NeCe), 지능학습 개발 브랜드 토이 알파(Toy Alpha), 몸이 사랑하는 물 '알파水' 등 다채로운 브랜드와 상품을 출시했다.

특히 엠포스지와 엠테이프는 2017년 한국산업진흥원에서 선정한 '서울시 우수중소기업상품'으로도 선정되어 '우수상품 인증마크'와 '혁신상품'으로 소비자에게 선보이고 있다.

현재 알파는 매월 15개가량 제품을 선보이는데, 이러한 PB 상품 개발은 영세한 국내 문구 제조 사업자에게 생산 기회를 제공해 안정된 수급과 자금 회전에 기여한다는 점에서도 높이 평가받고 있다.

이렇듯 이 회장은 제조와 유통을 유기적으로 결합한 독특한 경영 전략을 통해 문구 산업 전반에 걸쳐 긍정적인 영향을 미치고 있다. 또 이러한 막강한 브랜드 파워를 토대로 해외 시장 진출에도 박차를 가할 계획이다. 현재 알파는 베트남, 미얀마, 몽골과 아프리카 등에 제품을 수출하고 있으며 점차 그 지역을 확대해 나갈 예정이다.

문구의 역사와 가치 재조명, 문구Art역사관

옛날 어른들이 사용하던 학용품부터 연필이 만들어지는 과정까지 문구에 대한 궁금증을 해결하고, 국내 문구 산업의 변천사와 주요 문구업체들의 역사도 한눈에 볼 수 있는 '문구Art역사관'이 서울 남대문에 정식 개관한 지 3년이 흘렀다. 문구Art역사관은 국내 최초의 공식 문구 박물관으로, 귀중한 문구 관련 자료와 다양한 전시품을 통해 문구의 과거와 현재, 미래를 연결하며 문구에 담긴 소중한 가치와 메시지를 되새겨볼 수 있는 장소다.

문구Art역사관은 오래된 빈티지 문구와 희귀한 한정판 문구, 생활과 관련된 다양한 전시물을 통해 문구의 역사와 가치를 재조명하고 문구 업계 종사자를 비롯해 문구를 아끼고 사랑하는 일반인들과 함께 문구의 과거, 현재, 미래를 공유하기 위해 개관한 국내 최초의 문구 전문 박물관이다.

메인 전시실과 갤러리에 마련된 제2전시실 2개로 이뤄진 박물관에는 개인 기증자와 문구공업협동조합, 주요 문구업체 등에서 기증받은 소장품 1,000여 점이 빼곡히 전시되어 있다.

문구Art역사관은 1950년대부터 현재까지 문구 역사의 흐름을 한눈에 볼 수 있는 귀중한 문구 자료들이 가득하며 옛날 타자기, 주판, 악기 등 추억을 불러일으키는 소품들이 전시되어 있다.

특히 모나미, 알파, 동아연필 등 오랜 전통을 지닌 문구업체들과 협업한 전시대에는 각 업체의 대표 제품과 브랜드 히스토리를 확인할 수 있는 자료가 충실하며, 한정판 문구나 각종 스페셜 에디션을 만나보는 귀한 체험도 할 수 있다.

문구Art역사관은 단순히 옛날 문구제품을 모아놓은 박물관이 아니다. 시대적 의미를 담고 있는 독특하고 특징적인 소장품과 다양한 상품 전시를 통해 문구 가치의 본질을 조명하고, 현대 사회에서 요구되는 차별화된 경험 제공에 일조하는 '문화콘텐츠 박물관'으로서의 기능을 충실히 갖추고 있다는 점이 여느 박물관과 차별화되는 가장 큰 특징이다.

아이들에게는 신기한 옛날 문구를 구경하는 기회를, 어른들에게는 옛 향수를 떠올리며 추억에 잠길 수 있는 시간을 주는 문구Art역사관은 재미와 의미를 모두 갖춘 문화 명소로 자리매김하고 있다.

연필로 미래를 쓰다, 연필장학재단

이 회장은 '나눔의 실천은 인류가 발전하는 길이다'라고 늘 강조

문구Art역사관 내 알파갤러리

한다. 이 회장의 나눔 정신은 알파의 역사 속에도 고스란히 녹아 있다. 현재의 알파를 있게 한 남대문본점은 1970년대 남대문 주변 상인들에게 수도와 화장실을 개방한 것을 시작으로 상생의 정도를 걸어왔다.

10여 년 전부터 본점 내에 '알파갤러리'를 오픈해 어려운 환경 속에 작품 활동을 하는 신진 작가들에게 무료 전시 기회를, 매장을 방문하는 고객에게 무료 관람 기회를 제공했다. 현재는 문구Art박물관 내 제2전시실을 작가들의 무료 전시 공간으로 개방하고 있다.

2006년 설립한 '연필장학재단'은 그가 일궈낸 사회공헌 활동의 집약체이다. 자신의 몸을 깎아 더 나은 미래를 열어주는 연필의 희생과 봉사 정신을 담는다는 취지로 연필장학재단 초기에는 직원들이 점심 한 끼를 줄이고 후원금을 마련하는 것으로 출발했다. 현재는 체인점, 협력체, 고객들이 보탠 작은 정성을 모아 중고등학생을 대상으로 연간 3억 원가량의 장학금을 지원하고 있다.

2007년부터는 지원 대상을 확대해 외국인 유학생들에게도 장학금의 기회를 제공한다. 현재까지 500여 명이 지원을 받은 상황으로, 앞으로 10만 회원 모집을 목표로 하고 있다.

이동재 회장은 이처럼 다채로운 사회 나눔 활동을 지속하고 있으며, 그러한 공로를 인정받아 2005년 중소기업유공자 국무총리 표창, 2006년 대통령 표창, 2009년 산업포장 훈장을 수여받았다. 하지만 이에 안주하지 않고 앞으로도 문구인으로서 더 큰 그림을 그려 나가겠다고 말한다.

뿌리가 튼튼해야 제대로 가지를 뻗고 많은 과실을 기대할 수 있는 것처럼, 생산과 유통 전반이 화합·상생하는 방안을 강구함으로써 문구 산업 발전의 시너지를 배가하겠다는 계획이다.

함께한 50년, 함께 갈 100년

알파는 50년 이상의 탄탄한 역사를 기반으로 미래 100년을 '고객과 함께하는 알파'로 그려 나가고자 한다. 과거에는 지식을 기반으로 한 문구 산업이 주류였다면, 미래 100년은 고객의 생각이 중심이 된 상생 비즈니스 모델이 알파의 핵심 비전이 될 것이다. 따라서 이제 혁신적이고 진취적인 경영 방식이 필요하다.

그 첫 단계로 알파의 경영이념인 협력, 창의, 개척 정신을 바탕으로, 안전하고 행복하게 공존해 나갈 수 있는 미래지향적 ESG(환경, 사회, 지배구조) 전략을 지속적으로 추진해갈 것이다. 친환경 상품 개발과 리사이클(Recycle), 에너지 효율을 기반으로 한 '상생 경영'을 추구하고, 사회적 기업으로서 고용 안정화 정책과 연필장학재단 후원, 문구Art박물관, 사회 공헌 활동을 통해 '나눔 경영'에도 이바지해 나갈 것이다. 또한 '윤리 경영'을 기반으로 한 투명한 기업문화 조성에도 주력해 나갈 것이다.

두 번째로는 단순한 고객 서비스 중심에서 '고객 생각' 중심으로의 전환이다. 유통 산업에서의 서비스는 기본 토대이지 고객 감동의 매개체는 아니다. 철저하게 고객의 생각을 유통 프로세스에 담아 상품 기획과 개발, 디자인, 물류 서비스 혁신에 주력해 나가도록 해야 할 것이다.

세 번째는 온라인과 오프라인의 적절한 조합이다. 알파는 문구 프랜차이즈를 토대로 한 전통 문구 기업이다. 따라서 가맹점 가족과의 협업 공감대를 기반으로 온라인 시장 확장을 지속해 나갈 것이다.

끝으로 저성장과 다국적 기업과의 경쟁 시대를 맞이해 조직원을 응원하는 리더, 과감한 도전을 추진하는 리더, 다양한 분야를 넘나드는 효율성과 융합적인 사고를 겸비하는 리더로서 글로벌 문구 시장 개척에도 박차를 가해 나갈 것이다.

이제 앞으로의 100년을 향한 출발점에 선 알파는 미래를 향한 불꽃처럼 타오를 세계인의 기업으로 발돋움하기 위해, 단순한 상품이 아닌 인류의 미래를 열어갈 작품으로서 하나가 되는 '문구생활편의SHOP' 시대를 펼쳐 나갈 것이다.

대표이사
조인제

하이네이처 HINATURE

경력
- 1999~2014 아모레퍼시픽 근무
- 2014~2018 GS홈쇼핑 근무
- 2018~2022 유니레버 카버코리아 근무
- 2022~현재 하이네이처(퓨리토서울) 대표이사

상훈
- 2019 아마존 글로벌 뷰티 톱 신규 셀러 수상
- 2021 제58회 무역의날 삼백만불 수출탑 기록
- 2024 서울시 주관 서울영상광고제 특별상 '아름다운 서울상'
- 지디웹(GDWEB) 그랑프리 뷰티 부문 1등

해외에서 더욱 유명한 한국 스킨케어 브랜드

하이네이처는 2017년 비건(Vegan), 친환경에 집중한 컨템포러리 스킨케어 브랜드 퓨리토(Purito)를 런칭하고 2018년부터 CPNP, SCPN, MoCRA 인증 취득을 통해 미국과 유럽을 중심으로 글로벌 화장품 기업으로 도약하며 활발한 활동을 전개하고 있다.

2024년 3월에는 퓨리토서울(PuritoSeoul)로 리브랜딩을 진행하며 'Korean Green Miracle'이라는 슬로건 아래, 한국의 천연 원료와 기능성 성분을 배합한 좋은 품질의 제품을 선보이고자 노력하고 있다.

퓨리토서울은 현재 미국, 영국, 프랑스, 독일, 호주, 싱가포르, 아랍에미리트 등 전 세계 주요 60개국 이상에서 아마존(Amazon), 세포라(Sephora), 부츠(Boots), 왓슨스(Watsons), 코스트코(Costco) 등 주요 채널을 통해 판매되고 있다.

퓨리토서울을 개발·판매하는 기업 하이네이처는 2024년 339억 매출 중 99%를 해외에서 창출해 우리나라보다 해외에서 훨씬 유명하다.

퓨리토서울 제품은 크게 스킨케어 라인업, 선케어 라인업, 클렌저, 보디로션, 메이크업 비비 쿠션, 비비 크림 등으로 구성돼 있다. 가장 많이 팔리는 핵심 제품은 아마존에서 유명한 '마이티 밤부 판테놀 크림', '원더 릴리프 센텔라 세럼 언센티드', '오트 인 카밍젤 크림'이다. 소비자의 많은 리뷰가 입증하듯 퓨리토서울은 계속해 좋은 품질의 제품을 선보이고 있다.

하이네이처의 브랜드는 퓨리토서울 1개다. 올해 3월 브랜드명을

퓨리토서울 본사

퓨리토서울 베스트셀러 제품

'퓨리토'에서 '퓨리토서울'로 바꿨다. 한국에서 생산되는 화장품, 한국산 원료를 사용하는 브랜드의 차별점을 강조하기 위한 전략이었다. 세계 여러 국가에서 한국 드라마·음악·영화 등 콘텐츠와 더불어 한국 문화도 인기를 끌면서 한국의 아름다움(뷰티), 화장품도 과거보다 훨씬 주목받는 것에 발맞추어 세계인들에게 한국과 서울의 아름다움을 널리 알려주고 싶어서 브랜드명을 퓨리토서울로 변경했다.

세계인에게 주목받을 브랜드를 만든다

프랑스 파리, 미국 뉴욕처럼 한국을 대표하는 도시인 서울을 세계인에게 적극 알리고 싶다는 포부도 브랜드명에 담았다.

하이네이처는 제품 다각화를 위해 보디로션, 메이크업 쿠션 등의 제품도 출시했으며 소비자의 좋은 반응을 얻고 있다. 특히 보디로션은 실제 고객 요구에 맞춰 개발한 결과 좋은 향의 경험을 선사하고 있다.

또한 최근에는 선크림 라인업을 강화하고 오트 인 젠틀 익스폴리에이팅 페이스 클렌저를 아마존과 공동 출시하며 기대감을 높이고 있다.

하이네이처는 유통망(유통 채널)도 강화하고 있다. 온라인 글로벌 채널들은 물론 유럽 각지의 오프라인에서도 퓨리토서울을 만나볼 수 있으며 2025년에는 미국 등지에서의 팝업 행사가 예정되어 있다.

조 대표는 자신이 화장품 업계에 종사하고 있기 때문이 아니라 한국 화장품은 세계적으로 경쟁력이 있다며 긍정적으로 내다봤다. 몇 년 전까지만 해도 많은 유럽인은 세안제로 얼굴을 닦은 후 토너와 로션 혹은 크림을 바르는 정도로 가볍게 화장품을 사용했지만, 한국 드라마와 영화 등에서 한국 여성들이 아이크림, 필링 제품 등 여러 화장품을 사용하는 장면을 자주 보면서 유럽 여성들도 다양한 화

퓨리토서울 센텔라 원더랜드 쇼케이스

장품을 사용하기 시작했으며, 한국 화장품이 세계 여러 국가 여성의 화장품 사용법 등에 큰 영향을 미치고 있다고 보고 있다.

하이네이처의 브랜드 퓨리토서울은 마켓 리서치를 통해 고객 니즈에 맞는 상품을 기획하고 축적된 글로벌 마케팅 노하우를 통해 전 세계 네트워크 유통 채널로의 성공적인 판매를 진행하고 있다.

성과로 보여주는 퓨리토서울

퓨리토서울은 2022년 125억 원, 2023년 201억 원, 2024년 339억 원 매출을 올렸는데 연평균 성장률은 65%에 달한다. 2024년 3월 퓨리토서울로 브랜드를 리뉴얼했고, 컨템포러리 K-뷰티 브랜드로의 브랜드 포지셔닝을 강화하고 있다. 브랜드를 대표하는 상품 또한 지속적으로 육성할 계획이다.

미국 아마존 베스트셀러 상위에 랭크되었고, 마이티 밤부 판테놀 크림(Mighty Bamboo Panthenol Cream)은 33위, 원더 릴리프 센텔라 세럼 언센티드(Wonder releaf centella Serum unscented)는 8위, 선데이 어드벤처 선크림 SPF 50(Sun Day Adventure Sunscreen SPF 50)은 20위에 올라 K-뷰티의 위용을 자랑한다.

2025년 상반기에는 주요 국가에 퓨리토서울을 입점할 예정이다. 글로벌 리테일 채널을 포함해 영국의 주요 뷰티 전문 유통 기업인 부츠(Boots)와 세포라(Sephora), 코스트코(Costco), 동남아시아와 아랍에미리트에 위치한 홍콩 기반 아시아 헬스&뷰티 케어 브랜드 왓슨스(Watsons) 등이 그것이다.

진정한 K-뷰티 브랜드로 성장하는 기업

하이네이처는 직무 경험이 풍부한 다국적 우수 인력을 통해 전 세계의 트렌드를 주시해 상품 기획에 접목하고 있다. 또한 시장과 고객 트렌드 변화에 빠르게 대응하며 더 많은 고객과 다양한 플랫폼에서 소통하는 적극적인 마케팅을 전개하고 있다. 다른 인디 브랜드와 차별화되는 자체 포뮬레이션(Formulation) 역량을 통해 상품을 개발하고, 이를 성장 가능성이 높은 신규 시장으로의 공격적인 진출을 확대해온 것이 가장 큰 성장의 원동력이다.

세계적인 도시에는 도시명과 결합한 화장품 브랜드가 있다. 프랑스 로레알 파리(L'oréal Paris), 미국 메이블린 뉴욕(Maybelline New York)이 도시와 국가의 이미지를 대표하듯 퓨리토서울은 단순한 화장품 브랜드가 아닌 한국의 문화와 감성까지 함께 전달할 수 있는 진정한 K-뷰티로 거듭나려 노력하고 있다. 국가를 대표하는 브랜드인 퓨리토서울로 고객에게 사랑받는 기업으로 성장하며 세계적인 브랜드가 되는 것을 목표로 하고 있다.

퓨리토서울은 전 세계의 더 많은 고객을 만나기 위한 신규 국가와 채널 진출을 확대하고 있다. K-뷰티 산업에 관한 관심과 니즈가 높아짐에 따라 고객의 피부 건강에 기여할 수 있는 절대 품질의 상품을 내놓으려고 무엇보다도 노력하고 있다.

넘쳐나는 인디 브랜드와 차별화되는 고품질의 제품을 선보이기 위해 까다로운 인증을 통과하고, 한국의 순수한 원료를 끊임없이 찾아내기 위해 외부 협력사와 네트워크도 확대하고 있다. 더불어 브랜드와 상품의 가치를 전달할 수 있는 마케팅 크리에이티브(Marketing Creative) 부문에서도 파트너십 기반의 팬덤을 형성하고, 고유의 브랜드 아이덴티티를 구축해 세계적인 브랜드로 발돋움하고 있다.

마지막으로 이 모든 것은 결국 우수한 인적 자원이 있어야 가능한 일이기 때문에 국내외 우수 인력을 적극적으로 유입하고, 산학 협력을 확대하며, 사내 교육 시스템 강화를 통한 인력 육성에도 집중하려고 한다.

회장
최유섭

텔콤그룹

학력		
	1983	중앙대학교 전자공학과 졸업
	2002	중앙대학교 국제경영대학원(국제경영학) 석사과정 졸업
	2008	중앙대학교 대학원 무역학과(국제상학) 박사과정 졸업
		서울대학교 행정대학원 정보통신방송 수료
		서울대학교 공과대학 FIP(미래융합기술) 수료

경력		
	1991	텔콤그룹 창업
	2000	텔콤그룹㈜ 대표이사
	2001	민주평화통일자문회의 자문위원
	2007	텔콤씨앤에스 주식회사 대표이사
	2009	텔콤아이씨피 주식회사 대표이사
	2018~현재	한국수입협회 부회장
	2020~현재	중앙대학교총동문회 부회장
		서울대학교총동창회 28대 이사

상훈		
	2004	산업자원부 장관 무역진흥 표창
	2007	반포세무서 성실납세자 표창
	2013	산업통상자원부 수출의탑 100만불
	2014	반포세무서 성실납세자 표창
	2018	국세청 성실납세자 표창
	2020	대통령 석탑산업훈장 수훈
	2025	국세청 성실납세자 표창

대한민국 전자 산업 성장의 역사와 함께한 텔콤의 발자취

1991년, 대한민국 전자·정보통신 산업의 태동기에 설립된 텔콤은 불모지와 같았던 국내 전자부품과 기지국 장비 인프라 환경 속에서 굳건히 뿌리를 내리며 성장을 거듭해온 대표적인 기술 유통 기업이다. 당시 국내 산업은 핵심 부품의 해외 의존도가 높았고, 안정적인 공급망 확보가 절실했다. 이러한 시대적 요구에 발맞춰 텔콤은 미국, 유럽, 일본 등 20여 개국의 유수 제조사들과의 전략적 파트너십을 구축하며 첨단 전자부품 수입과 유통 사업을 개척해 나갔다. 이는 국내 전자 산업의 기반을 다지고, 기술 자립도를 높이는 데 중요한 초석이 되었다.

IT 산업 성장을 견인하고 고객과 동반 성장하는 파트너십

정보기술(IT) 산업의 눈부신 발전과 정부의 적극적인 기술 육성 정책에 힘입어 텔콤은 IT 핵심 전자부품 분야에서 확고한 입지를 구축했다. 단순한 부품 공급을 넘어 고품질 부품의 안정적인 확보, 신속하고 정확한 납기 준수, 그리고 고객의 요구에 최적화된 맞춤형 기술 지원을 강점으로 내세워 국내 주요 대기업들과의 전략적 협력 관계를 지속적으로 확대해왔다. 특히 제품 설계 초기 단계부터 고객과 긴밀하게 소통하며 기술적인 솔루션을 제공하는 차별화된 전략과 더불어, 해외 인증 획득 지원 등 고객의 성공적인 시장 진출을 위한 토털 솔루션을 제공하며 경쟁력을 인정받고 있다.

2025년 텔콤 시무식

스마트 제조 혁신을 선도하는 핵심 솔루션 제공

텔콤의 성장을 견인하는 또 다른 핵심 축은 바로 공장 자동화와 스마트 제조 분야이다. 텔콤은 산업 현장의 자동화 설비 구축에 필수적인 핵심 부품들을 폭넓게 공급하고 있다. 여기에는 정밀한 제어를 위한 센서, 액추에이터, 프로그래머블 로직 컨트롤러(PLC), 서보 드라이브는 물론 견고한 연결성을 보장하는 산업용 커넥터, 효율적인 동력 전달을 위한 공압 부품 등이 포함된다.

뿐만 아니라 텔콤은 국내외 유수의 파트너들과의 긴밀한 협력을 통해 고객사의 생산성 향상, 운영 안정성 확보, 에너지 효율 극대화를 위한 맞춤형 자동화 솔루션을 제공하며 제조업의 혁신을 적극적으로 지원하고 있다. 이러한 노력은 제조업의 디지털 전환과 스마트 팩토리 구축이라는 시대적 흐름에 발맞춰 국내 산업의 무인화와 지능화 수준을 한 단계 끌어올리는 데 크게 기여하고 있다.

다각화된 사업 영역과 글로벌 파트너십

현재 텔콤은 텔콤인터내쇼날, 텔콤씨앤에스, 텔콤아이씨피, 텔콤스페이스 등 전문 법인 4개를 운영하며 각 산업 분야별 특성에 최적화된 맞춤형 솔루션 체계를 구축하고 있다. 이제 텔콤의 사업 영역은 통신, 반도체와 같은 전통적인 IT 분야를 넘어 의료기기, 조선, 특수전동차, 방위산업, 로봇, 우주항공, 신재생에너지 등 미래 성장 동

'인터배터리 2025'에 참가한 파트너사 대표단과 텔콤 임직원

력으로 주목받는 다양한 산업 분야로 확장되었다. 특히 공장 자동화 분야에서는 글로벌 시장을 선도하는 주요 브랜드들의 핵심 파트너로서 중요한 역할을 수행하고 있다.

'정직, 변화, 신뢰'의 경영 철학과 리더십

텔콤의 지속적인 성장의 배경에는 창립자인 최유섭 회장의 확고한 경영 철학, 즉 '정직, 변화, 신뢰'가 깊이 자리하고 있다. 창립 초기, 열악한 환경 속에서도 최 회장은 직접 해외 제조사와의 협상을 진두지휘하고, 부품 수급부터 납품, 심지어 국제 기술 동향 분석까지 꼼꼼히 챙기며 고객과의 굳건한 신뢰 관계를 구축해왔다. 이러한 창업 정신은 시간이 흘러도 변함없이 텔콤 조직 문화의 핵심 가치로 계승되어 고객 중심의 경영 활동의 중요한 토대이다.

최유섭 회장은 수많은 위기 상황 속에서도 냉철하고 과감한 판단력과 신속한 실행력을 발휘하며 텔콤을 성공적으로 이끌어왔다. 그는 구성원 개개인의 자율성과 책임감을 강조하며, 수평적인 소통과 상호 신뢰를 바탕으로 변화에 민첩하게 대응하는 유연한 조직 문화를 조성하는 데 힘써왔다. 그의 리더십은 단기적인 성과에 매몰되지 않고, 장기적인 관점에서 지속 가능한 성장을 위한 책임 있는 의사결정을 끌어내는 원동력이 되고 있다. 이러한 경영 철학은 실천 중심의 윤리 경영, 투명하고 공정한 기업 운영, 그리고 고객과의 변함없는 신뢰 구축으로 구체화되고 있다.

텔콤씨앤에스의 엡손 로봇

사회적 책임 실천과 미래 지향적인 혁신

텔콤은 투명한 윤리 경영과 성실한 납세 의무 이행을 통해 사회적 책임을 다하는 기업으로서의 모범을 보여왔다. 이러한 공로를 인정받아 텔콤은 2025년 제59회 납세자의 날에 국세청으로부터 영예로운 표창을 수상하기도 했다. 이와 더불어 텔콤은 지역 사회 발전을 위한 다양한 공헌 활동을 꾸준히 전개하며, 기업 시민으로서의 역할을 충실히 수행하고 있다.

4차 산업혁명 시대를 맞아 텔콤은 빅데이터, 인공지능, 사물인터넷(IoT), 클라우드 컴퓨팅 등 첨단 기술들이 융합되는 새로운 산업 생태계에 적극적으로 발맞춰 나가고 있다. 기존의 전통적인 부품 유통 중심의 사업 구조에서 벗어나 플랫폼 기반의 기술 융합형 비즈니스 모델로의 혁신적인 변화를 추진하고 있다. 유연한 조직 문화와 신속한 시장 대응력을 바탕으로 급변하는 글로벌 환경에 선제적으로 대응하며 미래 성장 동력을 확보해 나가고 있다.

고객과 함께 성장하며 미래를 개척하는 텔콤

텔콤은 창의적인 영업 전략과 깊이 있는 기술 전문성을 바탕으로 하는 기술 중심 유통이라는 고유한 정체성을 확립하고 있다. 이를 통해 고객사의 제품 경쟁력 향상과 함께 성장하는 것을 최우선 가치로 삼고 있다. 단기적인 이익보다는 장기적인 관점에서 고객과의 신뢰를 구축하고, 지속 가능한 기술 경쟁력을 확보하는 데 주력하고 있다. 또한 조직 내부적으로는 활력과 자율이 조화롭게 공존하는 기업 문화를 조성해 임직원들의 잠재력을 최대한으로 끌어올리고 조직 전체의 역동성을 강화하고 있다.

대한민국 경제의 밝은 미래는 기술 기반의 창의적인 혁신에 달려 있으며, 기업들이 끊임없는 변화와 도전을 주도할 때 국가 경쟁력 또한 함께 성장할 수 있다.

텔콤은 대한민국 전자부품 산업을 선도하는 기업으로서 이러한 책임과 비전을 깊이 인식하고 실천하며, 글로벌 시장을 무대로 지속 가능한 성장을 끌어 나가는 데 최선을 다할 것이다.

총장
한정석

부천대학교

학력
- 1995　경기대학교 토목공학과 졸업
- 1997　경기대학교 대학원 토목공학 석사과정 졸업
- 2002　경기대학교 대학원 토목공학 박사과정 졸업

경력
- 2011　부천대학교 제2캠퍼스 부총장
- 2014~현재　한국산학협력학회 이사
- 2015　부천대학교 부총장
- 2016~현재　부천대학교 총장
- 2017~2019　한국전문대학교육협의회 이사
- 2017~현재　한국전문대학법인협의회 이사
- 　　　　　한국사학법인연합회 대의원
- 2021~2023　전문대학평가인증위원회 위원장

부천대학교의 교육철학

부천대학교는 독립운동가이자 교육자인 몽당(夢堂) 한항길 선생께서 설립한 대학으로, '사람다운 사람이 되자'라는 건학이념과 '사람과 일의 가치를 만드는 대학'이라는 비전 아래 설립되었다. 국가 경제의 자립과 산업 발전을 위해 숙련된 기술인재의 필요성을 절감한 한항길 선생의 철학은 지금까지도 부천대학교 교육의 뿌리가 되고 있다. 부천대학교는 설립 이후 '바른 마음, 바른 생각, 바른 언행'을 실천하는 정심운동(正心運動)을 교육의 핵심 가치로 삼고 있으며, 이를 통해 전인적 성장을 이끄는 인재, 즉 사람다운 사람을 양성하는 전인교육을 실천해오고 있다.

부천대학교 캠퍼스 안내

부천대학교 본캠퍼스는 경기도 부천시 신흥로 56번길 25에 있으며, 총 교지 면적 4만 2,728제곱미터, 건물 면적 9만 7,464제곱미터에 달하는 공간에는 다음과 같은 주요 건물 10개가 자리 잡고 있다. 밀레니엄관(대학 행정과 학생복지시설), 한길관, 공학관, 예지관, 꿈집, 세미나관(계열별 학과·실습 공간), 한길체육관, 몽당기념관, 몽당도서관, 국제관 등이 그것이다.

부천대학교 소사캠퍼스는 부천시 소사로 56에 있으며, 2018년 2월 개관했다. 대지 면적 15만 2,758제곱미터, 연면적 2만 2,562제곱미터의 지하 1층, 지상 12층 규모의 첨단 강의시설을 갖추고 있다. 현

부천대학교 본캠퍼스 전경

재 2개 계열 6개 학과가 입주해 있으며, 2인 1실 기준 256명이 생활 가능한 호텔식 기숙사, 체력단련실 등의 학생복지시설도 함께 운영하고 있다.

한편, 부천대학교는 '사람과 일의 가치를 만드는 대학'이라는 비전 아래 미래지향적 교육 환경 구축과 산학협력 강화를 위한 혁신적 노력을 이어오고 있다. 그 일환으로 2018년 개관한 소사캠퍼스를 지역 산업과 연계된 개방형 산학협력 거점으로 발전시키기 위해, 현재 '소사캠퍼스 2단계 건립 사업'을 추진 중에 있다.

이 사업은 첨단 교육·연구 인프라 확충과 더불어 실무 중심의 직업교육을 한층 강화하기 위한 중장기 전략의 핵심 축으로, 부천대학교의 경쟁력을 한 단계 도약시키는 기반이 될 것이다.

학사 조직과 교육 체계

부천대학교의 행정 조직은 대학 본부, 부속기구, 부설기구, 특수법인으로 구성되어 있다. 대학 본부에는 교학처, 산학취업처, 사무처, 입학홍보처, 교육혁신원이 있다. 주요 센터로는 학생상담센터, 장애학생지원센터, 현장실습지원센터, 부천융합지원센터, 원격교육지원센터 등이 있다. 그 밖에 산학협력단 등 특수법인을 통해 실무 중심의 산학협력을 강화하고 있다.

2025년 현재, 부천대학교는 공학계열 11개 학과, 인문사회계열 8개 학과, 자연과학계열 9개 학과, 예체능계열 2개 학과로 총 30개 학과를 운영하고 있으며, 재직자 대상의 산업체 위탁 전문학사 과정도 운영 중이다. 또한 산업체 맞춤형 교육과정 운영을 위해 다음과 같은 4개 계약학과를 개설했다. 뷰티융합비즈니스과(채용조건형), 외식산업과(채용조건형), 전자과(일학습병행), 뷰티비즈니스과(일학습병행)가 그것이다.

학생들은 2년제 또는 3년제 전문학사 과정을 통해 전문학사 학위를 취득할 수 있으며, 졸업 후 1년 또는 2년의 학사학위 전공심화과정을 이수하거나 4년제 학사학위 과정을 통해 학사학위 취득도 가능하다. 2024년부터는 교육부 승인을 받아 전문기술석사과정으로 대학원도 운영하고 있으며, 신기술·신산업 수요에 대응하는 직무 중심 기술 교육을 통해 고숙련 전문기술 인재를 양성하고 있다.

교육철학과 미래 비전

부천대학교는 사람과 일의 가치를 중시하며 지난 67년간 시대 변화에 능동적으로 대응하면서도 지속적인 성장을 이뤄왔다. '국가와 사회에 봉사하는 사람다운 사람이 되자'라는 건학 정신을 이어받아, 다음과 같은 교훈을 실천하고 있다. '하면 된다. 내 일은 내가 하자. 서로 아껴주며, 부지런하며, 진실하며, 인내하자. 성공은 내 마음, 내 습관, 내 실행에 있다.'

이러한 철학을 바탕으로 부천대학교는 교육과 실천을 통해 인성과 실무 능력을 겸비한 인재를 길러내며, 지역 사회와 국가 발전에 기여하고 있다. 100년을 향한 미래 교육의 비전 아래, 인간미와 혁신이 공존하는 교육기관으로서, 부천대학교는 미래 사회를 이끌어갈 창의적이고 실천적인 인재를 길러내는 데 최선을 다하고 있다.

미래지향적 교육혁신과 중장기 발전계획

부천대학교는 중장기 발전계획 VISION 2030을 수립하고, '미래 인재 양성과 변화를 주도하는 지속가능한 대학'을 비전으로 설정해 대학의 교육혁신과 미래 전략을 체계적으로 추진하고 있다.

이 비전은 (1) 미래인재 역량 강화, (2) 교육체계 확립, (3) 글로컬 역량 강화, (4) 지속 가능성 확보라는 4대 전략 방향을 중심으로 구체화되었다. 이를 바탕으로 특화된 인성교육, 미래지향적 창의융합교육, 산학 친화형 직무교육, 지역 수요 맞춤형 평생직업교육 등을 통해 지속 가능한 미래를 설계하는 로드맵을 제시하고 있다.

이와 함께 부천대학교는 'VISION 2030'을 실현하기 위한 실천 전략으로 'SMART BCU INNOVATION'을 특성화 전략으로 설정하고, 교육과 행정 전반의 디지털 트랜스포메이션(DX)을 가속화하고 있다. AI 기반 학습 플랫폼과 디지털 신기술 교육 콘텐츠 개발, 스마트 교육 인프라 구축을 통해 학생 개개인의 역량을 강화하고, 유연하고 개인화된 학습 경험을 제공하고 있다.

특히 2024년 하반기부터 추진 중인 개인 맞춤형 학습 경로 제공,

부천대학교 소사캠퍼스 전경

학습 빅데이터 기반 성과 분석 등 AI·DX를 기반으로 한 학생 중심의 교육 환경 고도화를 이끌고 있다.

또한 부천대학교는 다양한 전공 간 융합을 유도하는 마이크로 융합 전공 개발, 소프트웨어·AI 기반 기초 역량 교육 강화, 디지털 교양 교과목과 비교과 프로그램 운영 등을 통해 변화하는 산업 트렌드에 능동적으로 대응할 수 있는 창의융합형 인재 양성 체계를 확립해가고 있다. 이러한 교육 혁신은 전공, 교양, 비교과를 아우르는 미래형 교육 생태계를 구축하는 데 큰 역할을 하고 있다.

디지털 전환과 창의융합 인재 양성을 위한 교육 혁신

부천대학교는 급변하는 산업 환경과 디지털 시대의 교육 패러다임 변화에 능동적으로 대응하기 위해 전공·교양·비교과 전 영역에 걸친 교육 혁신과 창의융합형 인재 양성 체계 고도화를 추진하고 있다. 학생 수요 중심의 유연한 학습 환경 조성을 위해 디지털 교양 교과목과 비교과 프로그램을 다양하게 운영하고 있으며, 이를 효과적으로 지원하기 위해 스마트캠퍼스를 구축해 시간과 장소의 제약 없이 학습할 수 있는 맞춤형 디지털 학습 환경을 제공하고 있다.

부천대학교는 산업 패러다임 변화에 대응하는 새로운 교육 모델 개발을 통해 학생들이 다양한 관점과 역량을 갖춘 창의융합형 인재로 성장할 수 있도록 지원하고 있다. 이를 위해 대학 인재상과 핵심 역량에 기반한 전공 교육과정 개편, 디지털 역량 강화를 위한 교양 교과목 신규 개발, 마이크로 융합전공 운영, 학사 제도 개선 등을 지

부천대학교 소사캠퍼스 2단계 건립 공사

속적으로 추진하고 있다.

또한 4차 산업혁명 핵심기술(인공지능, AR, VR, MR)을 활용한 융복합 비교과 프로그램, 코딩·앱 개발, AI 등 소프트웨어 기반 교과목 운영, 비대면 실습과 프로젝트형 교육 등 미래 역량 중심 교육을 확대하고 있다. 특히 VR 기반 모의 면접, AI 실시간 취업 멘토링·컨설팅, 맞춤형 직무 역량 강화 프로그램 등 디지털 기술을 활용한 온라인 기반 취업 지원 시스템을 통해 학생들의 진로·경력 개발을 전방위적으로 지원하고 있다.

부천대학교는 이러한 디지털 전환과 융합적 사고력을 아우르는 교육 생태계를 구축함으로써 미래 사회가 요구하는 창의적이고 실천적인 전문 인재를 양성하는 데 앞장서고 있다.

부천대학교의 교육 성과와 경쟁력

부천대학교는 끊임없는 교육 혁신과 질 관리를 통해 국내 최고의 전문대학으로 자리매김하고 있다. 한국표준협회가 주관하는 '서비스품질지수(KS-SQI)' 전문대학(경기/인천) 부문에서 2015년부터 10년 연속 1위를 차지하며 학생과 학부모, 산업체로부터 신뢰받는 교육기관으로 자리 잡았다.

또한 같은 해부터 10년 연속 한국장학재단의 '국가근로장학사업 취업 연계 중점대학'에 선정되어 부천시와 다양한 유관기관, 공공기관, 기업과 협력해 실무 중심의 취업 역량 강화 프로그램을 운영하고 있다. 그 결과 2020학년도에는 수도권 1위(전국 2위)의 성과를 기록했으며, 2023년에는 보훈문화 확산에 기여한 공로로 국가보훈부 장관 표창을 받는 쾌거를 이뤘다.

2008년부터 도입한 'SELP(Self Evolution Leading Program)'를 통해 학생들의 대학 생활, 진로·경력·취업을 체계적으로 통합 관리한 결과, 2018년 고용노동부 주관 '청년드림 베스트프랙티스' 시상식에서 전문대학 최초로 장관상을 받았으며, 일자리 창출 지원 부문에서는 대통령 표창이라는 최고의 영예도 안았다.

최근에는 교육부와 한국연구재단이 실시한 2023년 전문대학 혁신지원사업 연차평가에서 최우수 등급인 S등급을 획득해 부천대학교가 추진해온 창의융합 교육, 디지털 전환, 산학협력 강화 등 미래

2024 KS-SQI 10년 연속 인증 수상

지향적 교육 모델이 뛰어난 성과를 거두고 있음을 입증했다.

아울러 중소벤처기업부, 고용노동부, 교육부 등 정부의 다양한 지원사업에서도 꾸준한 성과를 내고 있으며, 2019년 '소공인 기술교육 훈련기관 운영사업' 선정, 2020년 '대학 연계 중소기업 인력양성대학' 3년 연속 선정, 2022년 '진로교육 유공자' 표창, '일학습병행 첨단산업 아카데미 반도체 분야 운영기관' 선정 등 다방면에서 우수한 성과를 나타내고 있다.

이처럼 부천대학교는 학생 중심의 교육 환경 구축과 미래 산업을 선도할 전문인재 양성 기관으로 우수한 성과를 내고 있다.

글로벌 역량의 확대

　부천대학교는 '일과 사람의 가치를 만드는 대학'이라는 비전 아래, 국내를 넘어 세계로 뻗어가는 고등직업교육의 새로운 지평을 열어가고 있다. 그 중심에는 2018년 우즈베키스탄에 개교한 타슈켄트부천대학교(BUT)가 있다. BUT는 2025년 현재 유아교육과를 비롯한 8개 학과에서 현지 학생 약 2,000명에게 한국식 전문교육을 제공하며, 2022년 유네스코 국제 컨퍼런스에서는 우즈베키스탄의 대표 교육혁신 사례로 주목받았다. 2023년에는 부천대학교와 우즈베키스탄 유아일반교육부, 지역 사회가 함께 '글로벌 역량 강화 포럼'을 개최하며 교육 교류의 새로운 모델을 제시하기도 했다. 이러한 성과를 바탕으로 부천대학교는 '2023 대한민국 글로벌 리더'에 선정되었다.

　한편 부천대학교는 KOICA ODA 사업을 통해 스리랑카 4개 기술대학의 건설 분야 역량 강화를 성공적으로 추진했다. 총 25억 원 규모의 예산으로 실습실과 이론실 리모델링, 최신 장비·교재 개발, 교원 연수 등을 수행하며 현지 건설 인력 양성에 실질적인 기여를 했다. 아프리카 르완다에서도 디지털 문해력 향상 프로그램 PMC 사업을 통해 디지털 대사 양성과 교육 인프라 구축을 지원하며, 글로벌 교육 개발 협력의 모범 사례를 만들어가고 있다.

　또한 국내에서도 외국인 유학생 유치와 관리 역량을 지속적으로 강화하고 있으며, 2019년에 이어 2024년에도 교육 국제화 역량 인증 대학으로 재선정되는 성과를 거두었다. 2024년에는 '뿌리산업 외국인 기술 인력 양성대학'에 선정되어, 산업 현장에 필요한 외국인 기술 인력 양성을 위한 맞춤형 교육과정을 운영하고 있다.

부천대학교는 학위과정, 한국어 정규과정, 교환학생 프로그램, 단기·기술 연수 등 다양한 국제 교육 프로그램을 지속적으로 확대해왔으며, 2011년 첫 외국인 유학생 입학 이래 세계 각국의 학생들과 함께하는 글로벌 교육 플랫폼으로 자리매김하고 있다. 앞으로도 디지털 전환 시대에 필요한 글로벌 마인드와 실무 역량을 갖춘 인재를 양성하기 위해 세계 각국과의 교육 협력을 확대해 나갈 것이다.

사람과 일의 가치 그리고 미래로 나아가는 대학

부천대학교는 '사람과 일의 가치를 만드는 대학'이라는 교육 비전을 바탕으로, 단순한 교육기관을 넘어 지역 사회 발전과 미래 인재 양성의 중심축으로 자리매김하고 있다. 지리적으로 부천시의 중심부에 있는 부천대학교는 교육, 산업, 복지, 안전, 청년 일자리 등 다양한 분야에서 지역 사회와의 유기적인 협력을 통해 지속 가능한 성장 모델을 실현해가고 있다.

부천테크노파크 내 종합기술지원센터와 소공인특화지원센터를 통해 지역 중소기업과 소상공인의 기술 혁신을 지원하며, 지역 산업 생태계와의 산학연 협력 기반을 강화하고 있다.

또한 '부천시 어린이급식관리지원센터'와 '사회복지급식관리지원센터'를 전국 최대 규모로 운영하며, 어린이부터 노인·장애인 복지시설까지 건강한 식생활과 위생을 책임지는 전국적 모범 사례로 평가받고 있다. 이와 함께 2022년부터는 한국형 전문소생술(KALS)과 기본심폐소생술(KBLS) 교육기관으로 지정되어 학생뿐 아니라 지역 주민, 교사, 학생들에게 생명과 직결된 필수 안전 교육을 제공하며 지역 안전망 구축에도 앞장서고 있다.

지역 청소년을 위한 교육 기회 확대를 위해 부천대학교의 학교 기업 제펫스튜디오는 지역 사회의 각 기관과 협력해 창의융합 교육 생태계를 조성하고 있으며, 이를 통해 지역의 청소년과 교육자에게 열린 성장을 지원하고 있다

지역의 청년 고용 문제에서는 2017년 문을 연 대학일자리센터를 시작으로 현재는 고용노동부와 부천시, 경기도가 함께 운영하는 대학일자리플러스센터 거점대학으로 선정되어 재학생뿐만 아니라 지역 청년들에게 맞춤형 진로 설계, 취업 상담, 현장실습, 창업과 해외 취업 등 다양한 경로를 지원하고 있다.

특히 2024년에는 '대학 재학생 맞춤형 고용서비스 사업' 운영대학으로 선정되는 등 지역 사회와 밀접하고 유기적인 협력 활동을 추진하며 지역 사회의 구성원으로서 역할을 다하고 있다.

부천대학교는 지역 사회뿐만 아니라 세계로 뻗어가는 고등직업 교육의 중심 대학으로 도약하고 있다. 2025년에는 3년 연속 '대한민국 글로벌 리더'로 선정되며 글로벌 교육 협력과 혁신의 성과를 대내외적으로 인정받았다. 앞으로도 부천대학교는 '사람다운 사람'이라는 건학이념을 바탕으로 지역 사회와 함께 성장하고 글로벌 시대를 선도할 창의융합형 전문 인재를 양성하는 대학으로 자리매김해 나갈 것이다. 또한 부천대학교는 100년을 향한 도전, 그리고 사람과 일의 가치를 만드는 혁신 대학을 만들어가겠다.

총장
현인숙

강릉영동대학교

경력	2006~현재	(사)대한체스연맹 회장
	2007	학교법인 현송학원(한보학원) 이사장
	2015~2019	강릉영동대학교 총장직무대행
	2018	세계마인드스포츠게임즈 유치위원장
	2019~2022	학교법인 현송학원 이사장
	2020	세계체스올림피아드 유치위원장
	2022~2024	제17대 강릉영동대학교 총장
	2024~현재	제18대 강릉영동대학교 총장
상훈	2002	보건복지부 장관상
	2006	장애인바둑협회 공로상
	2023	대한민국 지식경영 대상 '학술 및 교육 분야'
	2024	한국의 영향력 있는 CEO상
		동반성장위원회 위원장상

미래 100주년을 향한 비전과 '제2창학선언문' 발표

개교 62주년을 맞이하는 강릉영동대학교는 대한민국의 교육이념 아래 국가 사회 발전에 필요한 전문적인 지식과 재능을 습득해 복지국가 건설에 이바지하는 근면하고 성실한 전문 직업인 양성을 목표로 합리적인 사고와 투철한 사명감을 지닌 실무 중심형 전문 직업인을 양성하고 있다.

특히 실용적인 교육과 직업교육을 강화해 졸업생들이 현장에서 필요한 핵심역량을 갖추도록 지원하고 있다. 또한 전문 직업인으로서 사회적 책임을 다하고, 지역 사회와 협력해 지속 가능한 발전을 추구하도록 교육하고 있다. 이를 통해 우리 대학은 국가와 지역 사회의 발전에 중요한 역할을 담당하고 있으며, 앞으로도 변화를 선도하는 교육 혁신을 지속적으로 추진할 것이다.

우리 대학은 급변하는 교육 환경과 사회적 요구에 대응하기 위한 혁신적인 교육 방안을 지속해서 도입하고 있으며, 학생이 이를 통해 실무에 필요한 경쟁력을 갖출 수 있도록 교육 여건을 제공할 것이다. 또한 지역 사회에 깊은 뿌리를 두고 있기에 지역과 함께 성장하는 대학으로서 지역 사회와 협력해 교육·산업·문화 등 다양한 분야에서 긍정적인 영향을 미치도록 책임을 다할 것이다.

2023년 개교 60주년을 맞아 미래 100주년을 향한 대학 발전 3대 비전으로 국가-지역-대학의 세계적 혁신 선도대학, 실무 중심 글로벌 교육 선도대학, 강원 영동 지역 평생교육 선도대학을 선포했다. 이 세 가지 비전은 강릉영동대학교가 추구하는 교육의 방향성과 목표

강릉영동대학교 전경

를 잘 보여준다. 단순히 교육 수준을 높이는 것에 그치지 않고 미래 교육의 혁신을 선도하고 실천하며 지역 사회와 글로벌 사회에 이바지함으로써 선한 영향력을 미칠 수 있도록 설계되었다.

첫 번째 선포된 국가-지역-대학의 세계적 혁신 선도대학은 글로벌 혁신을 선도하고, 국가와 지역 발전에 기여하는 역할을 다하겠다는 포부를 담고 있다. 강릉영동대학교는 이 목표를 달성하기 위해 지역 사회와의 협력 강화, 글로벌 교육 네트워크 구축을 추진하고 있다. 이를 통해 글로벌 인재를 양성하고, 국가 산업 발전에 이바지할 수 있는 학문적 기초와 실무 능력을 갖춘 전문가를 배출하는 데 주력할 것이다.

　두 번째, 실무 중심 글로벌 교육 선도대학의 교육은 대학의 중요한 핵심 전략으로, 학생들이 현장에서 바로 활용할 수 있는 실질적인 기술과 지식을 습득하도록 하는 것이다. 글로벌 교육을 선도하기 위해 다양한 국제 프로그램을 운영할 계획이고, 해외 인턴십과 교류 프로그램을 통해 더 많은 학생에게 국제적인 경험의 기회를 주고자 한다.

　세 번째, 강원 영동 지역 평생교육 선도대학을 향한 우리 대학은 지역 사회에 뿌리 깊은 대학으로서 지역 주민들에게 폭넓은 평생교육의 기회를 제공하며, 직업교육을 강화할 것이다. 특히 전문기술 석사, 단기 직무 과정, 전문 학사 등의 다양한 교육프로그램을 통해 지역 사회와 함께 성장하는 대학으로 자리매김하도록 할 것이다. 이를 바탕으로 지역 사회 발전을 위한 평생교육을 선도하며, 지역 경제와 산업이 발전할 수 있도록 선제적으로 대응할 것이다.

　제2창학선언문 발표(2023년 6월)에서 향후 100년을 목표로 한 미래 비전을 구체화했다. 사회와 산업의 변화에 대응하는 새로운 교육 방향을 제시하며, 글로벌 환경에서 경쟁력 있는 미래 사회를 선도할 혁신적인 인재 양성을 목표로 하고 있다. 특히 교육 혁신을 이끌며 지·산·학 협력을 통한 글로벌 융·복합 인재 양성에 집중한다고 밝혔다.

　미래 사회는 디지털화와 글로벌화가 가속화되면서 빠르게 변하고 있다. 이러한 변화에 발맞추어 기술 혁신, 글로벌 네트워크 확장, 산업 변화에 적응하는 인재 양성에 집중하고자 한다. 이로써 학생

강릉영동대학교와 태백시 업무 협약식

들에게 글로벌 시각을 제공하고, 지역 사회와의 연계를 통해 실질적이고 혁신적인 문제 해결 능력을 배양하는 교육 환경을 제공하고자 한다.

첫 번째 비전은 수요자 중심의 디지털 선진 행정 시스템 구축과 서비스 또한 중요한 과제로 제시했다. 이는 기존의 전통적인 행정 시스템을 혁신해, 보다 효율적이고 수요자 중심의 디지털 환경으로 전환하는 것을 목표로 한다. 디지털 시스템을 통해 학생들에게 더 나은 서비스를 제공하고, 학사 운영의 효율성을 극대화하는 것이 핵심이다.

디지털 선진 행정 시스템은 학사관리뿐만 아니라 학생들의 학업

관리와 진로 지원에도 중요한 역할을 하므로 온라인 학사관리, 실시간 데이터 제공 등 혁신적인 기술들을 적용해 학생들이 학업과 진로를 더 쉽게 관리하고 필요한 정보에 빠르게 접근할 수 있도록 돕는 역할을 할 것이다. 또한 행정 업무의 자동화와 최적화가 이뤄져 대학 운영에 필요한 자원과 시간을 절감하고, 학생들에게 더욱 효율적인 서비스를 제공할 수 있다.

디지털화된 학사 행정 시스템은 대학의 연구와 학문적 성과 향상에도 이바지할 것이다. 효율적인 정보 관리와 빠른 데이터 처리 시스템을 통해 교수진과 학생들은 더욱 정확하고 신속한 정보를 통해 연구 성과를 창출할 수 있는 기반을 마련하고자 한다. 이러한 시스템 도입은 효율적이고 효과적인 교육과 행정 시스템을 구축하고, 교육의 질을 높여갈 것이다.

두 번째 비전은 글로컬 리더십과 창의적 도전 정신을 통해 미래 사회를 이끌어갈 주역을 양성하겠다는 목표를 발표했다. '글로컬'은 글로벌(Global)과 로컬(Local)을 결합한 용어로, 글로벌 역량을 갖추면서도 지역적 특성과 밀접하게 연결된 문제를 해결할 수 있는 능력을 의미한다.

우리 대학은 학생들에게 국제적 시각을 갖추도록 교육하며, 동시에 지역 사회와의 연계를 통해 실질적인 문제 해결 능력을 배양하는 교육 환경을 제공하고자 한다.

국제적 리더십을 양성하기 위해 다양한 국제 교육프로그램을 강화하고, 해외 인턴십, 교환학생 프로그램, 글로벌 연계 프로젝트 등을 통해 학생들은 세계 각지에서 경험을 쌓고, 글로벌 네트워크를 구축할 기회를 얻게 될 것이다.

이런 프로그램을 제공받은 졸업생들은 다국적 기업과 국제적 환경에서도 경쟁력을 발휘할 수 있도록 준비된다. 학생들은 변하는 글로벌 환경에 적응하고, 다양한 문화적 배경과 경제적 상황에 맞는 창의적이고 혁신적인 해결책을 제시할 수 있는 능력 배양과 함께 미래 사회에서 리더로서 역할을 다할 수 있는 자신감을 가질 수 있게 될 것이다.

마지막 세 번째 비전은 지역 사회와 직업교육을 견인하는 선구자 역할을 다하겠다고 선언했다. 현재 우리 대학은 지역 사회와 밀접한 협력 관계를 통해 지역 주민들에게 다양한 교육 기회를 제공하고 있으며, 지역 내 평생교육의 중심 대학으로 자리 잡고 있다.

또한 직업교육 분야에서 학생들에게 실용적인 기술과 지식을 제공해 졸업 후 지역 경제와 산업에 기여할 수 있는 역량을 갖추도록 돕고 있으며, 앞으로 적극적으로 지역 사회와 긴밀히 협력해 지역 기업과 산업의 요구에 맞춘 맞춤형 교육프로그램을 개발할 것이다. 단기 직무 과정, 전문 학사, 전문기술 석사과정 등을 포함하는 교육프로그램은 지역 산업의 발전을 이끄는 인재를 양성하고 이를 통해 지역 내 교육 기회를 제공하는 동시에 지역 경제 활성화에도 중요한 역할을 할 것이다.

맞춤형 교육프로그램은 학생들과 지역 주민들에게 직업 역량을 강화할 수 있는 교육에 대한 새로운 패러다임을 제시할 것이고, 지역 사회의 발전을 이끄는 중요한 원동력이 될 것이다.

선언문에서 제시된 미래 비전을 실현하기 위해 대학은 지속 가능

강릉영동대학교와 파마리서치문화재단 업무 협약식

한 발전을 목표로 끊임없이 도전하고 혁신해 10년 이내 중부권 최고 전문대학으로의 도약을 이루고, 나아가 100년 후에는 더욱 발전하고 선도적인 대학으로 자리 잡을 것을 확신한다.

GYU Amazing+2027

강릉영동대학교는 1963년 간호고등기술학교로 개교한 이래로 60년 이상의 역사와 전통을 자랑하는 교육기관으로, 그동안 약 3만 5,000명의 실무 중심형 인재를 양성해왔다. 졸업생들은 지역 사회와 국가 산업 발전에 중요한 기여를 해왔으며, 특히 의료, 관광, 레저 산업 등 다양한 분야에서 두각을 나타내고 있다. 지역 사회와 국가 산업 발전에 실질적인 기여를 할 수 있도록 실무 중심의 교육과정을 바탕으로 한 인재 양성에 주력해온 결과이다.

　우리 대학은 시대 환경 변화에 선제적으로 대응하며, 스마트 헬스케어와 관광·레저 분야의 디지털 융합 혁신을 선도하는 대학으로 성장하고 있다. 이러한 혁신적인 비전은 산업체와의 긴밀한 협력을 바탕으로 이뤄지고 있으며, 기술과 산업의 발전에 이바지할 수 있는 다기능을 갖춘 인재들을 양성하는 데 초점을 맞추고 있다. 이는 대학이 미래지향적이고 지속 가능한 성장을 도모하며, 지역 사회와 국가의 산업 발전에 중요한 역할을 할 수 있도록 하는 마중물이 될 것이다.

　이에 우리 대학은 비전과 목표를 바탕으로 기존의 대학 중장기 발전계획을 더욱 고도화하고, 새로운 비전과 전략을 수립하기 위해 GYU Amazing+2027을 대학의 중장기 발전계획의 브랜딩 네임(BRANDING NAME)으로 설정했다.

　GYU Amazing+2027은 대학의 브랜드 이미지를 지속해서 강화하고, 새로운 시대에 들어맞는 혁신적이고 미래지향적인 대학으로 자리매김하기 위한 중요한 목표를 내포하고 있다.

　GYU Amazing+2027에서 'GYU'는 강릉영동대학교를 대표하는 핵심 키워드로, 대학의 브랜드와 정체성을 표현하는 중요한 요소이다. 이는 대학이 추구하는 비전인 스마트 헬스케어와 관광·레저 분야의 디지털 융합 교육혁신을 선도하는 대학으로서의 성과와 목표를 집약적으로 나타낸다.

　'Amazing'은 설정한 새로운 비전이 실현 가능하며, 이를 통해 혁신적인 교육을 제공하고 변화하는 산업 환경에 적극적으로 대응할 수 있음을 시사한다. 따라서 새로운 비전을 향해 나아가는 과정에서 이뤄지는 교육혁신과 디지털 융합의 중심적 역할을 강조하는 요소인 것이다.

'+'는 강릉영동대학교만의 독특한 브랜드 이미지를 지속해서 강화해 나가겠다는 의지를 표현한다. 대학의 교육, 연구, 산업 협력 등 다양한 분야에서 차별화된 경쟁력을 더욱 강화하고, 지역 사회와 국가 산업 발전에 이바지하는 대학으로서의 정체성을 확립하려는 노력의 하나다.

마지막으로 '2027'은 강릉영동대학교의 중장기 발전계획에 있어 중요한 기점이 되는 연도로, 2023년 이후 새로운 비전과 전략을 기반으로 한 도전과 목표 달성을 위한 시간적 지향점을 나타낸다. 2027년은 대학이 설정한 비전이 실제로 달성되는 시점이므로 구성원들이 더욱 구체적이고 실현 가능한 실행 계획을 수립하고 이를 차질 없이 수행하는 과정에서 중요한 이정표가 될 것이다.

이와 같은 전략적 목표와 계획을 통한 디지털 혁신, 스마트 헬스케어 기술, 관광·레저 산업의 결합은 미래 사회의 큰 변화를 불러일으킬 중요한 분야이다. 우리 대학은 차세대 인재들에게 이 분야에 필요한 지식과 기술을 교육하고, 글로벌 경쟁력을 갖출 수 있도록 돕는 다양한 교육 플랫폼을 제공할 것이다.

우리 대학의 인재상은 협업·인성·가치 창출·열정·혁신을 핵심역량으로 두고 바른 인성과 직업윤리를 갖춘 창의 인재, 지역 사회와 소통하며 교류하는 통섭 인재, 실무와 이론을 겸비한 현장 중심 실용 인재이다. 단순히 학문적 성취를 넘어 다양한 분야의 사람들과

강릉영동대학교 한국어 연수과정생 문화 체험 활동

협력해 팀워크와 커뮤니케이션의 능력을 발전시켜 나가며 사회적 책임을 다하고, 현장에서도 실질적인 문제 해결 능력을 발휘할 수 있는 능력을 배양하는 데 중점을 두고 있다.

우리 대학은 인성 교육을 강화해 학생들이 직업인으로서 윤리적 책임감을 갖추도록 교육하며 더불어 지역 사회와의 교류를 통해 학문과 산업, 지역 사회 간의 경계를 허물고 다양한 분야의 지식을 융합하는 인재를 양성하고자 한다. 또한 이론과 실습을 병행해 학생들이 졸업 후 바로 현장에서 실무를 수행할 수 있는 능력을 기를 수 있도록 현장 중심 교육과정을 설계하고 있다.

우리 대학은 메타버스 기반의 융합 교육 플랫폼, 학생 수요자 중심 지원 서비스, 개방·공유·협업의 대외협력, 디지털·산학연 협업 기반 교육 인프라, 대학 경영의 변화 등의 혁신을 전략 방향으로 세워 그에 따른 과제 수행을 통해 목표를 달성해가고 있다.

메타버스 기반의 융합 교육 플랫폼 혁신으로 학생들에게 혁신적이고 다양한 교육 경험을 제공하며, 이를 통해 학습자들은 가상 환경에서 실습과 협업을 할 수 있게 된다. 또한 학생들이 창의적이고 자기 주도적인 학습을 할 수 있도록 혁신적인 학습법을 전면 도입하고, 학생들이 적극적으로 학사 운영에 참여하고 주도적인 역할을 맡을 수 있도록 시스템을 개선하고 혁신할 것이다.

학생 수요자 중심 지원 서비스 혁신에서는 학생들의 다양한 요구에 맞춘 통합적 지원 시스템을 효율적으로 운영해 학생들의 만족도를 높이고, 디지털 기술을 활용해 학생 지원 서비스를 고도화해 더 나은 경험을 제공할 것이다. 또한 취업과 창업을 원하는 학생들에게 체계적이고 실질적인 지원을 강화해 성공적인 사회 진출을 돕도록 하겠다.

개방·공유·협업의 대외협력 혁신에서는 지역 산업체, 연구기관과의 협력 네트워크를 강화해 지역 경제 발전, 다양한 분야의 협력과 공유 사업을 활성화해 상호 이익을 창출하고 산업 발전에 이바지할 것이다. 지역의 특성에 맞는 직업 교육과정을 개발하고, 이를 통해 지역 산업의 수요에 맞는 전문 인재를 양성할 수 있다.

디지털·산학연 협업 기반 교육 인프라 혁신에서는 디지털 기술을 활용해 교육 인프라를 확충하고, 산업체와 연구기관과의 협력을 통해 현장 중심의 교육 인프라를 개선하며, 다양한 교육 자원과 협업을 통해 교육의 다양성을 확보해 학생들에게 풍부한 학습 경험을 제공할 수 있도록 노력할 것이다.

대학 경영의 변화와 혁신에서는 변화하는 시대에 맞춰 학과 구조를 혁신하고, 필요한 입학 자원을 100%로 확보해 대학의 경쟁력을 높이며, 대학의 인적 자원을 효율적으로 운영하고 재정 건전성을 개선해 지속 가능한 발전을 위한 지원을 아끼지 않을 것이다.

이러한 변화는 확실한 GYU Amazing+2027의 성공을 가져올 것이고, 나아가 스마트 헬스케어와 관광·레저 분야의 디지털 융합 교육혁신을 선도하는 대학으로의 입지를 더욱 확고히 할 것이다.

총장의 경영 비전, 리더십 그리고 업적

강릉영동대학교는 62년의 긴 역사를 자랑하며, 개교 이래 강원 영동 지역의 교육을 선도해온 명문 사학이다. 향후 100년을 향한 변하는 교육 환경과 사회적 요구에 부응하기 위해서는 지속적인 혁신과 전략적 비전이 필요하다.

현인숙 총장은 그 비전의 중심에 글로벌 시대의 경쟁력 있는 대학으로 성장하기 위한 중장기계획 GYU Amazing+2027을 설정해 대학의 미래 발전 방향을 제시했다.

단순히 교육의 질을 향상시키는 데 그치지 않고, 디지털 융합 교

강릉영동인을 위한 맛있는 한끼 '행복나눔' 행사 모습

육을 통해 스마트 헬스케어와 관광·레저 분야에서 글로벌 리더로 자리매김하는 것을 목표로 세우고 현재와 미래를 아우르는 디지털 혁신, 지역 사회와의 협력, 그리고 대학의 국제화 역량 강화를 통한 국제적 교육 교류를 핵심 요소로 삼아 시대의 변화에 발맞춰 디지털 기술을 접목한 교육을 제공할 수 있도록 디지털 융합 교육을 선도하는 전략을 설정한 것이다.

특히 스마트헬스케어와 관광·레저 분야는 첨단 기술을 통해 급변하는 산업 환경에 적응할 기회를 학생들에게 제공해 다양한 산업과 연계된 실습과 경험을 쌓을 수 있도록 하는 한편, 이를 통해 지역 사회 발전에도 이바지할 수 있도록 하는 데 목표를 두고 있다.

디지털 기술을 활용한 교육은 현인숙 총장의 주도하에 학교 내 여러 혁신적인 공간과 인프라를 구축하는 데 중요한 역할을 할 것이다. 예를 들어 AI/VR 승마 재활 치료센터 같은 첨단 디지털 기반의 교육·연구 인프라는 스마트 헬스케어 분야에서의 교육 기회를 제공하고 있다. 또한 메타버스 힐링 골프센터 같은 시설은 관광 레저 분야와 결합해 실습 환경을 디지털화하고 미래의 산업 동향에 맞춰 교육을 혁신하고 있다.

또한 현인숙 총장은 강릉영동대학교가 지역 사회의 발전에 중요한 역할을 한다는 점을 강조한다.

우리 대학은 지역과의 상생 협력 프로그램을 통해 지역 경제와 사회적 발전에 기여하고 있으며, 학생들에게는 지역 사회와의 유기적 관계를 통한 배움의 기회를 제공한다. 지역 장애인 통합재활 거점센터와 힐링테라피 같은 지역 사회를 위한 시설을 대학 내에 개방해 지역 주민들에게 실질적인 도움을 주고 있으며, 이는 강릉영동대학교의 사회적 책무 이행의 주요 부분이다.

최첨단 취·창업 공간 스타트랩(Start-Lab) 개소는 학생들이 창의적이고 혁신적인 아이디어를 현실로 바꿀 기회를 제공하며, 이 공간은 지역 경제 활성화와 인재 발굴에 중요한 역할을 하고 있다. 이러한 공간은 학생들에게 실질적인 기업 환경을 경험할 수 있게 해 졸업 후 즉시 사회에 진입할 수 있는 경쟁력을 제공한다.

우리 대학은 최근 3년간 3단계 산학연 협력 선도대학육성(LINC3.0) 사업, 고등직업교육거점지구(HiVE) 사업, 지자체-대학협력기반 지역혁신(RIS) 사업 등 다양한 국책 사업의 주도적 추진을 통해 지·산·학·연 협력 강화에 주력해왔다. 지역의 맞춤형 산업 인재 양성을 위해 대학과 지역의 특화 연계 프로젝트 수행으로 연구와 실용적 교육 지원에 중점을 두고, 지역의 정주 인력 확보로 지역 사회의 경제 성장에 이바지함을 증명한 바 있다.

교육부는 '교육의 힘으로 지역을 살린다'라는 슬로건을 제시하고, 기존 5개의 재정지원 사업인 'RIS, LINC, LiFE, HiVE, 지방대활성화지원사업'을 'RISE'로 통합해 행·재정적 권한을 지방자치단체에 위임 이양하는 체제로 대학 교육 정책의 대변화 시기를 맞이하고 있다.

정부 재정 지원은 지역 발전 생태계 구축을 위한 대학의 역할은 다변화가 요구됨에도 중앙의 획일적 지원으로는 지역대학의 지역 인재 양성·지역 특성에 부합하는 사업을 수행하는 데는 한계가 있었다. 지역 소멸, 학생 충원율 감소로 인한 재정 악화 우려 등의 영향으로 경영 위기를 겪고 있는 지역 대학에는 반드시 필요한 사업으로서 지방자치단체와 대학이 협력해 동반 성장을 추진하는 체계는 자율적 특성화를 끌어낼 수 있을 것이다.

지역 혁신의 첨단 인재 양성을 위한 지역 맞춤 대학 지원 체제인 RISE 추진으로 대학의 지역 발전 허브화와 경쟁력 있는 지역대학 육성을 통해 '대학이 살리는 지역', '지역이 키우는 대학'의 목표 실현으로 지역과 대학의 상생 발전이 가시화된 성과를 도출할 수 있을 것이다.

강원RISE 프로젝트 중 우리 대학이 제일 잘할 수 있는 분야가 무엇인지 자체 분석을 통해 기존의 사업 성과와 인프라를 기반으로 지역의 전략 산업에 부합하는 지역 정주형 인재 양성을 위한 교육 지원, 지역 수요 맞춤형 교육 지원을 통해 지역-대학의 동반 협력 체계로 경쟁력을 갖춘 다국적 외국인 유학생 유치를 통한 '글로벌 강원 실현'의 목표를 이루고자 하고 있다.

2023년을 빛낸 대한민국 지식경영 대상에서 현인숙 총장은 대학 경영 부문 '학술 및 교육' 분야에서 대상을 받은 것은 경영 능력을 입증하는 중요한 사례다. 또한 ㈔대한체스연맹 회장으로도 활동하며, 2006년 이후 9회에 걸쳐 세계청소년마인드스포츠대회를 개최하는 등 체스 발전에 이바지해왔다. 체스는 전략적 사고와 문제 해결

강릉영동대학교 금산대동제

능력을 배양하는 중요한 스포츠로써 청소년들에게 글로벌 무대에서 경쟁할 기회를 제공하고 있다.

글로벌 교육 환경에서의 경쟁력을 갖추기 위한 국제적 차원에서의 교육혁신을 추진하고 있다. 현재 베트남, 몽골, 중국, 키르기스스탄, 네팔 등 다양한 국가에서 유학생들을 유치해 한국어 학습을 지원하고 있으며 국제적인 교류와 협력을 확대하는 성과를 거두고 있다. 글로벌화를 통해 대학 재정 안정화를 이뤄냈다. 이처럼 한국어 교육 기반 국제교류 활성화 사업은 현인숙 총장이 제시한 중요한 프로젝트이다.

앞으로는 한국어학당을 해외에 설립해 더 많은 우수 인재를 유치하고 우리나라와 다른 국가와의 교류를 활성화할 계획이다. 강릉영동대학은 지역 대학을 넘어 전국적·국제적 차원의 교육 허브로 자리 잡아가는 과정에 있다.

이렇듯 강릉영동대학교는 현인숙 총장의 리더십 아래 디지털 혁신과 지역 사회와의 상생을 중심으로 새로운 비전을 향해 나아가고 있다. GYU Amazing+2027은 단순한 발전 계획을 넘어 지역과 국가, 나아가 글로벌 교육 시장에서 중요한 역할을 할 수 있도록 하는 길잡이가 될 것이다.

현인숙 총장의 경영 철학

강릉영동대학교 현인숙 총장의 경영 철학은 위기관리 능력과 지속 가능한 성장 전략을 핵심으로, 학생들에게 긍정적인 인성 함양을 중요한 가치로 삼고 있다. 이러한 철학은 단순히 대학의 운영을 넘어 지역 사회와의 협력, 글로벌 교육 환경의 구축, 대학이 사회적 책임을 다하는 방향으로 발전하고 있다. 현인숙 총장은 대학이 직면한 여러 가지 도전과 어려움 속에서 위기를 기회로 전환하며, 지속 가능한 발전을 위해 끊임없이 노력하고 있다. 총장의 리더십과 경영 철학은 강릉영동대학교를 변화시키고 성장시키는 원동력이 되었다.

대학은 재정적 어려움, 학령인구 감소, 신입생 충원 문제 등으로 경영 위기 상황에 직면해 있다. 하지만 현인숙 총장은 작금의 상황을 오히려 위기를 기회로 바꾸는 능력을 발휘해왔다. 그녀의 경영 철학은 '위기는 기회의 시작'이라는 사고에서 출발한다. 과거에 재정적 위기에 직면했을 때 교직원들의 급여 지급이 어려운 상황에 처했으나 총장은 이 위기를 단기적인 문제로 보지 않고, 장기적인 해결책을 마련하는 데 집중했다. 문제를 해결하기 위해 체계적인 관리와 전략을 세워 학교의 재정 건전성을 회복시킬 수 있었다. 또한 이러한 경험을 바탕으로 대학의 발전을 위한 새로운 기회를 창출했다.

총장이 주목한 해결책은 바로 외국인 유학생 유치이다. 외국인 학생들의 유입은 대학의 다변화된 학문적 환경을 조성하고, 국제적인 교육 네트워크를 강화하는 기회를 마련해주었다. 이를 계기로 재정적 어려움을 극복하고, 글로벌 교육 환경을 구축할 수 있었다.

외국인 유학생 유치는 대학의 국제적 명성을 높이는 데 이바지했고, 대학의 경쟁력을 높이는 중요한 전략적 조치가 되었다. 이처럼 현 총장의 위기관리 능력은 단기적인 문제를 해결하는 데 그치지 않고, 대학의 지속 가능한 성장과 발전을 위한 발판을 마련하는 데 중요한

강릉영동대학교와 케이디에스팜㈜ 업무협력 협약식

역할을 했다.

현인숙 총장이 가장 중요하게 여기는 덕목 가운데 하나는 '백 번 꺾여도 굴하지 않는다'라는 백절불굴(百折不屈)의 정신이다. 대학 경영은 언제나 도전과 위기 속에서 이뤄지며, 그럴 때마다 총장의 역할은 매우 중요하다. 대학 경영은 복잡하고 다각적인 문제를 해결해야 하는 어려운 작업이지만 대학의 미래를 위한 지속적인 노력을 멈추지 않았다.

현 총장은 '절대 포기하지 않는다'라는 신념을 바탕으로, 침착하게 문제를 분석하고 해결책을 도출하며 대학의 미래를 책임지고 끌어 나가는 진정한 리더십을 발휘해왔다.

또 다른 중요한 경영 철학의 하나는 인성 교육이다. 교육의 본질을 지식 전달에 그치지 않고, 학생들에게 올바른 가치관과 인성을 심어주는 것에 두고 있다. 학생들이 올바른 인성을 함양하고, 성실하고 긍정적인 태도를 통해 사회에 이바지할 수 있는 인재로 성장하는 것을 가장 중요한 교육 목표로 삼고 있다. 대학 내 다양한 프로그램을 통해 학생들이 사회적 책임감을 느끼고, 타인에게 긍정적인 영향을 미치는 사람들이 될 수 있도록 돕고 있다.

'인생에서 실패는 피할 수 없지만, 실패를 통해 더 강해지고, 다시 도전할 힘을 키우는 것이 중요하다'라는 태도를 중시하는 현 총장은 학생들이 실패를 두려워하지 않고, 어려운 상황 속에서도 회복력과 긍정적인 태도를 갖출 수 있도록 다양한 교육프로그램을 운영하고 있다.

대학 내 교육혁신 외에 대학과 지역 사회 간의 협력을 강화하는 데도 집중하고 있다. 지역 산업과의 협력은 학생들에게 실무 중심의 교육을 제공하고, 지역 경제와 사회 발전에 이바지하는 중요한 역할을 하므로 지역 산업과 연계해 학생들에게 실제 산업에서 필요한 기술과 경험을 제공할 수 있도록 다양한 프로그램을 운영하고 있다. 이를 통해 학생들은 학문적인 지식뿐만 아니라 실무 능력을 키우며 취업 시장에서 경쟁력을 갖출 수 있다고 보기 때문이다. 디지털 시대에 맞는 교육혁신을 추진하고 있는 것도 바로 이러한 이유다.

스마트 헬스케어, 관광·레저 산업, 디지털 융합 교육 등을 통해 미래 산업에 맞춘 교육 체계를 강화하는 것, 이것이 바로 강릉영동대학의 학생들이 21세기 산업의 변화에 능동적으로 대응할 수 있도록 하는 중요한 요소이기 때문이다.

세계를 품다 2025

초판 1쇄 2025년 6월 10일

지은이 글로벌 리더 선정자
출판 기획 및 엮은이 서희철
펴낸이 허연
편집장 유승현 **편집2팀장** 정혜재

책임편집 정혜재
마케팅 한동우 박소라
경영지원 김정희 오나리
본문디자인 푸른나무디자인

펴낸곳 매경출판㈜
등 록 2003년 4월 24일(No. 2-3759)
주 소 (04557) 서울시 중구 충무로 2 (필동1가) 매일경제 별관 2층 매경출판㈜
홈페이지 www.mkbook.co.kr
전 화 02)2000-2641(기획편집) 02)2000-2636(마케팅) 02)2000-2606(구입 문의)
팩 스 02)2000-2609 **이메일** publish@mk.co.kr
인쇄·제본 ㈜M-print 031)8071-0961
ISBN 979-11-6484-782-2 (03320)

ⓒ 글로벌 리더 선정자

책값은 뒤표지에 있습니다.
파본은 구입하신 서점에서 교환해 드립니다.